如夢錄校注

范沛濰 李肖勝 校注

中州古籍出版社
·鄭州·

圖書在版編目(CIP)數據

如夢錄校注 / 范沛濰，李肖勝校注 . —鄭州：中州古籍出版社，2022. 7
ISBN 978-7-5348-9848-8

Ⅰ.①如… Ⅱ.①范…②李… Ⅲ.①開封–地方史–史料–明清時代 Ⅳ.① K296.13

中國版本圖書館 CIP 數據核字（2021）第 227649 號

RUMENG LU JIAOZHU
如夢錄校注
范沛濰 李肖勝 校注

出 版 人	許紹山
選題策劃	王建新
責任編輯	閔世勇
責任校對	高　媛
裝幀設計	張德琛

出 版 社	中州古籍出版社（地址：鄭州市鄭東新區祥盛街 27 號 6 層 郵編：450016　電話：0371-65788693）
發行單位	河南省新華書店發行集團有限公司
承印單位	河南日報報業集團大河印刷有限公司
開　　本	710 mm × 1000 mm　1/16
印　　張	13.75
字　　數	212 千字
版　　次	2022 年 7 月第 1 版
印　　次	2022 年 7 月第 1 次印刷
定　　價	88.00 元

本書如有印裝質量問題，請與出版社調換。

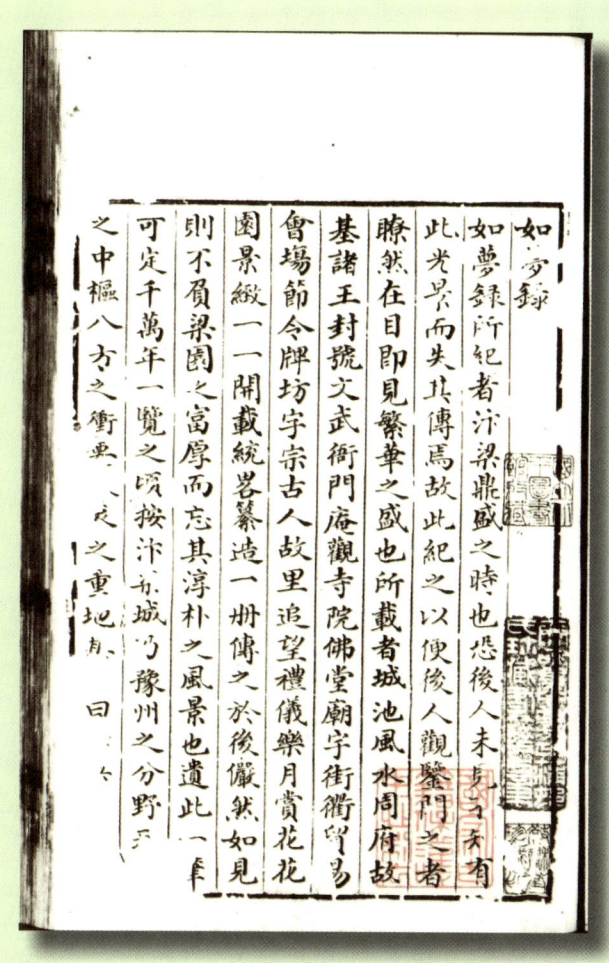

清咸豐二年（1852）裴雋抄本書影

如夢錄　　　　　　　　　譯荅宋俊養
　　　　　　　　　　　　金匱鄭廷鑒　同校

城池紀

外城曰土城周四十八里二百二十三步僅餘基址有門不脩以土填塞備防河患（土經光二十一年寅河決口俱淤沒）內有甎城一座高五丈敵樓五座俱有箭礟眼三方四正十六邪大城樓五座角樓四座星樓二十四座俱按二十八宿佈置樓舖十座窩舖五十四座礟樓十座週圍四千七百零二丈垜口七千三百二十二城兵一百五十名東門名仁和門內匾迎祥二字月城一座有門三重北南二水門以通曹州俗呼為曹門小東門名麗景門內匾宜春二字月城一座有門

民國初年寫夢盦活字本書影

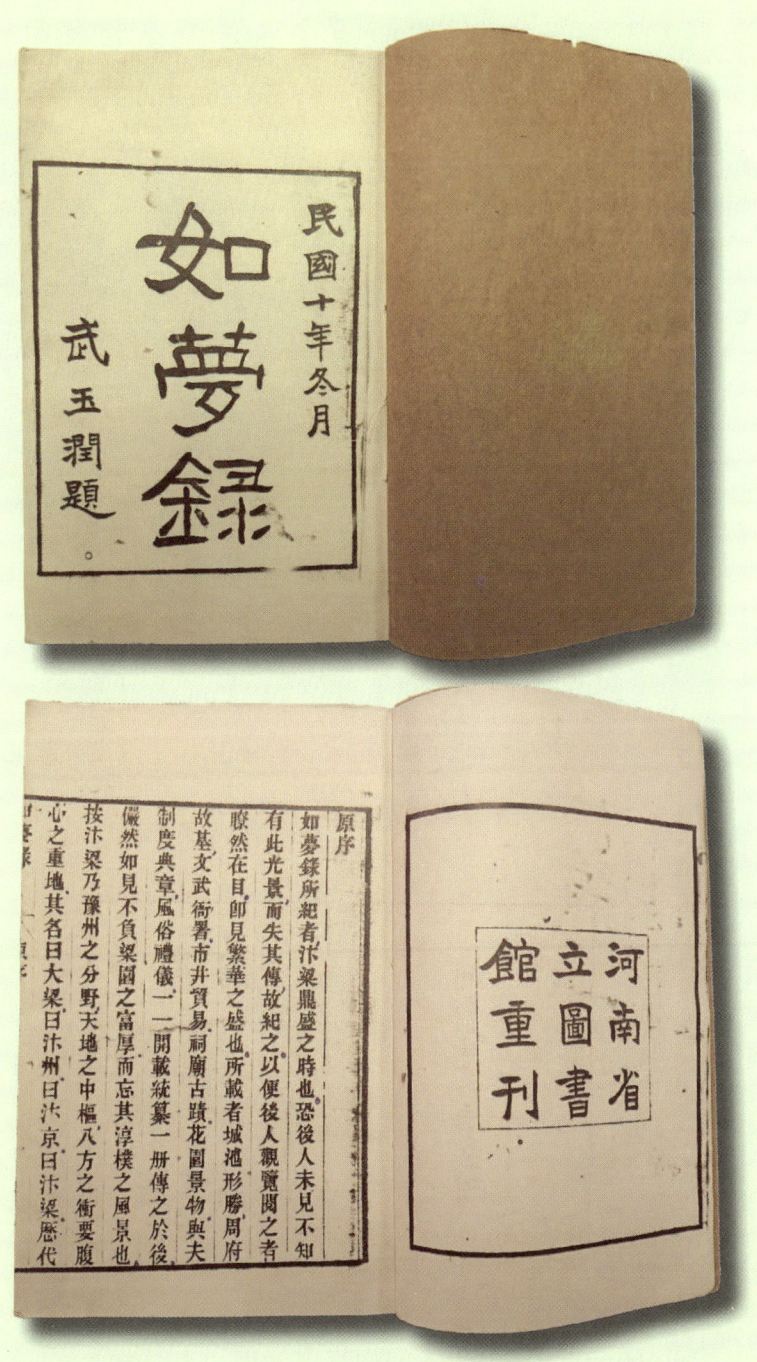

民國十年（1921）河南省立圖書館重刊本書影

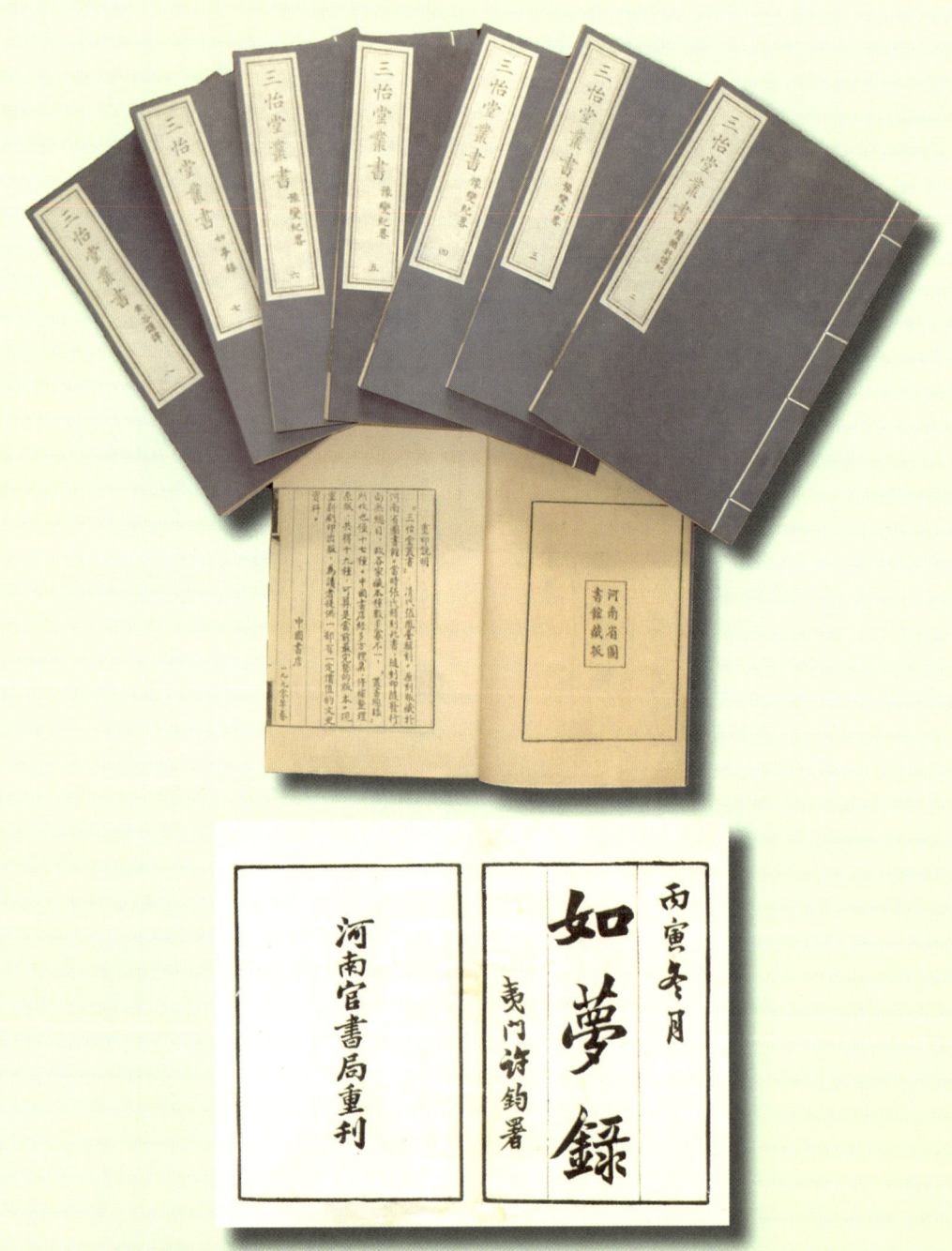

民國十五年（1926）河南官書局重刊本書影（上）、
1990年中國書店翻印書影（下）

1984年孔憲易校注本書影

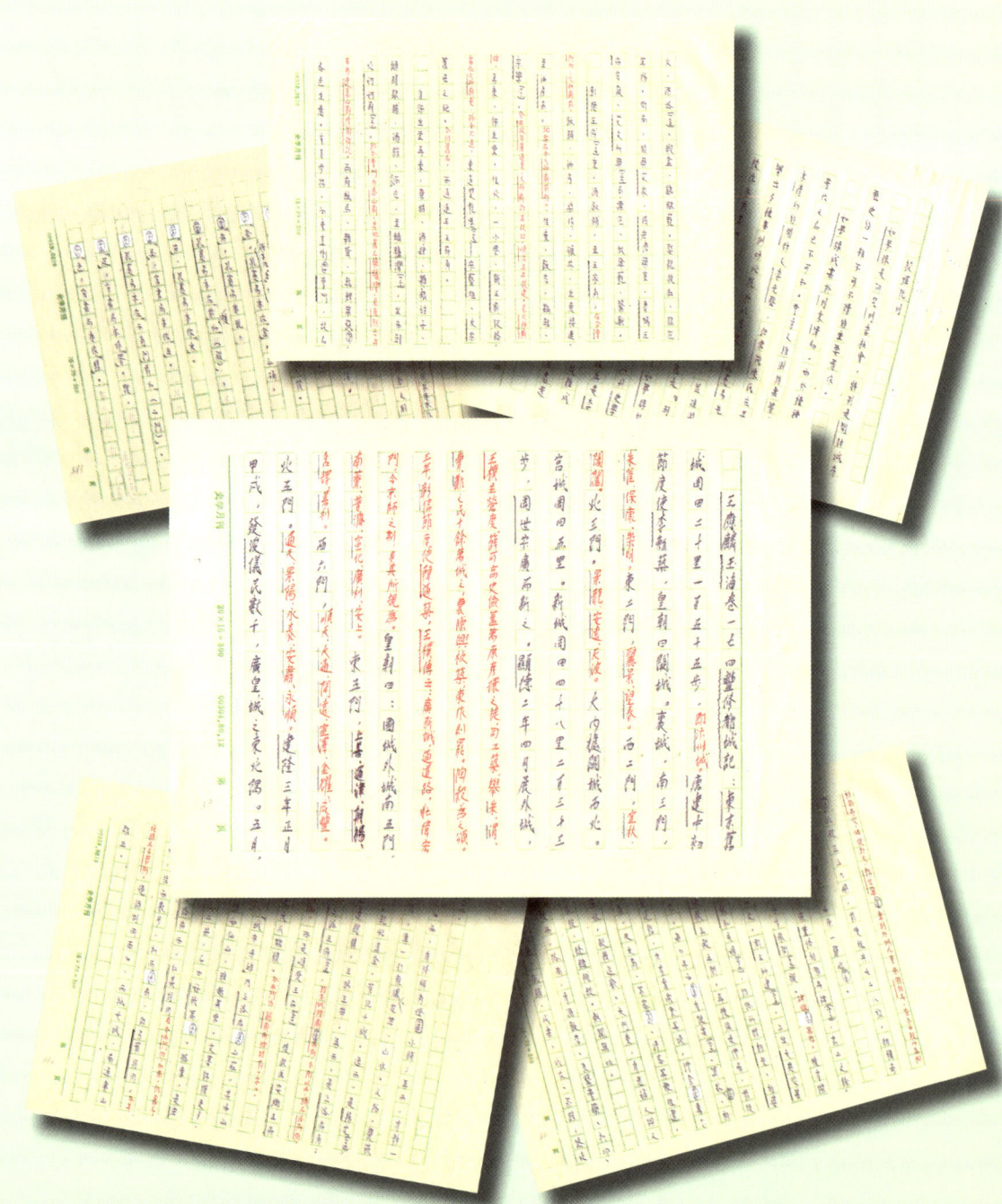

范沛潍手稿

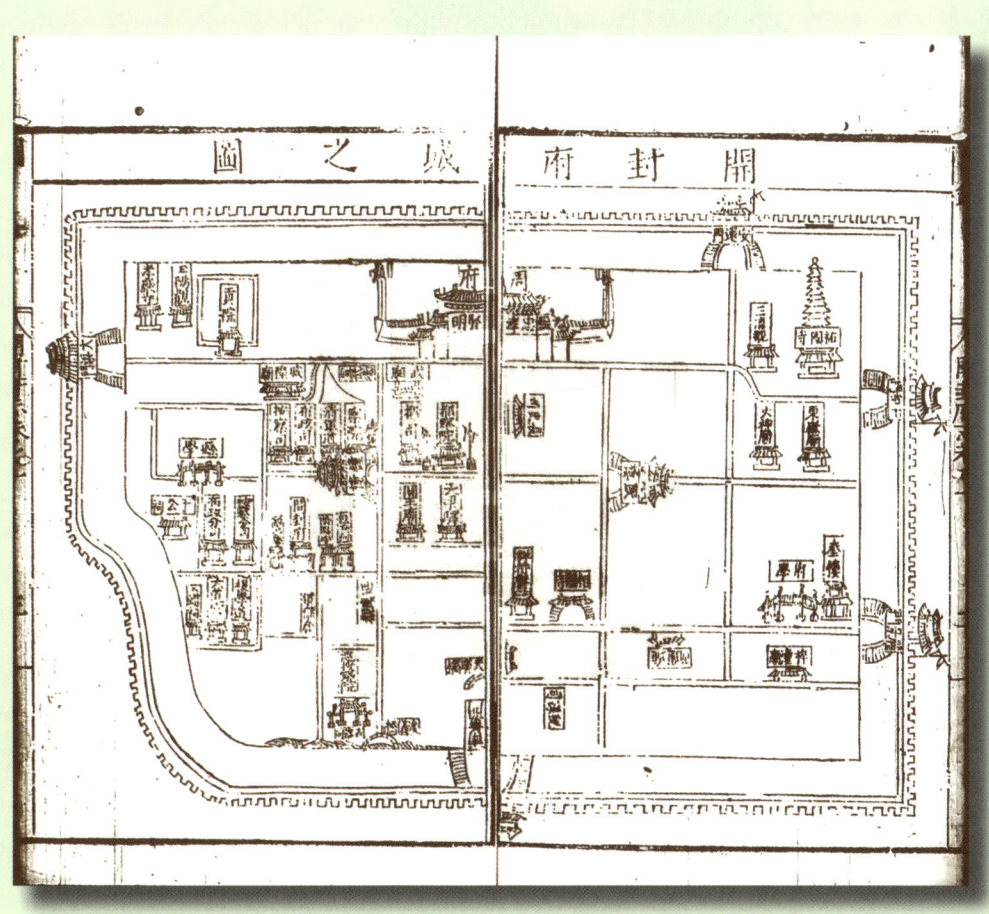

萬曆《開封府志》所載明代開封府城圖

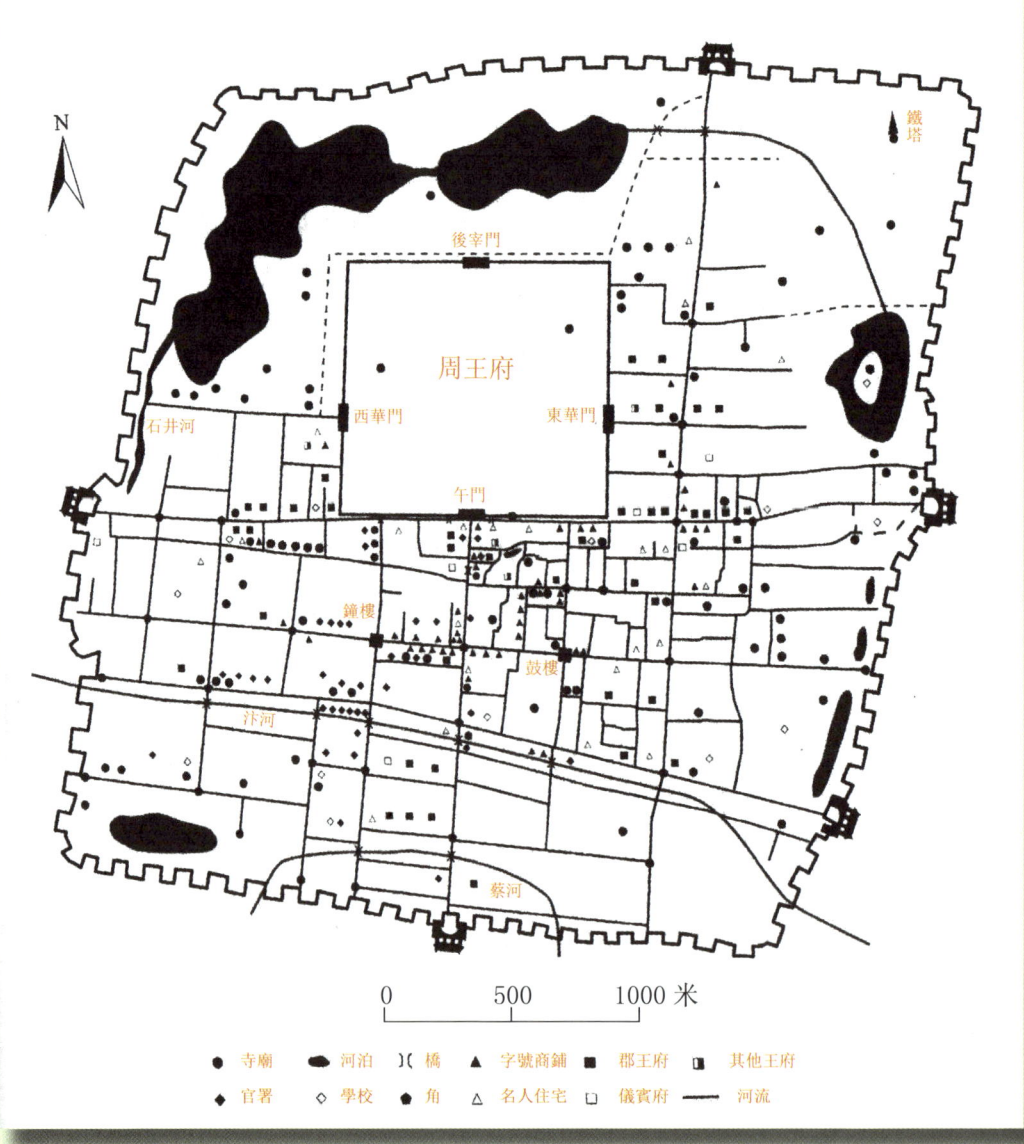

明末開封城市平面復原圖

(引自:吳朋飛《明代開封城復原研究》,科學出版社,2019年,第155頁)

校注説明

《如夢録》成書於明末清初，原著者佚名，是一部記載明代開封城池形勝、周藩宮闕、禄秩等差、官署規模、市井貿易、試院體制以及祠廟古跡、風俗禮儀、典章制度等地方史性質的著作。由於該書涉及面廣，某些方面記述較詳，且是作者親見親聞，其真實可信性較高，是研究明代社會特别是開封城市歷史的重要參考資料。清人常茂徕、近人孔憲易等開封前賢，曾對《如夢録》進行了整理、校注，使之更趨完備。

一、《如夢録》版本流傳情况

《如夢録》成書於明清易代之際，長期未能刻印，僅以抄本形式在小範圍内流傳，連開封著名地方文獻典籍收集、整理研究者常茂徕也説自己"物色三十年不可得"。幸而抄本幾經輾轉，至今尚存國家圖書館，裴雋在後記中記録了此書的流傳情况。

據稱，道光戊子年（一八二八）夏天，擅長詩畫的開封文人裴雋（原名裴奉青，字春橋）從朋友處獲悉，借得此書抄本閑翻，據説此書是曾守衛開封的李光壂外甥藏書。裴雋敏鋭地發現了此書的文獻價值，立刻抄錄了副本保存。隨後聯繫劉師陸、張元成欲印行此書而未果。張元成逝世後，裴儁找到即將返回山西老家的張元成後人，再次請人抄錄一遍。此次，他親自校勘，簽批修改了一百餘處，並與《守汴日志》和《汴圍濕襟錄》合爲一函，稱爲《遺書三種》。裴儁是《如夢錄》得以流傳下來的关键人物。

清咸豐二年（一八五二）秋天，裴儁遇到了同樣熱愛開封文獻的常茂徠。六十七歲的裴儁無私地將自己修訂過的《如夢錄》提供給了常茂徠，委託他對此書修訂潤色。常茂徠不負所托，立刻開始修訂整理工作，至當年十一月完畢。

可惜的是，二人生前均未見到所整理版本付梓。民國初年，常氏後人將該稿散出，被宋保蓄等所得，始將《如夢錄》以活字排印出版，這就是今日見到的寫夢盦本，署"祥符宋保蓄、金匱鄒廷鑾同校"。民國十年（一九二一），河南省立圖書館據以重刻，與《東京夢華錄》一同印行，增署"趙文琳重校"，文字與寫夢盦本差別不大。民國十五年（一九二六），河南官書局再次重刊，即三怡堂叢書本。

常茂徠在修訂中刪減了不少在他看來荒誕不經的民間傳說史料，受到後人批評。一九三五年八月三日，現代著名文學評論家周作人在《華北日報》上以"不知"爲筆名發表了題爲《如夢錄》的短文（後收入周氏散文集《苦竹雜記》），其中說："友人從開封來，送我河南官書局所刻的幾種書，其中我最喜歡的是一冊無名氏的《如夢錄》。這是一個明末的遺老所撰，記錄了汴梁鼎盛時情景，猶宋遺民著之《夢華》《夢梁》也。"隨即他批評說"編訂的人過於求雅正，反而失掉了原書不少的好處"，"那些貴重的傳說資料也可以說是雖百金亦不易的，本已好好地記錄在書上了，卻無端地被一刀削掉，真真是暴殄天物。假如這未經筆削的抄本還有地方可找，我倒很想設法找來一讀，至少來抄錄這些被刪的民間傳說，也是一件值得做的工作"。鄧之誠先生在《東京夢華錄注》自序中更嚴厲批評常氏的刪改工作："有常茂徠者，開封老儒，同治中猶存，喜收拾鄉邦文獻，而不甚讀書，改竄《如夢錄》，令人嘆恨。"但平心而論，經過刪節、整理、修訂、注釋後，全書增添了大量史料，語句更加通順，常氏仍不失爲《如夢錄》功臣。

二、《如夢錄》的主要內容與缺憾

明代河南省會開封在當時全國十三座省會城市中名列前茅。然而，由於明末農民戰爭和自然災害，這座繁華的名城遭受了滅頂之災，"可憐數十萬無辜生靈，盡葬魚腹之內"，"繁華勝景於此絕矣"。在當時情況下，原著者抱着恐後人不知汴梁鼎盛光景的責任心，真實記錄了明代開封的城市面貌、風土人情，對後世讀者了解這一時期的開封有極大的幫助和啓迪。

《如夢錄》全書計二萬五千字左右，共分十紀。

《城池紀第一》叙述了明代開封的外城（土城）、內城（大城）及五門的情況。

《形勢紀第二》將開封城的形勢作了概括介紹，即人們常說的"三山不顯""五門不對"及左右龍鬚，並對行政區劃之八坊、五隅、四鎮、五所等八十四地方作了說明。

《周藩紀第三》是全書重點之一，比較全面、詳細地介紹了周王府的布局、設施及宫内鮮爲人知的事，爲明代藩王的研究乃至宋代皇宫的研究提供了寶貴資料。

《爵秩紀第四》主要介紹了藩王及其後代和王府官員的爵秩、俸禄，民校等的工食銀等，還記述了"文武官員皆有俸給，各色人役俱有工食，各營兵丁俱領餉銀，各衛所軍丁皆設屯地，地方、火夫見支門差銀"和"文武科場、各衙門應用一切人役，每人每日給口食二分"等不爲常人注意之事。

《官署紀第五》介紹了開封的主要衙署如布政司署、按察司署、都指揮使司署、都察院署、按院署、提學道署、開封府署、祥符縣署等的地理位置、大致布局及沿革諸方面。

《街市紀第六》是該書着墨最多的部分，較詳細地叙述了開封城內的街市、寺廟、王府等情況以及工商業的繁榮。

《關廂紀第七》介紹了五門、五關廂的工商業、寺廟、名勝等。

《小市紀第八》除介紹平日開封市面的商品和一些行業外，突出介紹了上元、天中、中元、中秋、重陽和臘月等時節市場上所銷售的時令物品。

《試院紀第九》簡要介紹了明代河南貢院的建築、布局及鄉試狀況。

《節令禮儀紀第十》也是全書重點之一，主要介紹了一年中重要節令的禮儀、服飾、飲食、活動等。

儘管原作者多次説明本書的目的是不忍使汴梁無邊光景淪没失傳，"是以造成一册，不辭瑣碎，詳細開載，使後人見之，如睹當日風景"，但由於篇幅太短，記述過於簡略，對明代開封面貌的反映很不充分。比如：

1. 明初的開封，在全國有着十分重要的地位，朱元璋建國伊始就兩次來開封，並將開封定爲北京。對後世讀者而言，極想了解當時的情況，像一些政治活動、日常生活狀况等，但本書對嘉靖帝時的事還曾提到，卻對太祖時的事没有記載，確是極大的憾事。

2. 明代的開封是王府最多的一個城市，王府城是開封的一大特色。在當時來說，周王府的建築規模只有燕王府可與之媲美。然而對王府初期的建設狀況卻無記載，郡王府的情況書中雖有記載，但也不夠全面、詳細。至於鎮國將軍府等以下的情況更是少見。

3. 周定王是一位在科學文化上有所作爲，而在政治上又頗不安分的親王。書中對他編寫《救荒本草》《普濟方》等情況沒有記錄，就是對他的"不軌"行爲也未提及。周定王"不軌"行爲發生在開封，還是開封人告發，當時市井一定頗多傳聞，倘能記述，當爲重要史實。

4. 猶太人、回族人等在開封已定居很長時間，對開封經濟、文化諸領域的發展與進步有不少貢獻，但是，該書對其經濟文化活動、風俗習慣、宗教信仰等都缺少介紹。對於在開封生活過的各階層名人，也少有記載，這可能是受《東京夢華錄》的影響。

5. 中國的資本主義萌芽出現於明代中後期。資本主義萌芽的出現，是與商品經濟的發展、國內外市場的擴大有直接關係的。明代的開封，在全國省會城市中是數一數二的，城內的工商業繁榮，各地商人爭輳。據咸豐《同州府志》載，明末開封城內的陝西人"不啻數千百"。山西、安徽等地商人也爲數不少。他們在開封是否建有會館，是否存在行會活動……如能將這些內容寫出，對今天明代經濟史研究會有多大的幫助！對手工業狀況的記載，書中用筆更少，要知道當時開封的一些手工業產品，在全國是享有一定聲譽的。

6. 開封自古爲帝王之城，是首善之區，文化底蘊深厚。明代的開封是北方歌舞的中心、北方書畫出版的中心城市之一，是書涉及太少，十分遺憾。

本書在內容編排上，也有欠妥之處。如《爵秩紀第四》僅六百餘字，過於簡略,且對地方官吏毫無涉及,似可增删後與《周藩紀第三》合併,或擴充後分作周藩、地方兩部分詳細叙述之。對於讀者來說,王府具體、詳盡的爵秩情况較難了解得十分清楚,而太祖子孫們因時、因地或特殊原因,其食禄等也不盡相同,甚至差異較大,倘當時留心搜集這些資料,是不費多少力氣的。又如《小市紀第八》,主要寫了幾個重要時節市場出售的應時商品,表現出當時開封節令的特色與禮儀,亦可與《節令禮儀紀第十》合併叙述,如此不僅能使讀者了解當時市場的特色,亦可進一步對"禮儀節令"有更全面、更深刻的認識。

三、常茂徠、孔憲易增訂校注本的價值與不足

清末常茂徠的增訂注釋本和近人孔憲易的校注本,對讀者認識開封、研究開封有很大幫助,主要表現在:

(一)城址沿革脈絡更加清晰

如在原文"往西,是按察司署"後,常氏注"即今巡撫署",孔氏注"今省府西街商業大院",使讀者知道今日的商業大院在清代是巡撫署,在明代是按察司署。又如"祥符縣署,在相國寺迤西"後,常氏注"今仍舊地",孔氏注"即今市郵電局及市總工會址",這樣就能理解今天市郵電局、市總工會北面的街道爲什麽稱縣後街,而今自由路西口、大紙坊街東口一帶爲何稱"縣角"等問題。至於今之縣街、縣前街,在清代當爲府東街、府西街,改名爲縣街、縣前街應是民國時期的事了。常氏在注中上聯宋、五代等時,更加可貴。

(二)補充史料,使全書内容更加豐富、充實

常、孔二氏在注中增添了大量史料,彌補了原書的某些闕佚。如在介紹開封官署時,常氏於"東有包孝肅公祠"後增補了宋開封府題名

碑和開封尹題名碑情況。在敘及魏忠賢祠"火急拆毀"時，常氏引《大梁野乘》補充了一則幽默故事。明末到清末二百餘年，清末到今又有百年，滄海桑田，開封城變化不小。常氏之注對清季讀者幫助甚大，但有些注釋對今天的讀者來說又成爲問題。孔氏不僅爲原文作注，還給常氏注作注。這些注中注不但解決了讀者疑問，而且也增强了讀者與古城的親近感。如《周藩紀第三》，原書只是對周王府的布局及府内某些方面的簡單介紹，孔氏在本紀後附錄《周王世系表》《周府各王表》，就彌補了某些不足。此外，某些紀後的"參考"，對讀者來說也是不可或缺的。

（三）訂正了原文的舛誤和疏漏

在歷史發展的長河中，開封城的街巷、官署、寺廟、名人住宅等發生了一定的變化，有的地故名改，有的名同地異，有的名地俱異，有的在流傳過程中出現訛誤，這是後世研究者最感到麻煩、頭痛的事。常、孔二人均長期生活於開封，他們熱愛故鄉，熟悉故鄉的人和事，了解掌故文獻，故對此有大量訂正與增補。更爲可貴的是，常、孔二人均能以實事求是的態度處理，疑者存疑。

如《街市紀第六》中稱："路南是文殊寺，寺爲信國公湯和宅舊基。"常注曰："其地當在今街之東，去今河道署不遠。按：今文殊寺街，俱回民居住。有禮拜寺。寺南墙有刻石，橫書'清真寺'三字，末題'萬曆甲辰冬立'。紀內不詳，當是自他處移建，並移其石於此。又按：此篇之末，紀西華門北，有云：迤西，亦有皮局，回子居住，有禮拜寺，西鄰玉陽觀，今俱無存，其處盡爲廢地。文殊寺街之禮拜寺或是自西華門北移來者與？"注者以客觀、求實的態度，將個人的看法提出，讓讀者自決。又如"炒米胡同"，常氏注曰："今仍舊名。按：此街當在五勝角北，非今之炒米胡同。"這就告訴讀者，今日開封之炒米胡同非

《如夢録》中的炒米胡同。時過地遷，一在南，一在北，非一地也。再如"于少保祠"，常氏注曰："祠移建今西棚板街路南。"等等。

關於地名沿革中的訛誤，常氏也有考證，如周府"馬廠"，常氏注曰："即今三元街，舊名後馬房，今馬房坑沿街，俗訛爲馬糞坑沿。"這是口傳之訛。至於將"黃瓜胡同"訛爲"黃家胡同"就是文字上的訛誤，且以訛爲正了。這種因音而訛的現象，各地都有不同程度的存在，對研究語言頗有幫助。

孔氏在校注中對以前版本中的訛誤做了進一步考訂，如《周藩紀第三》在"東曰東華門，北曰後宰門"之間漏"西曰西華門"，孔氏不僅補入，而且出注說："後閱寫夢盦本，有此五字。"這使讀者知道，此五字的遺漏是河南省立圖書館本校刻偶誤所致。再如《街市紀第六》中"自鏇匠胡同東，有飯店……藥家姓彭、謝廷璽……"的"彭"字，孔氏在後注"疑有脫誤"；在《周藩紀第三》中"北有龍袍作，冰窖內藏蘋婆"的"作"字後，孔注"此句疑有脫誤"。對《街市紀第六》中"三街六市"一段文字，更做了全面疏證，顯然也是妥當和必要的。

限於主觀、客觀上的種種原因，孔校本還有一些失誤，如《形勢紀第二》："東至錠匠胡同。"錠，省圖重刊本作"鏇"。《爵秩紀第四》："封國將軍"，"封"字誤。《官署紀第五》："祥府縣署，在相國寺迤西。"祥府，當爲"祥符"。《街市紀第六》："內有京、杭、青、楊等處運來粗細暑扇。"楊，當爲"揚"字之誤。此外，常、孔二位對某些引起讀者疑問的地方，也未能作注說明。《街市紀第六》中提及"齊陰陽胡同"和"齊陰陽家胡同"，是同一胡同還是兩個胡同，未加辨析。（實爲同一胡同，作齊陰陽家胡同較妥，該胡同有西口和北口，北口在鼓樓街路南。）《形勢紀第二》："東自鏇匠胡同，往南至大店街。"孔氏在常氏注後又加注："今南京巷對口。"誤。今南京巷對口之鏃匠胡同並非明時之鏃匠胡同。上述有些是原書錯誤，在校注中未予更正，有些是由於排印原因增加了新的錯誤。此外還有一些標點方面的錯誤。

四、本次校注之特色

一九八四年，孔憲易先生的《如夢錄》校注本在中州古籍出版社出版，在史學界產生了較大影響。目前，學者研究明朝歷史和開封歷史引用《如夢錄》資料大都根據這個校注本，本次校注亦在孔校本基礎上進行，並具備以下特色。

（一）參校《如夢錄》各種存世版本

目前所見《如夢錄》版本有五種：一是現存國家圖書館的清咸豐二年（一八五二）裴雋抄本，上有裴氏多處校改、簽批，下簡稱抄本；二是民國初年活字排印的寫夢盦本；三是民國十年（一九二一）河南省立圖書館重刊本，由時任館長武玉潤題簽，簡稱省圖本；四是民國十五年（一九二六）河南官書局重刊本（時任河南金石修纂處主任的著名書法家許鈞題簽，日期署"丙寅冬月"，即三怡堂叢書本，以下簡稱"三怡堂本"）；五是孔憲易校注本（一九八四），此本以河南省立圖書館重刊本爲藍本，參閱了民國初年的寫夢盦本，但限於條件，沒有看到國家圖書館所藏抄本。此外，國內可能還有其他抄本存世。水子《明汴梁廟會》中稱："去歲友人以所獲鈔本示余，今年北平圖書館又訪得原稿鈔本，余亦得讀之。"（見《食貨》第二卷七期，一九三五年九月）

綜合來看，國圖所藏裴雋抄本是最接近於原本的，常茂徠增訂本雖刪了一些民間傳說，但也補充了很多城市變遷、金石文獻信息，對語句進行多處潤色，形成了新的版本系統，寫夢盦本、省圖本、三怡堂本均屬此系統。從此三本校刊情況看，以省圖本鎸刻最精良，錯訛也相對最少，因此這次校注時，我們以省圖本爲底本，參閱了現存的各種版本，吸收了近三十年來研究的最新成果，最大限度訂正了孔本的錯訛，以力求還原《如夢錄》的本來面目。

（二）附錄裴雋抄本，便於讀者研究參考

裴雋抄本是現存《如夢錄》的最早版本，保留了《如夢錄》原本面貌，經一個多世紀變遷，至今完好保存於國家圖書館，簽批紙條雖多有移位，但仍清晰可辨。與現行刻本對照，常氏增刪之處立時顯現，前輩學者之遺憾亦可彌補。我們邀請地方文獻研究學者王建新先生將抄本連同裴氏批注加以點校，作爲本書附錄。清人宋繼郊《東京志略》（王晟、李景文、劉璞玉點校，河南大學一九九九年版）中亦抄錄了幾段《如夢錄》的文字，與裴雋抄本一致，一併附錄於後。

（三）增加開封城市變遷老照片，圖文並茂

歷史地理學著作，以圖來證文，效果更佳。經過各方面努力，我們此次增加了反映開封城市變遷的老照片和位置仍在原址的部分復原圖片近50幅，涵蓋了開封各時期建築、街道、名勝、名吃等方面，以彌補以往抄本和校注本的缺憾，更方便讀者理解。

（四）採用繁體字排印，還原古籍本來面目

限於條件，孔校本以簡體行世，在繁簡轉換中產生了新的訛誤，留下不少遺憾。此次校注採用繁體橫排方式，在還原古籍的本來面目基礎上，更適合現代人閱讀習慣。

校注者

二〇二一年十月一日

目　录

原　序 ·· 1

《如夢録》序 ·· 7

城池紀第一 ··· 12

形勢紀第二 ··· 18

周藩紀第三 ··· 24

爵秩紀第四 ··· 38

官署紀第五 ··· 42

街市紀第六 ··· 56

關厢紀第七 ··· 113

小市紀第八 ··· 123

試院紀第九 ··· 127

節令禮儀紀第十 ··· 134

附　録 ·· 146

　一、國家圖書館藏清抄本《如夢録》 ························· 146

　二、宋繼郊《東京志略》所引《如夢録》 ···················· 192

後　記 ·· 196

原　序^{〔一〕}

《如夢録》所紀者，汴梁^{〔二〕}鼎盛之時也。恐後人未見，不知有此光景而失其傳，故紀之，以便後人觀覽，閱之者瞭然在目，即見繁華之盛也。

所載者：城池形勝、周府^{〔三〕}故基、文武衙署、市井貿易、祠廟古蹟、花園景物，與夫制度典章、風俗禮儀，一一開載，統纂一册，傳之於後，儼然如見，不負梁園^{〔四〕}之富厚，而忘其淳樸之風景也。

按汴梁乃豫州^{〔五〕}之分野，天地之中樞，八方之衝要，腹心之重地。其名曰大梁^{〔六〕}、曰汴州^{〔七〕}、曰汴京^{〔八〕}、曰汴梁，歷代更改不一，可謂鞏固金湯億萬年不拔之基。

無如天運循環，大劫已定。於崇禎十四年二月十三日^{〔九〕}，闖賊李自成攻汴西城，至第六日^{〔一〇〕}，屯兵西關孤魂壇沒梁廟^{〔一一〕}，親自指揮，被城上箭中左目^{〔一二〕}。第七日^{〔一三〕}，副將陳永福^{〔一四〕}殺敗闖賊。第八日，賊退^{〔一五〕}。周王^{〔一六〕}疏保永福爲總兵。

至十二月二十三日，闖賊復至，攻東城，砲、箭、雲梯^{〔一七〕}，搭敵臺，刨地道，晝夜攻打。至次年壬午正月十三日^{〔一八〕}，閱二十日，被傷無數，不能取勝，乃退去。

至五月初二日又至，不敢近城，四面軟困，河北數營兵馬不能過河〔一九〕，無數軍糧不能運轉。時議於狼城岡〔二〇〕村名，在城西三十里。掘河潲賊，即有奸讒暗畫陰謀。汴爲黃水〔二一〕淹沒，禍自按臣嚴雲京〔二二〕掘河始。劉昌〔二三〕具疏力彈之。見《劉昌傳》，載《府志》。假進拒敵之策，實爲破城之術。誤中彼奸，墮爾彀中，國主、郡宗箝口不言，諸王、上臺〔二四〕、鄉紳隱默不語，致使河伯震怒，於九月十七日，揚波鼓浪，洪水潑天，洶涌泛漲，傾陷城垣〔二六〕。

居人溺死者十有八九，救援不及一二，叫苦連天，呼救滿河，如魚之游於沸鼎之中，可憐數十萬無辜生靈，盡葬魚腹之内。終年逐月打堤幫埽〔二六〕，費朝廷無數銀兩，以防河患，反開堤埽，引水灌城，此何奇計良謀乎？

當時王宗、上臺、鄉紳、士子肯吐一言諫阻，不至有此傾城大禍。嗟嗟！可勝嘆哉！錦繡中原，一旦付於東流，繁華勝景於此絶矣。

當時省會之中，豈無高明遠見之士？恐不留意，或致遺落無考。予心不忍淪没失傳於後，是以不辭俚言，纂造成册，直言少文，便於觀覽，俾知汴梁無邊光景，徒爲一場夢境，因取名《如夢録》傳之於後，庶好古者有所考詳焉。

[注釋]

〔一〕孔憲易本改作《著者原序》。

〔二〕汴梁：開封市的歷史名稱之一。它是將開封歷史上曾經使用過的大梁、汴州（或汴京）二名稱各取一字組合而成的新名稱，具體産生年代不詳。宋人陳彭年在《江南别録》中記載，南唐後主李煜"至汴京三年殂"。又説，夜宿姑熟，聞人語云："然則，水木之歲，當至汴梁。"可見，宋初已有人用此名稱。元世祖

原 序

至元二十五年（一二八八）二月，改南京路爲汴梁路，此爲官方正式定命之始。其時，汴梁爲河南江北行中書省省會。此後"汴梁"便成爲世人對開封的一個稱呼。

〔三〕周府：明代開封周王府。詳注見後《周藩紀第三》。

〔四〕梁園：一名梁苑。西漢初年，文帝之子梁孝王劉武所築，爲當時名園，歷代名人來此遊者甚多，地在今禹王臺公園一帶。後人亦以梁園稱開封。又，梁孝王初封大梁，後遷商丘，故商丘亦築梁園，兩者的關係應該是：先有梁地，後有梁國，有了梁國，才有梁園；梁園遷徙，商丘才築梁園。因此，開封梁園在先，商丘梁園在後，開封梁園無論在規模還是建築規模諸方面均不及商丘梁園。否認其一均不妥。

〔五〕豫州：古九州之一。《尚書·禹貢》："荊、河惟豫州。"《爾雅·釋地》："河南曰豫州。"荊，即荊山（在今湖北省西部，武當山東南、漢水西岸）；河，指黃河。今河南省簡稱"豫"，即因古爲豫州地。

〔六〕大梁：開封市的歷史名稱之一。戰國時期魏國後期的國都。大梁城遺址目前尚未探明，但據文獻記載和實地考察，大概位置在明清開封城偏西北一帶，大部分與明清開封城相壓，而面積稍大。四面有十二門，東門夷門和西門高門相距約五點八公里，南北長約六點四公里。大梁城由城與郭兩部分組成，郭大城小，小城呈依附於大郭之勢。城牆高七仞，爲夯土版築，城外有護城河環繞。秦王政二十二年（前二二五），秦將王賁久攻大梁不下，遂掘鴻溝水灌大梁，城破，魏亡。大梁爲魏國都城近一百四十年。大梁是開封城市發展史上的第一個高峰。

〔七〕汴州：開封市的歷史名稱之一。北朝周武帝建德五年（五七六），改梁州爲汴州，因城臨汴水而得名。此爲開封稱汴州之始。隋唐時期，汴州已成爲中原地區的水陸都會。唐建中二年（七八一），永平軍節度使李勉擴建汴州城，周長二十里一百五十五步，相當於北宋開封舊城的範圍。此外，李勉還在城中心偏北興建了一座占地廣袤的節度使衙署，又稱牙城。這樣就使汴州城成爲二重城。這座牙城經過歷代整修、擴建，即爲後梁、後晉、後漢、後周、北宋和金的皇城。

〔八〕汴京：開封市的歷史名稱之一。五代時後梁、後晉、後漢、後周及北宋均定都於隋唐時的汴州，故時人稱其爲汴京。金初，以北宋舊都東京開封府爲汴京。可見"汴京"這一名稱的使用應始於五代，最晚亦應在宋初。陶穀（九〇三—

九七〇)《清異録》載:"臨沂路村人,依大樹賣瓜,有行者四五人邂逅一處,因互問鄉里,或云汴京、咸京、洛京、鄴京,惟黬面武士未對。坐末儒生庂聲曰:'君莫非黑京否?'衆俱不曉。"

〔九〕崇禎十四年二月十三日:李光壂《守汴日志》:"二月初九日甲寅,賊乘汴兵盡出,疾走三晝夜,十二日丁巳,直抵汴梁。辰巳時,馬賊三百,僞稱官軍到西關,居民紛紛入城;午未時,步賊及大營隨至。"作十二日。兩書作者均爲當時當事人,但對李自成軍到達開封西關開始攻城的時期却相差一日。《國榷》《明通鑑》《明史》均作戊午(十三日)。《守汴日志》昭代叢書本亦作"十三日",可見"十三日"爲是。

〔一〇〕第六日:按該《序》,第六日應爲二月十八日。但《守汴日志》記:"十七日壬戌,守備陳德射傷闖賊李自成左目。"若十二日李自成軍抵汴,則十七日爲第六日。

〔一一〕没梁廟:一種没有梁結構的建築,大抵以磚石砌券而成。没梁,亦作無梁。無梁廟、無梁殿全國各地均有,其廟(殿)中所供奉之神不一。

〔一二〕被城上箭中左目:關於射傷李自成事,《守汴日志》説是陳德。周在浚《大梁守城記》附録記其事則説:"曹太守鼎言:'圍城時,身任西門右所總社,日則出城打仗,夜則守城。軍中削竹爲箭,其大如箸,略長一二寸,鐵鏃如錐。刻木爲槽,安放於中,引弦激槽,其箭可射三百餘步。闖圍城時,滿城放箭,遂中賊目,實用此箭,究不知爲何人所射。陳總鎮遂攘爲其子陳德功,以守備擢遊擊。'又傳聞云:'承奉謝象台名下人謝三者,實射賊,三名不顯,故爲陳所掩云。'"有的著作則説爲陳永福。此應爲明史一疑案。筆者認爲"被城上箭中"一説較妥。

〔一三〕第七日:按該序第七日應爲二月十九日。但《守汴日志》十七日記:"賊時出挑戰,陳總兵發卒迎之,至濠各退。賊意誘我兵深入以擊之,我兵亦以賊衆我寡,不中賊計也。著藍甲賊首一人忿恨躡追,爲陳兵所斬。"

〔一四〕陳永福:明河南祥符縣(今開封市)人。崇禎十四年至十五年(一六四一—一六四二)以副總兵職,與其子守備陳德同守開封。當時曾傳言陳永福在城上射中李自成左目。李自成軍退,"周王疏保永福爲總兵"。開封被水淹後,永福退到豫西,歸孫傳庭指揮。崇禎十六年(一六四三)十月,孫戰死,孫

原序

舊部白廣恩、左光先投降李自成軍。李自成示意白、左勸降永福，陳永福頗猶豫，李自成折箭爲誓。在白廣恩勸説下，永福遂降，封文水伯，留守太原。崇禎十七年，清兵攻陷太原，永福戰死（一説實出東門，不知所終）。

〔一五〕第八日，賊退：按該序，第八日應爲二十日。但《守汴日志》記："十八日癸亥，黎明，賊前鋒西向，逡巡終日，至夕遁去。"開封圍解。《國榷》《明通鑑》均有"七晝夜"之語，則應爲十九日。

〔一六〕周王：此指周府末王朱恭枵。

〔一七〕砲、箭、雲梯：諸本同，孔憲易本在"砲"字前加"以"字，此不從。

〔一八〕壬午正月十三日：《守汴日志》："十五日乙酉，賊解圍南遁。"與該序相差二日。壬午，崇禎十五年（一六四二）。

〔一九〕河北數營兵馬不能過河：開封被圍，明廷以兵部右侍郎兼右僉都御史，總督保定、山東、河北軍務並轄平賊等鎮援剿官兵往援，數營兵馬駐於河北，未能渡河發揮作用。《明紀·莊烈紀》載："劉澤清諸軍並集河北朱家寨，不敢進。"《明通鑑》："澤清兵抵河北朱家集，將士不敢進。澤清曰：'我以兵五千南渡，依河而營，引水環之，以次結八營，直連大堤，築甬道輸河北之粟以餉城中。賊兵已老，可一戰走也。'皆曰：'善。'乃分兵先渡，立營。賊攻之，戰三晝夜，後軍無繼之者，甬道不就，澤清拔營去。"

〔二〇〕狼城岡：地名，在今開封城西，距城約三十五里，今分爲東狼城崗、西狼城崗，屬鄭州市中牟縣管轄。

〔二一〕黄水：三怡堂本作"黄河"。

〔二二〕嚴雲京：明江西分宜人，爲嚴嵩後裔。傳其爲首倡決河者之一。

〔二三〕劉昌：字瀛洲。河南祥符（今開封市）人。天啓五年（一六二五）進士。李自成農民軍攻占北京，劉昌附之。清軍占領北京後，降清，累官至工部尚書，遷刑部尚書，爲少傅兼太子太傅，致仕返家。劉昌宅在今開封市南劉府胡同（一説在劉家胡同），附近多住猶太裔，並有一賜樂業教會堂。昌與教人趙永基、趙映乘爲莫逆交，曾受教人之托於康熙二年（一六六三）爲會堂撰《重修清真寺記》。此外還重建白衣閣等。卒葬"城西十里"（今西郊鄉劉墳村東南）。謚勤僖，府志有傳。

〔二四〕上臺：指出任官職或掌權的人，多含貶義。作者在此指開封城内的省、府高官。

〔二五〕致使河伯震怒，於九月十七日，揚波鼓浪，洪水潑天，洶涌泛漲，傾陷城垣：關於黄河決口的時間，史書記載有異。《國榷》卷九十八：「壬午（按：十五日）夜，河決開封之朱家寨，溢地北。」《明通鑑》卷八十八亦作：「九月壬午，李自成決河灌開封。」而《守汴日志》則記：「十四日辛巳，夜，河伯震怒，水聲遠聞。」「十五日壬午，黎明，水至城下。」「十六日癸未，水大至。」「十七日甲申，黎明，滿城俱成河漢。」關於河決的原因，學術界有不同的意見，有官軍決河説、農民軍決河説等。我認爲：崇禎十五年的開封被淹，是一場人禍天災。即官軍與農民軍曾因不同的目的，均先後掘堤，但因其時黄河水量較小等諸多原因，未能成災。日後，降雨較多，黄河水量大增，於是衝垮曾被官軍和農民軍掘過並未修復的堤防。《國榷》卷九十八載：「蓋黄河秋時嘗漲，開封推官黄澍鑿渠道之，忽橫溢，淪溺數十萬……」

〔二六〕埽：古代治河工程中用以護堤和堵口的器材，舊時多以柳七草三捆扎而成。後以樹枝、秋稭、石頭等用繩子或鐵絲捆做成圓柱形的東西。以往治理黄河時，用它保護堤岸，防水衝刷，或用以搶險。又，凡用埽料修成的堤壩也叫埽。

《如夢録》序[一]

是書名《如夢録》，蓋仿《東京夢華録》[二]而作。予物色三十年不可得，今年秋晤裴君春橋[三]，始獲見之。

聞向無刊本，亦不詳作者爲誰何，俗以爲吾汴李煕亮[四]先生著，即著《守汴日志》[五]者，殆傳言之誤也。

按《守汴志》序，李君避亂金陵，病革時始口授其子以成書。而是録《關廂紀》云："大劫已過，今又復興，略有起色，恐後人不知舊京之繁華，故略録之。"是是録之成，其在煕亮先生殁後也可知。

又按《守汴志》稱："闖賊於崇禎十四年二月十二日抵汴梁。"是録則云"二月十三日"。《守汴志》稱："闖賊二次攻汴，於壬午正月十五日，解圍南遁。"是録則云："正月十三日，閲二十日乃退。"《守汴志》稱"總兵陳永福之子、守備陳德[六]射李自成，眇其左目"，是録則云"被城上箭，中自成左目"，初不言射者爲何人。以此證之，其非煕亮先生作，愈無可疑矣。

且録中語多鄙俚[七]，類皆委巷[八]秕稗小説[九]，荒誕無稽，爲文人學士所吐棄。如言繁塔爲龍攝去半截；吹臺是一婦人首帕包土一拋所成；北關關王赴臨埠集賣泥馬；相國寺大門下金剛被咬臍郎縊死背膊上，唬金剛黑夜逃出北門。諸如此類，僂指難數，讀之實堪捧腹，知熙亮先生必不爲此，以遺後世笑柄。

顧其書猶有可取者，如叙周藩之宮闕、官署之規模、禄秩之等差、試院之體制、祠廟古跡之遺址、歲時風俗之禮儀，皆足見一代之典章，備後人之稽考。自非身在官府，目所親睹，又有册籍可憑，必不能鑿空懸揣，指畫詳明，井井有條，是又不可以微疵遽爲廢置者。

春橋結念授梓，慫悥徠稍有參訂。因不揣譾陋，妄意筆墨，於其謬悠繁蕪者節删之，缺略未備者補增之，語未著明者剖析之，詞未雅馴者潤色之，意未融貫者疏通之。並將原序中"城池"一節摘出，增爲《城池紀》，冠於其首，補原本九紀爲十紀。間有碑版石刻可資考證者，亦爲叙出。至於街市、廟宇，或今仍舊名，或今非昔稱，或無其名而其地爲今之某處，與夫一事一物，遇有一知半解，俱爲注明其下，庶觀之者如身歷其境，不至茫無津涯，望洋而嘆。其他確有考據之處，即有脱略，亦姑闕疑，不敢妄增易一字，未識春橋竊笑瞽狂與否？

嗚呼！作者自謂"如夢"，惡知二百年後〔一〕述之者更爲夢中之夢耶！然予猶惜其人之書傳，其人之名不與之俱傳，而此後之咨訪皆在於不可知之數，是又遺予以"如夢"，而不能不爲夢中之夢也夫！

咸豐二年歲次壬子十有一月汴人常茂徠〔二〕秋厓氏謹序。

[注釋]

〔一〕孔憲易本改作《常茂徠序》，三怡堂本置於《原序》前。

〔二〕《東京夢華録》：宋人孟元老撰。十卷，書中所記北宋都城面貌、歲時物産、風土習俗等頗爲詳細，而所記當時典制，則有與宋志異同者，可供互相校正訛誤、補闕，是研究開封歷史、都市經濟、講唱文學和宋史的重要參考資料。囿於作者見聞及某些避諱，書中也有闕佚和舛誤，閲讀時應注意。當代版本以中華書局出版的《東京夢華録注》（鄧之誠注）、《東京夢華録箋注》（伊永文箋注）等較佳。

〔三〕裴君春橋：裴雋原名裴奉青，字春橋。河南開封人。係唐代名相裴度後裔。祖父裴玉圃（原名裴昇文），祖母查容端，父裴振，母趙氏。據章學誠所寫《裴母查宜人墓志銘》（見《章氏遺書》卷十六），裴玉圃因"舊家中落"，而隨父到京師謀職，"就甥館於天津"。後任江西小官。裴玉圃妻查容端，乃天津大鹽商查日乾孫女、文化名人查爲仁三女，有文采，著《曉鏡閣稿》。她的《秋燈》詩，收入《國朝閨秀正始集》，詩序裏記載了她教子裴振讀書情景："振字西鷺，乾隆乙未進士，年五歲即能誦唐詩百首，皆容端口授也。"在查容端精心教育下，裴振於乾隆三十九年（一七七四）中舉，次年中進士，歷任奉天府教授、安徽蒙城知縣、亳州知州，署泗州直隸州，任乾隆丙午、己酉兩科的江南鄉試同考官。他任安徽蒙城縣令時遭遇天災，災民流離失所，便"發倉清帑，竭力賑濟"，災後又"散牛種，給籽糧，民胥復業"（見楊西江編《將相文武 風流千古——裴氏人物志傳》）。因救災得力，升爲亳州知州。此時，他請章學誠編《亳州志》。不久，"以事干吏議罷歸"。《清實録》記載了裴振被罷之事："周樽奏，據潁州府知府李基禀稱，訪得亳州有楊姓毆傷伊父身死、兇犯脱逃一事，當即密札飭查，並親赴查辦。旋據署知州宋思楷禀報，查得前任知州裴振任內，有村民楊洪用斧砍傷妻魏氏，伊父楊士美拉救，誤傷腦後致死，楊洪即行脱逃。經裴振親詣驗訊，差緝未獲，未經詳報。該府即抵州檢驗，楊士美腦後果有鐵器傷痕。並訊取該犯親屬確供，據實揭報。請將知州裴振革職，勒限協緝……"章學誠認爲，裴振是受了牽連，並非貪贓枉法，説："聞振以罣誤免官。"裴振説："褫官幸無玷於家訓。"（均見《裴母查宜人墓志銘》）罷官之後的裴振遷汴。裴雋是其幼子，五六歲時隨父遷汴。裴雋之子裴季芳、胞姪裴季勳先後成爲聯捷進士；裴雋之長孫裴維儼，監生；次孫裴維俊，舉人；姪孫裴維安，翰林；姪孫裴維信，舉人。於是，裴家成爲晚清汴梁的科舉之家。裴志璽修訂裴氏世譜時，特別記載了裴振"徙河南開封城"。

〔四〕李熙亮（一五九六—一六六二）：名光壂，字康侯，號熙亮，明末河南祥符縣（今開封市）人。漢族，一説爲開封猶太人後裔。萬曆二十四年（一五九六）七月初四日生。父李燦曾任明北京南城兵馬司指揮，居官未久，即告老家居。光壂係府學生員。明末，李自成三次率軍攻圍開封時，他身在開封，不僅目睹農民軍圍城的全過程，而且與開封守臣高名衡、黄澍等人一道謀畫守城防務。開封被淹，他於二十五日携家乘筏逃往河北。黄澍升江西道監察御史，疏光壂守汴功，授知縣。明亡，不仕。後流寓南京。至清，隱居於河南通許縣西李村。康熙元年（一六六二）九月二十三日，以疾卒。終年六十七歲。著有《守汴日志》等。

〔五〕《守汴日志》：明末李光壂撰，一卷。是書原名《汴圍日記》，又作《汴圍日録》，康熙四年（一六六五）梁熙重刻，改作《城守日志》，二十八年（一六八九）經周斯盛修訂，易爲今名。當時當事人專記李自成攻圍開封的著作有《更生吟》（高名衡）、《誓肌漫紀》（黄澍）、《汴圍紀略》（張寧生）、《汴圍濕襟録》（白愚）和本書。現存者只有《汴圍濕襟録》和《守汴日志》。本書是研究明末歷史，特別是李自成軍三次攻圍開封歷史的重要參考資料之一。《四庫全書總目·雜史類·存目三》稱："《守汴日志》一卷，明李光壂撰。光壂，祥符人。崇禎十五年以城守功由貢生議敘知縣。是編成於崇禎癸未光壂流寓南京之時，記李自成三攻開封，終於河決城没之事。大致與史傳相出入，而分日記載，於情事委曲，特爲詳備。史稱陳永福射李自成眇其左目，此記爲永福之子守備陳德所射。光壂登陴目擊，當得其真。光壂創造車營，擬連抵河畔，以應北岸之援兵。衆議相持，車成未試而城圮，頗以爲恨。然時非三代，而車戰是資，恐終爲房琯之續，故康熙乙巳鄢陵梁熙跋是書，亦深以是舉爲疑。又諸書記城中擬決河以灌賊，反以自灌。光壂此《志》，殊無是事。且《志》稱九月初一日以後，守城之兵每日餒死三四百人，其枵腹待盡者不滿千人，守陴尚且不能，況能攖賊之鋒，出而荷鍤？熙跋亦謂決灌寇營乃諫垣之議，城中不及與聞，或亦持平之論乎！是役也，賊三攻不克，光壂與生員張爾猷最爲有力，而推官黄澍、總兵陳永福拒守尤堅。其後永福終降自成，澍亦歸附國朝，復潛入徽州誘執金聲，皆非忠於所事者。此特紀其一時之功耳。"

〔六〕陳德：開封副總兵陳永福之子。明末爲開封守備，與父同守開封。在城上射李自成，眇其左目。後降李自成。

〔七〕鄙俚：粗野，庸俗。

〔八〕委巷：僻陋曲折的小巷，泛指民間。

〔九〕秕稗小説：指記録遺聞瑣事、街談巷語之書。

〔一〇〕後：據寫夢盦本補。

〔一一〕常茂徕（一七八八—一八七三）：字逸山，號秋厓，又號痛定思痛居士。清河南祥符縣（今開封市）人。幼聰慧好學，稍長博通五經。二十四歲成秀才，屢試不第。道光五年（一八二五）爲拔貢，先後任偃師縣、登封縣教諭約五年。離任返汴後，以讀書教子爲業。同治十二年（一八七三）在開封逝世，享年八十六歲。一生勤考據，愛好收藏金石，並注重鄉邦文獻的搜集和整理。個人著作頗豐，光緒《祥符縣志》記載有二十三種，常茂徕在《預爲墓志銘》中説"著達三十餘種"。

城池紀第一

開封古城牆

城池紀第一

外城曰土城[一]，周四十八里二百二十三步，僅餘基址，有門不脩，以土填塞，備防河患。土城去今城二里餘，勢若廢隉，道光二十一年黄河決口，俱淤没。内有磚城[二]一座，高五丈，敵樓五座，俱有箭炮眼，三方四正，十六邪[三]。

大城樓[四]五座，角樓[五]四座，星樓二十四座，俱按二十八宿布置。樣鋪十座，窩鋪五十四座，炮樓十座，周圍四千七百零二丈，垛口七千三百二十二，城兵一百五十名。

東門名仁和門[六]，内匾"迓祥"二字，月城[七]一座，有門三重，北、南二水門，以通曹州[八]，俗呼爲曹門。

小東門名麗景門[九]，内匾"宜春"二字，月城一座，有門三重，北、

開封城小東門（名麗景門，俗稱宋門）

南二水門,以通歸德[一〇]。歸德,古宋地,俗呼爲宋門。宋門南城垛上有刻字,一云"該管百户汪隆界二地方",一云"該管百户潘勇界三地方"。門北城垛上亦有刻字,一云"該管百户王雄界六地方",一云"該管百户陳口界七地方",一云"該管百户李營界八地方",俱作三行書,字大尺許,深四五分。道光二十一年,河水圍汴,因拋磚護城,俱拆毀。

南門名南薰門[一一],内匾"中原勝概"四字,月城一座。月城内有嘉靖四年《修河南省城五門記[一二]》,李夢陽[一三]撰、左國璣[一四]書,碑高八尺,闊二尺八寸,額已失去。有門四重,東、西二水門,俗呼南門[一五]。

西門名大梁門[一六],内匾"永豐"二字,月城一座。有門二重,南、北二水門,俗呼爲西門。西門第一重門洞内,有大鐵樞二,高懸門額左右,長二尺餘,即古懸門[一七]舊制,道光二十一年,河水圍汴,後重建新門樓,撤去。

北門名安遠門[一八],内匾"拱宸"二字,月城一座,有門四重,東

今日的開封城西門(大梁門)

水門一座，俗呼北門。

　　五處共鐵裏門五十扇，環城海濠口寬五丈，底寬三丈，深二丈。五門外跨濠，俱有板橋，俗名活吊橋[一九]。曹門通蘭陽[二〇]，宋門通陳留，南門通尉氏、通許，西門通中牟，北門通延津，謂之五門六路、八省通衢。

以上由原序中摘出，增爲《城池紀》。

[注釋]

　　〔一〕外城曰土城：宋代開封有外城、裏城、皇城三城。外城又名新城、羅城，宋初亦稱國城，爲後周世宗時所築，周長四十八里二百三十三步。北宋時曾多次修築，《續資治通鑑長編》元豐元年十月丁未條載："城周五十里百六十步，高四丈，廣五丈九尺。"可見，此"僅餘基址"，"周四十八里二百二十三步"之土城，大抵就是宋代東京外城的基址。宋代外城有門二十餘個，其中有陸行門和水門。土城在明清時期實際成爲防止河水的一道堤防，並時有修築，如永樂十二年閏九月甲子"修河南開封府土城堤岸百六十餘丈"（《太宗實錄》卷一百五十六）。

　　〔二〕磚城：宋代開封的裏城，即舊城，宋初也稱闕城，爲唐宣武軍節度使李勉重築，周長二十里一百五十五步，有門十個：南面爲朱雀、保康、新門；西面爲宜秋（鄭門）、閶闔；東面爲麗景（宋門）、望春（曹門）；北面爲景龍（酸棗門）、安遠（舊封邱門）、天波（金水門）。此外還有兩個角子門。金代時，對開封裏城有所改築，即將南、北兩面墙體分別向南、北方向移動（東、西兩面未作移動），明清時期開封城墻的範圍，大體即於此奠定。城墻周長十四點四公里。此處所說磚城即指此。應該指出，元明清時期，對開封的城墻均有所修築，今日開封城墻既非宋金原貌，也非明代原貌。明代以前開封城墻爲土城，明代洪武元年（一三六八）馮勝主汴時，才在外包磚，成爲磚城。

　　〔三〕邪：同"斜"。

　　〔四〕大城樓：明代開封城有五門，五門城樓俱爲殿閣式。清代五城樓仍仿明制。孔憲易校注本說："一九三二年左右，開封開寬街道時，俱拆毀。"二十世紀九十年代，又建了西門、北門、小南門三座城樓。

〔五〕角樓：建於城垣四角作爲瞭望用的城樓。不同時代，不同地域，建築形式風格不同，如故宫角樓、平遥城角樓等。

〔六〕仁和門：明代開封東門，因通曹州，俗呼爲曹門。今人仍呼曹門而不稱東門。門外有村莊名仁和屯。又，仁和門後梁稱建陽門，宋初名和政門，太平興國四年（九七九）九月改名望春，俗稱曹門或舊曹門。後晉、後漢、後周時，宋門稱仁和門。

〔七〕月城：圍繞在城門外的小城，俗稱甕城。開封諸門月城在民國時期拆除，但從目前五門地形觀察，還可見月城痕跡，南門顯現得較爲清楚。

〔八〕曹州：春秋時爲曹國。後魏置西兖州，北齊改爲曹州，在今山東曹縣西北七十里。金移治乘氏，即今菏澤縣。明移州還治曹縣界安陵鎮，又徙治盤石鎮，尋降州爲縣，即今曹縣治，别置曹州，以曹縣屬之。清升州爲曹州府，置菏澤縣爲府治。民國廢府。

〔九〕麗景門：明代開封小東門，位於仁和門南，因通歸德（古宋地），俗呼爲宋門。今人仍呼宋門而不稱小東門。後梁稱觀化門，後晉、後漢、後周稱仁和門，宋太平興國四年（九七九）九月改名麗景。

〔一〇〕歸德：明代府名。商代爲亳都地。春秋時爲宋國都，戰國時爲魏地，秦置睢陽縣，漢改置梁國，隋唐爲宋州，宋爲南京應天府，金天會八年（一一三〇）改爲歸德府，明清因之。府治在今商丘市南。

〔一一〕南薰門：明代開封南門，今日呼作大南門。宋代南門名朱雀門，在明南門正北，今朱雀苑南大街交會處附近。

〔一二〕修河南省城五門記：李濂《汴京遺蹟志·藝文三》作"河南省城修五門碑"。

〔一三〕李夢陽（一四七三—一五三〇）：字天賜，改獻吉，號空同子，一作崆峒子。明前七子領袖，著有《白鹿洞書院新志》、《空同子集》六十六卷，輯有《古文選增定》二十二卷等，《明史》有傳。寫夢盦本作"李陽夢"，誤。

〔一四〕左國璣：字舜齊。明祥符（今開封市）人，一説尉氏人。舉人。能書，善詩賦，名動一時，人稱中州先生。著有《一元集》《南郭集》等。《如夢録》中多次提及。

〔一五〕俗呼南門：抄本在叙及"宋門、南門、西門、北門"時前均無"爲"字，刻本在"宋門、西門"前加"爲"字。

〔一六〕大梁門：明代開封西門，今仍稱大梁門或西門。二十世紀九十年代重建大梁門及城樓。大梁門唐時稱梁門，後梁稱乾象，後晉、後漢、後周稱乾明，宋稱閶闔。

〔一七〕懸門：古代城門所設之門閘，平時懸起，有警時則放下，以便加衛固守。

〔一八〕安遠門：明代開封北門名，俗呼爲北門，今仍稱安遠門或北門。二十世紀九十年代重建安遠門及城樓。

〔一九〕吊橋：全部或部分橋面可以吊起、放下的橋，多用在護城河及軍事據點上。古代城市的城門外護城河上大多修建此種橋。

〔二〇〕蘭陽：明代蘭陽縣轄區爲今河南蘭考縣的一部分。清初，仍稱蘭陽縣，乾隆四十九年，改儀封縣爲儀封廳，道光四年裁儀封廳入蘭陽縣，改名爲蘭儀縣。宣統元年（一九〇九）改縣名爲蘭封縣。一九五四年與考城合併，改稱蘭考縣。今屬開封市。

形勢紀第二

開封鼓樓

(法國漢學家愛德華·沙畹攝,引自《北中國考古圖錄》,1907年)

汴梁地脈，原自西來，故惟西門直通，餘四門皆屈曲旋繞，恐走洩旺氣也。勢如臥牛，故名臥牛城﹝一﹞。

城內周府前有興龍橋，又有左右兩龍鬚。東自鏃匠胡同﹝二﹞，地在今北書店街北口，仍舊名。往南至大店街﹝三﹞，即今南書店街。過鼓樓﹝四﹞而東，由鵓鴿市﹝五﹞今仍此名。迤南，東至第四巷﹝六﹞，今仍此名。南抵宋門大街止，又自鼓樓往東至五聖角﹝七﹞，今《邑志》訛爲吳勝角。向南抵宋門大街止，謂之左龍鬚。

西自武廟﹝八﹞，地在今旗纛街北口，路東。往南，至鐘樓﹝九﹞，樓已拆毀，地在今巡撫署﹝一〇﹞東十字街口，猶名拆樓口，俗訛爲車路口。一折向西，復南折至半截街今仍舊名。南，一由鐘樓口往南，過館驛街西口，街仍舊名。折向西，過開封府署，在延慶觀西，今包府坑即其故地。西南抵城墻；一自館驛街西口，由延慶觀觀今仍舊。西南，抵雷家橋南，謂之右龍鬚。

又南門內大街，有大隅首。按：即今行宮東角﹝一一﹞十字街口。

西門內大街，有大爪隅頭、在今大關廟西牌坊﹝一二﹞十字街口。小爪隅頭。在西門內仁義胡同北口。

又有三山：土街﹝一三﹞爲一山，即今布政署﹝一四﹞東口往南土街。爪兒隅頭爲一山，即大爪隅頭與小爪隅頭。夷山爲一山，在城內東北隅鐵塔寺。謂之三山不顯﹝一五﹞。

東門偏北，宋門偏南，南門偏西，西門正直，北門偏東，謂之五門不對﹝一六﹞。

鐘鼓樓、鐵塔寺皆鎮城中旺氣，下壓諸凶。

在城有八坊﹝一七﹞：曰大寧坊，在南門內街東。曰永安坊，曰宣平坊，在仁和門內。曰安業坊，南至第五巷﹝一八﹞，北至鼓樓東北。曰新昌坊，在大梁門內，城隍廟街南。曰崇仁坊，曰惠和坊，在土市子街東北。曰廣福坊。在安遠門內街東。

又有五隅：曰汴橋隅、鼓樓隅、鐘樓隅、土街隅、西關隅。

外又有四鎮：東埽頭、西瓦子坡、北金恒鎮、疑即荊隆工。南朱仙鎮。

又有五所：曰前，曰左，曰中，曰右，曰後，並關廂。

又有八十四地方。每一地方設鄉約〔一九〕二員，俱有巾帶，本縣委帖一張，照帖理事。地方一名，每年工食銀六兩；每方火夫四名，每名每年工食銀五兩，此銀係門差所出。門差即各街鋪面及住宅編〔二〇〕成金、銀、銅房三等、九則。上金房每年出銀三錢，中金房出銀二錢五分，下金房出銀二錢。上銀房以次遞減，中銅以下免出。〔二一〕宗室、鄉宦只免住宅。地方、火夫，本縣各人給帖一張，上填數目，照帖支取。白晝供應官事，入暮打更下夜。

[注釋]

〔一〕臥牛城：今開封市舊日的俗稱之一。開封有臥牛城之名，不知起於何時，宋元以來皆有此說。《三朝北盟會編》說："先是術者言，京城如臥牛，賊至必擊善利、宣化、通津三門，善利門其首也，宣化門其項也……"明人李濂《汴京遺蹟志》也說："新城周回五十里六十三步"，"俗呼爲臥牛城"。可見，這是以外城的形勢而稱其爲"臥牛城"的。到了明代，開封外城已不復存在，於是有的著作又稱開封磚城的平面形狀像一頭臥牛，西門爲牛頭，其餘四門爲牛腳，故有臥牛城之說。此二說流傳甚廣。金、元以來，黃河主河道逼近開封城，水患直接威脅着開封城市及人民生命、財產的安全，因此就有了一種"五行相克"的說法。開封民間舊說，牛五行爲土，土能受水，可鎮水。《歷代帝王宅京記》也說："汴城臥牛之形，北視黃河爲子，而子不敢來害其母。"開封臥牛城之名的來歷應是"形似"和"五行"理論的結合。乾隆《祥符縣志·建置志·城池》："今之城門有五，各建譙樓。城之外百步許有海濠焉。城四周闊數十丈，深四五丈，東、西水門二座，閉塞久矣。舊址僅有存者，相傳東京臥牛城，三山不令顯，五門不令相對也。城以臥牛名者，城枕大河，牛，土屬，土能克水也。西城重門相向，其牛之首乎？直吞河雒而來王氣也。餘則三四重門，轉折而不衝向，其牛之足乎？盤曲臥鎮，參差其形，惟靜可以制動也。"歷史上俗名稱"臥牛城"者不止開封一地。《七修類稿》卷二："青州城俗名臥牛城，以其形似也。"

〔二〕鎞匠胡同：明代開封的鎞匠胡同，爲今北書店街北頭一小段，即今杏花園街西口、徐府坑街東口往北，至東六街西口、西大街東口一段。清代仍舊名，後又稱打銅巷街。民國時期，馮玉祥主豫，拓寬開封街道，將此段打銅巷街與南段北書店街統稱爲北書店街，並將銅匠及其店鋪遷入南京巷對口之胡同。今南京巷對口之鎞匠胡同非明代鎞匠胡同舊地，孔注不妥。

〔三〕街：諸本無，應補。

〔四〕鼓樓：開封鼓樓爲明洪武十三年（一三八〇）河南都指揮使司都指揮使徐司馬主持修建。明景泰元年（一四五〇）重修。天順五年（一四六一）再修，嘉靖六年（一五二七）鎮守太監呂憲重修。入清後，康熙二十八年（一六八九）巡撫閻興邦重修，光緒七年（一八八一）巡撫李鶴年又重修。鼓樓臺高三丈，磚砌甕門，以通東西，東西北部有門，入門爲磚階，可拾級而上。樓爲重檐歇山式，面闊五間，置鼓一面，直徑三尺許。上層設欄杆，可依欄遠眺，民國十七年（一九二八），於樓頂中央修建一方形高塔，四面安裝大鐘。民國三十七年第一次解放開封戰爭中，臺上建築毀壞，僅餘高臺。一九九六年原鼓樓臺基被拆除，闢爲廣場，從此開封鼓樓一磚不存。近年來鼓樓復又重建。

〔五〕鵓鴿市：今名鵓鴿市街，在鼓樓東路南，街南頭向西爲鐵佛寺街，向東爲生產後街，南爲商場後街。路西中部有善義堂清真寺。爲商業街。

〔六〕第四巷：以前爲妓院麕集之所，後更名爲生產街，是居民生活區，分前街、中街、後街。

〔七〕五聖角：孔憲易注曰："係五聖廟角。按《漁磯漫鈔》引云：'舊傳明太祖大封功臣，夢兵卒千萬，羅拜殿前曰："我輩從陛下四方征討，雖沒於行陣，夫豈無功？請加恩恤。"高皇曰："汝固多人，無從稽考姓氏，但五人爲伍，處處血食足矣。"因命江南家立尺五小廟祠之，俗稱五聖祠……康熙乙丑（一六八五）睢州湯斌巡撫江南，深痛惡俗，奏於朝，毀之。'開封五聖角之改吳勝角，可能爲康熙之後。"此注有可疑處，其一，"江南家立尺五小廟"，爲何在開封建一"大"廟？何時、何人建？廟的具體方位何在？目前均未見到記載。其二，常茂徠注曰："今《邑志》訛爲吳勝角。"說明非因官府命令改，而是非人爲因素有意改。"五聖"值得考證。

〔八〕武廟：在明代開封旗纛街，祭祀伍員、趙雲、姜太公、孫武、張良及歷代軍師和功臣。見本書《官署紀》。各地武廟所祀多有不同。

〔九〕鐘樓：位於今大坑沿街南口、勝利街北口、省府前街西口、省府西街東口之四街交會處，明洪武十三年（一三八〇）（《明實錄》作十五年）河南布政使司參政莫景山主持修築。臺高三丈，樓爲重檐歇山式，下置圈門，以通東西，上懸巨鐘。明宣德（一四二六至一四三五）中左布政使李昌祺修葺，成化十六年（一四八〇）鎮守太監藍忠、巡撫右副都御史李衍重修。清康熙十年（一六七一）毀，以其材建藏經樓於相國寺。鐘樓拆除後，其所在地十字街口一帶名曰拆樓口，俗訛爲車路口。

〔一〇〕巡撫署：此指清巡撫署，即明代按察司署處，今省府西街商業大院。

〔一一〕行宮東角：今中山路與相國寺後街、省府前街交會的十字街口一帶。行宮，明爲都察院署，清乾隆十五年（一七五〇），乾隆帝南巡路經開封，設行宮於河南撫署（現爲開封市醫藥公司，民國時期爲河南省政府，後爲開封專員公署、開封地委、開封市委駐地）。光緒二十七年（一九〇一）光緒帝、慈禧太后回鑾途中，在開封月餘，行宮亦設此。

〔一二〕大關廟西牌坊：孔注曰："今爲小學。牌坊爲申姓之牌坊，五八年大躍進時拆除。舊注恐非常氏所注，牌坊立時，常氏已歿矣。"孔憲易先生與申家關係密切，此注值得研究《如夢錄》版本者注意。

〔一三〕土街：《東京夢華錄‧潘樓東街巷》載："潘樓東去十字街，謂之土市子，又謂之竹竿市。"可見"土市子"之稱，在宋代已有。明弘治二年（一四八九）《挑筋教碑》仍稱土市子街。孔憲易注曰：土街，"土市子街簡稱"，"始於金、元"。今仍稱土街（分爲北土街、南土街兩部分）。這一帶地勢較高，李光壂《守汴日志》説："十七日甲申，黎明，滿城俱成河漢。……惟壂所居土街，乃夷山頂，水及門基，門內皆乾地，避水者滿集。"（按：此處謂土街"乃夷山頂"，誤。）

〔一四〕布政署：此指清代布政署，在今東大街東頭路北汴京飯店處。布政署長官爲布政使，全稱承宣布政使司布政使，別稱藩司、藩憲，尊稱藩臺、方伯。明置布政使爲一省最高行政長官。清代每省設布政使一人，乾隆二十五年（一七六〇）以江寧錢穀事繁，增置布政使一人（江寧、蘇州各一人）。在總督、巡撫統轄下掌一省之財政、民政。

〔一五〕三山不顯：開封城內有三處地勢較高，一爲土街北部一帶，二爲爪兒隅頭，三爲夷山，人們謂之三山。由於自然和人爲的因素，三山高度逐漸下降，已顯現不出山的形象，故俗曰"三山不顯"。元好問《梁園春》三首之一："上苑春濃晝景閑，綠雲紅雪擁三山；宮牆不隔東風斷，偸送天香到世間。"可見開封城內三山之名由來已久。

〔一六〕五門不對：明洪武元年（一三六八）正月，朱元璋在金陵（今南京）稱帝，五月來到汴梁（今開封），七月離開汴梁還京師，命右副將軍馮宗異（馮勝）留守。八月己巳朔"詔以金陵爲南京，大梁爲北京"。不久，又到開封。正因爲朱元璋有遷都開封的念頭，故而馮宗異等便於元年在開封大興土木，其中一項便是在宋金裏城的基礎上修築開封城。修繕後的開封城，周長二十里一百九十步，高三丈五尺，寬二丈一尺，外包青磚。共闢五座城門。東二門，分別爲南宋門、北曹門；其餘三面各一門，西爲大梁門，南爲南薰門，北爲安遠門。五座城門"曹門偏北，宋門偏南，南門偏西，西門正直，北門偏東"。東、西門，南、北門沒有相對成一線者，這樣就形成了開封城"五門不對"的格局。其所以如此，據說當時有一種觀點：開封地脈自西來，故西門居中，以吞西邊河雒過來的王氣，其餘四門屈曲旋繞，使進城之王氣不致走失。開封"五門不對"的格局，大體保留至今。民國時期在南壁偏東開一小南門，實際破壞了這一格局。

〔一七〕坊：明代城中居民的基層組織。洪武十三年（一三八〇），以試戶部尚書范敏之議推行全國，居地相鄰的一百一十戶編爲一里。居城中者編爲坊，近城者編爲廂。其時開封城內有八坊。

〔一八〕第五巷：現已無此地名。其地即今商場後街，南口通自由路，北口與鵓鴿市街相連。

〔一九〕鄉約：明清時期鄉鎮中的小吏，由知縣任命，負責傳達政令，調解糾紛。

〔二〇〕編：孔憲易本在"編"字前加"下"。諸本無。

〔二一〕按本段所述，"上金房每年出銀三錢，中金房出銀二錢五分，下金房出銀二錢"。可知上銀房應出銀一錢五分，中銀房出銀一錢，下銀房出銀五分。上銅房應出銀多少呢？此段記述恐有不當之處。按：抄本"上銀房以次遞減"作"以下各有數目"，常氏改換語句，反使人疑惑。此段注文在抄本中本是正文。

周藩紀[一] 第三

周府[二]本宋時建都宮闕舊基，坐北朝南，正對南薰門，即宋之正陽門[三]也。北有大門五間三開，即宋之大宋門[四]也。周圍蕭墻[五]九里十三步，高二丈許，蜈蚣木鎮壓，上覆琉璃瓦，下有臺基高五尺，上安欄杆，欄杆外街寬五丈，方是居民，四周有井七十二眼，謂之七十二神煞。

向南是午門[六]，今猶名午朝門街。東曰東華門[七]，今東華門街即其故地。西曰西華門[八]，今西華門街即其故地[九]。北曰後宰門。層層宮門殿宇上科拱俱用銅絲網罩，名爲飄衣，字書無"飄"字，疑當音"風"。下有白石一方，名曰足石，取豐衣足食之義。門[一〇]極大宏敞，碧瓦朱門，九釘九帶。

門內東西承奉司[一一]，承奉內官掌管閣府事務，傳遞本章，與在京東廠、司禮監同。往北有直房百餘間，中有東、西二過門，乃宋時科道衙門也。明朝斷間讀去聲。爲一、二、三間，各官進內候朝於此，停息更衣。東過門往南通宗廟[一二]，西過門往西通天地壇。東有馬廠，即今三元街，舊名後馬房，今馬房坑沿街，俗訛爲馬糞坑沿。直房東、西二庫，罪宗所禁之地。

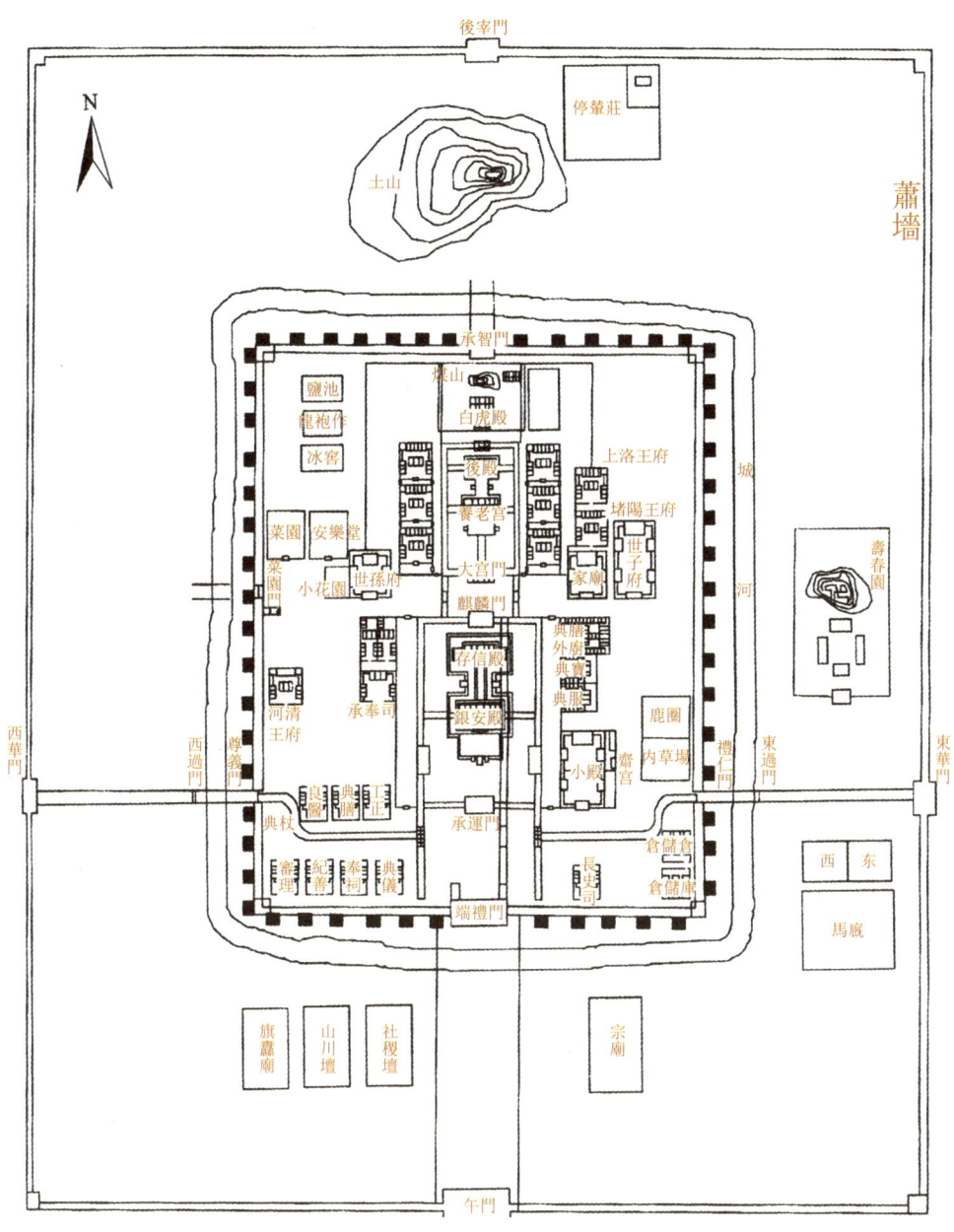

開封周王府平面復原圖

（引自：吳朋飛《明代開封城復原研究》，科學出版社，2019 年，第 137 頁）

正北爲紫禁城[一三]，高五丈，上有花垛口，內有攔馬牆。南門曰端禮門，北門曰承智門，東門曰禮仁門，西門曰尊義門[一四]。

開封龍亭，即原周王府所在地

殿曰存信殿[一五]。存信殿前，舊有銀安殿[一六]。因周藩王氣太盛，勅下，貶諸蒙化[一七]，既復取回，蒙化，雲南地名，按《皇明通紀》："洪武二十三年，置景東、蒙化二衛。"又云："建文即位，以明年洪武三十二年爲元年，廢周王橚爲庶人。先是，周王與燕、齊、湘、代、岷五府通謀。至是乃命曹國公李景隆[一八]調兵猝至河南圍之，執周王及世子闔宮眷屬，送至京師，削爲庶人，遷之雲南。永樂即位，是日復周王橚爵土。將銀安殿拆毀，並將唱更樓及尊義門樓拆去。東華門禁不許開，四角石上俱用釘定，並令於門前推土作臺，此臺乃取鄭州之土，經火煉熟，寸草不生。形家者[一九]言：毀銀安殿所以去龍心，拆唱更樓所以去龍眼，定四角石所以制龍爪，堆土作臺所以剋水，使龍不能飛騰。東華門不許開，謂之文官閉口；拆尊義門樓，謂之武將去頭。

端禮門上供明太祖畫像，有釋、道二教藏經，外有城濠一道，與大海子同[二〇]，濠內地基寬闊，俱是內使居住[二一]。東亭[二二] 後按：東亭當是東書堂之訛，在端禮門外。《大梁野乘》[二三]云："周定王闢東書堂以教世子，辟長史劉淳[二四]爲之師。端禮門之槐枯數幹，陳咎于王，王自修省，幹復榮，王名其槐爲攄忠之槐。" 有內書堂，外典寶官二員，候上奏章用寶。端禮門三瓮三開，金釘朱户，紅花塗墙，立磚鋪地。進內，東、西二掖門，門傍有四扣磨角，臺高五尺，乃宋時羽林軍跕班護衛之臺。明朝有護衛軍三千跕臺候朝，群牧指揮統管。永樂時削除，臺基猶在。直北下有板房四間八所，各官伺候，自此門進，有校尉把守，諸人不敢擅入。傍有雲板[二五]，門東、西兩小月兒門，小紅門使穿宮角門也。

正門名承運門，即宋之承天門也。五間三開，周圍石欄杆，臺高八尺，內安龍亭勅詔，王宗、官員拜舞之地。兩耳有便門二座，王宗、官員入朝進內，便門即角門也。

正北向南，前殿九間，穿殿五間，即銀安殿，雖奉旨拆毀，柱礎、螭頭[二六]、四角尚在。

後有存信殿七間，内安寶座，座上兩邊有長枕二個，名曰威權，後有圓繡靠背三元，名曰倚勢。兩廂配殿十間，四扣，朝房棋盤蓋造，東、西兩耳，宋時內閣議政之處。兩邊是文武朝見各班站立之所。東廂是墨刻作[二七]；西廂是印書、裱背；直房盛法駕等物。東耳改爲典服所、典膳所；西耳是王子、王孫習讀之處。朝房是宗人、儀賓[二八]候朝於此停息。殿後有一字門，名麒麟門，五間。

北，又有大宫門，五空三開，金釘朱户，青石欄杆，臺高八尺，外斷稍間[二九]，承奉候朝。北有寢殿七間，月臺、甬道，皆白石欄杆，四扣磨角，廊廡，名曰棋盤宮。兩廂俱是年老宮眷，某奶稱呼大管事；各有執事掌管，並年幼宮婕，有名上牌伺候，上宿洒掃者住居。

後有養老宮，一樣蓋造，一樣三層，後殿供奉神像，後山懷內有青石匣[三〇]一個，方五尺，內鎖鎮府之寶。北有白虎殿[三一]五間，王薨[三二]停靈之所，遺妃請入後宮，內使、宮婕照舊跟隨伺候。

宮後有煤山[三三]，《府志》云：龍亭山，一名煤山。明太祖封周藩于開封，築土山于王宮後，建亭閣、列花石，爲游觀所。國朝康熙三十一年，建萬壽宮于其上。按此，則煤山即今之龍亭矣。蓄積煤炭，以備有警、府中供爨。山高五丈，松柏成林，上立石碣，書"八仙聚處"四字。山下有窪池，又有湍水，內浮二球，急水衝動，上下交騰，名曰"海口拋球"。沿岸上遍是水亭，各樣遊樂之處，奇石異花，重巒疊嶂，攬之不盡。山坎上，就山依洞，有女尼諷經，敲動木魚有聲。鹿羊抵觸，禽鳥展翅，猛虎作威，鶴舞鶯鳴。東窟又有慶安宮之勝，不能盡言。此宮內景象也。宮外俱是老幼宮眷居住，挨門比户，有三二百家，亦有街道與市井相同。

宮門外東邊朝南有家廟一座，今家廟街即其故地。逢時祭祀。麒麟門外有東、西二街，東頭拐角直通正南，名曰東夾道，有典膳所外厨，專供賞賜。

往東有世子府，乃宋時儲太子[三四]之宮，往南曰春宮，疑當作春秋宮。凡遇二、八月上戊日，理宜於天壇祭銅人，向南；於地壇祭銅人，向北。未祭之前三日，王齋戒沐浴，宿小殿，王妃有送行酒一席，日差小使[三五]問安數次，祭畢回宮，王妃又有接風酒一席。小殿即宋樞密府王欽若[三六]所坐衙門，東有呂公堂，南有七星臺，逢七拜斗。南通東過門，有內草場、鹿圈，有刻絲洒綫作房，書堂作寫柬本之類[三七]。

禮仁門東是東過門，通東華門。

再自麒麟門外，西夾道西掖門西，有世孫府。西鄰安樂堂，凡年老宮眷病危送此堂中醫治，如故，發送出西華門，殯葬繁塔寺保母墳。此堂西有菜園門，地在今龍亭前西街，《邑志》作蔡元胡同，誤，應是菜園胡同。有名設菜[三八]，每月二十日放人看望宮內親戚，進內有大門一間，外人不能擅入[三九]，有把門官校攔阻，傳信呼名，方許進內送禮物，候回，酒食管待。是日，正菜園門三間大開，老幼宮眷、婕婢，濃粧艷抹，俱在門下等候親戚看望，擁塞滿門，雖王妃夫人、官宦娘子，到此下轎步入，至日暮方散。

南有世孫小花園，亦有花草池塘，無數小景，西通尊義門。北有龍袍作。此句疑有脫誤。冰窨內藏蘋婆、鮮果等物。北有鹽池、菜園、白衣庵一座，通西過門，正西是西華門。

禮仁門東北乃是百花園，名壽春園，是周端王世子恭枵[四〇]號龍亭所建。此園本宋徽宗御花園故基，有刨出石碣可証。宏大寬敞，內有大門、二門、兩廂。後殿西廂後有山洞，俱是名石澄泥磚所砌，與真山無異。上有古怪奇石，錦川、太湖墨石、洒金等石，參差鬼峨，懸崖、峭壁[四一]、岩岣、陵澗、麓峪，無一不備，儼然一座高山。三層上建高樓五間，金碧輝煌，名曰凌虛閣。下分子母九洞，四面皆同，各有門窗，名曰九如洞。洞內各有曲灣盤旋，至二層名曰玄囂洞，洞前有方亭二座，上安仰塵[四二]，刻就星宿部位，晚間置燈於上，照耀如星，遊玩通宵，不能盡覽，俱有題讚。東窪有一高臺，上建亭，高二丈。上亭可窺見各宮眷住處。此內宮之景，只可自觀[四三]。

大洞東、西兩路，東路直東，南有小山活水，下有水閣、涼亭三間，兩棚附簷，下有欄杆，四面槅扇，五彩鎏金，周圍群墻，便於憑依觀蓮。内設茉莉等花百盆，對過高架飛橋，下有蓮池，池内有採蓮龍舟。四面俱是菡萏、芰菱、水紅、菖蒲，赤緑芬芳，金魚躍浪，錦鴛戲波，鷗鴨浮沉，水鳥飛鳴。池畔遍栽芙蓉〔四四〕等樹，入秋花開如錦。

傳言，龍窩園内盡是木香、木樨、松、柏，月季、寶相等花編成墻垣，茨松結成樓宇，荼蘼、木香搭就亭棚。塔松森天，錦柏滿園，松獅、柏鶴，遇風吹動，張口展翅，活潑如生。萬紫千紅，種種不缺，有四時不謝之花，八節〔四五〕長春之景。

洞後有車井一眼，足供園中澆灌。又後，有水簾洞，純磚壘砌，内供白衣菩薩〔四六〕。亭後，栽〔四七〕植脩竹，名曰"紫竹仙境"。周遭溝渠如龍蛇盤旋，灣灣曲曲，外有圓門，門上三字曰"紫泡崖"。後有三清殿〔四八〕，兩邊俱是全真道院〔四九〕、戒僧禪室。後數層，有杏花村、黃河九曲、菊花園、曲水流觴。

傍又有小山別亭，有司官員到此游樂，各有題詠詩賦。又有雲樓仙橋，圓檁，上安板。橋東西相通，上有扶手，平坦可走。高二丈許，凭高瞻眺，可遍觀園中之景。後有穿樓，連絡不絕。

外有海濠，緊依蕭墻。

又，後宰門裏有土山，名曰停輦莊〔五〇〕，亦有殿宇。麥熟觀農，使子孫知稼穡辛苦。

群王門第，亦是金釘朱户，琉璃殿宇。宫中皆有内景，郊外皆有花園。大門外有石獅子〔五一〕一對，連座高丈五尺，猙獰古怪，宋之鎮門獅子也。故老相傳，石獅子舊在南十字街口，雍正十二年修萬壽宫于龍亭上，始移植今所。右一獅子兩腿斷折，即移時所損傷也。兩傍南北跨墻紅鹿角〔五二〕排柵，甬路三道：中路迎勑詔，王出由此行走；東、西二道，官員人等行走。東、西立有下馬牌，上書"官員人等，至此下馬"。

周王府前的石獅子

　　正南街中，有欽賜牌坊一座，一高兩低，四角小坊，共七坊，攢成一大坊。夾角石龍盤繞，周圍石座，俱是須彌雕龍彩雲，上下雕刻金龍彩鳳，精巧無比。上懸豎牌一面，金書"玉音"二字，下橫額書"節孝兩全"，是賜周端王[五三]母妃袁氏。又一坊一樣蓋造，亦是"玉音"，橫書"忠孝賢明"，欽賜周端王之坊。

　　正門往南五丈遠，臺階下，東邊有一磚臺，名曰"拜臺"，接勅詔龍亭至此臺上跪接。

　　正中路南，有木三根，各長三尺，練以鐵索，名曰"扭骨別棒"[五四]。坊下有杉木一根，東西橫放，名爲當衝木，俱是朝廷制度。

[注釋]

〔一〕周藩：朱元璋建立明朝後，於洪武三年（一三七〇）四月乙丑（初七日）封第二子樉爲秦王，國西安；第三子棡爲晉王，國太原；第四子棣爲燕王，國北平；第五子橚爲吳王，國錢塘；第六子楨爲楚王，國武昌；第七子榑爲齊王，國青州；第八子梓爲潭王，國長沙；第九子杞爲趙王；第十子檀爲魯王，國兗州；從孫守謙爲靖江王，國桂林。"以藩屏國家"，從此，明代諸帝均將太子以外諸皇子封爲藩王，成爲有明一代的一項重要制度。吳王朱橚並未之國錢塘，在開封不稱北京後，於洪武十一年正月甲戌（初一）被改封爲周王，十四年就藩河南開封府。二十二年，周王棄國來鳳陽（其時吳王岳父宋國公馮勝受太祖忌，不得意，在鳳陽），太祖怒甚，將徙之雲南，尋止，使居京師。二十三年正月乙丑朔，"詔豫王駐汴梁"，並命其居周王府。豫王在開封多不法，不久詔還。二十四年十二月，周王橚復國，回到開封。建文初，周王被舉報有異謀，於是建文帝削橚王爵爲庶人，遷之雲南，後又召王至南京禁錮。成祖即位，復王爵。永樂十八年（一四二〇）十月前，河南中護衛軍丁俺三等屢告周王謀不軌。次年二月，周王至京，"上以俺三等所告不軌之詞示之，橚頓首言死罪，死罪！上以至親故，優容不問"，一場皇室內部的爭鬥和平解決。四年後，第一代周王橚逝世，子有燉襲王位。周藩與明王朝相始終，共傳十一世十一王。

〔二〕周府：即周王府。洪武三年四月，朱元璋雖然同時分八子和一從孫爲王，但是，王府的建設並未同步進行，而是分先後動工的。朱橚在洪武十一年改封周王。開封周王府動工興建的時間，大約在洪武十二年下半年，或十三年初春。《明史》記載"洪武十一年正月"建周王府，是錯誤的。周王府由內外兩座城垣組成。內城周圍五里左右，比較接近洪武四年、七年有關親王府制的規定。外城，即"周圍蕭牆九里十三步"的城，則不合規定。這樣，開封城內的周王府，事實上就成了一座既合制又不合制的"特殊王府"，爲一座"城中城""府中府"。周王府所以形成如此布局，主要是與它建築在宋、金故宮基址上，及建造者宋國公馮勝的理念有直接關係。周王府和燕王府的建築格局，對有明一代

的王府建設產生了較大的影響。（參范沛濰《周王與明代開封》，刊於《史學月刊》一九九四年第四期）

〔三〕正對南薰門，即宋之正陽門：此説不科學。其一，宋之南薰門爲外城城門，明時已不存；正陽門爲宫城城門。其二，明之南薰門在宋朱雀門之南，爲金代向南移城墻所新闢，宋時該處無門。

〔四〕大宋門：《宋史》《東京夢華録》《汴京遺蹟志》等書均無大宋門之名。按《周藩紀第三》，此門應在今宋都御街牌坊南面。孔憲易先生在"宋廟"注中有"大宋門在今老府門口，爲周藩外城之南門"之語。

〔五〕蕭墻：指周王府最外的一道圍墻。清末民初流傳於民間的汴京八景，其中有"蕭墻夜雨"一景，即此。

〔六〕午門：帝王宫城的正門。此指周王府南壁正門。地在今"宋都御街"牌坊南。該處今立有石碑，上書："近年，午門遺址的位置已被探出，位於新街口一帶，距地表深四點五至五米，僅存建築基址及夯土臺基。午門與其南的大南門，其北的明紫禁城正南門——端禮門，形成了明代開封城的南北中軸線。爲了對午門遺址進行更好的保護，御街東、西南樓均向北移。"

〔七〕東華門：在今三元街附近，非該街西面的東華門街一帶。該門爲周王府蕭墻東壁門。

〔八〕西曰西華門：據寫夢盦本補此五字。抄本有"西華門"三字。孔憲易本注曰："在今小旗纛街西口，琉璃廟前。"該門爲周王府蕭墻西壁門。

〔九〕今西華門街即其故地：該常注據寫夢盦本補。

〔一〇〕門：諸本皆無，據孔憲易本補。

〔一一〕承奉司：官署名。明洪武三年（一三七〇）設，掌親王府諸事，由宦官任職，與二十四衙門不相統攝。文中所指爲周王府承奉司。司置承奉正、副各一人，領司事。下設典寶、典膳、典服三所。所設典寶正、副各一人，掌親王之寶；典膳正、副各一人，掌飲膳之事；典服正、副各一人，掌冠冕袍服諸事。司所正職均正六品，副職從六品。承奉内官掌管闔府事務，傳遞本章，與在京東廠、司禮監同。本書《爵秩紀第四》載："内官有承奉司五員，一管年，一典膳，一典寶，其餘輪流管事。"恐有缺佚。

〔一二〕宗廟：當在王城南面東部，即原家廟街一帶（今龍亭新都匯東南部）。

〔一三〕紫禁城：以紫微垣比喻帝居，故稱皇帝工作、生活的區域爲紫禁城。此指歷代周王工作、生活的周王城。

〔一四〕尊義門：各本均同，《明實錄》作"遵義門"。

〔一五〕存信殿：各本均同，《明實錄》作"存心殿"。抄本此句後有"此謂五常也"，可見作"信"字是。

〔一六〕銀安殿：宋國公馮勝主持督建周王府在洪武十二年下半年或十三年初春，但其在存信殿前不修承運殿而建銀安殿，不知依據何在。周王府的逾制與朝廷的認可值得思考，馮勝的膽識和敢於逾制的行爲也值得研究。

〔一七〕貶諸蒙化：建文帝即位後，皇族内部的爭鬥趨於激烈。削周王爵爲庶人，遷之雲南，後又召王至南京禁錮。周王第八子鎮平恭靖王有爌即於建文二年（一四〇〇）八月生於雲南蒙化。成祖即位，復周王爵。文中所指即此事。

〔一八〕李景隆：明鳳陽盱眙人。小字九江，李文忠長子，讀書通典故。文忠死，襲爵，掌左軍都督府事，加太子太傅。建文元年（一三九九），燕王起兵，代耿炳文爲大將軍伐燕，戰屢敗。四年，燕軍攻南京，景隆開金川門迎降。成祖即位，進光禄大夫、左柱國。永樂二年（一四〇四）遭群臣彈劾削爵。永樂末卒。《明史》有傳。

〔一九〕形家者：指善於堪輿的風水先生。

〔二〇〕與大海子同：此句抄本後有"貼城"二字。

〔二一〕濠內地基寬闊，俱是内使居住：此指紫禁城與護城河之間的土地寬闊，都居住有内使。北京故宫筒子河與城墻之間的寬闊地帶過去也住有人家。明代南京紫禁城亦如此。《典故紀聞》卷一載："南京新造宫殿成，太祖謂中書省臣曰：'軍士多有因戰鬥傷殘者，既不可備行，今新宫城，當設備禦，可於宫墙外周圍隙地多造廬舍，令廢疾者居之，晝則治生，夜則巡警，因給糧以贍之，庶得有所養也。'"（卷一）兩者均表現了愛人的一面。太祖、周王的辦法可取。

〔二二〕東亭：孔憲易注："非東書堂，東亭可能爲周藩睦楮所建。周府睦字輩皆以亭字爲號。"此說與常茂徠注不同，應存疑。

〔二三〕《大梁野乘》：周在浚著。在浚，字雪客。清祥符（今開封市）人。周亮工之子，貢生，曾官太原經歷。著有《潛邱小稿》《雲煙過眼錄》《晉稗黎莊集》《天發神讖碑釋文》等。

〔二四〕劉淳：明祥符（今開封市）人。洪武時爲周府右長史，著有《菊莊集》《白雲小稿》等。

〔二五〕雲板：報時、報事之器，俗謂之點。板形鑄成雲狀，故名。舊時官署或權貴之家皆擊雲板以爲信號。

〔二六〕螭頭：古代傳説龍生九子，其一爲螭吻，一作蚩吻，形似獸，没有角，性好望，平生好吞。舊時彝器、碑額、殿柱、殿階及印章等上多刻螭形花飾。

〔二七〕墨刻作：作，作坊的簡稱。宋代手工行業以作爲名，如腰帶作、金鍍作等。此詞在汴中一直流行。墨刻作，乃周王府刻版印刷書籍等的作坊，其出版典籍數量較多、較精。

〔二八〕儀賓：明代娶宗女郡主（親王女）、縣主（郡王女）、郡君（鎮國將軍女）、縣君（輔國將軍女）、鄉君（奉國將軍女）爲妻者，稱儀賓。取《易經·觀爻》"觀國之光，利用賓於王"的意思。謂明習國儀，作賓於王家。儀賓一般食禄，不與政事。

〔二九〕斷稍間：孔憲易注云："兩邊房也，非正室，今汴猶存'斷間門'一語。"是。

〔三〇〕青石匣：底本作"青山匣"，抄本、寫夢盦本作"青石匣"，較妥，據改。

〔三一〕白虎殿：三怡堂本作"曰虎殿"，誤。

〔三二〕薨：原作"曩"，寫夢盦本、三怡堂本同，抄本作"薨"，據改。

〔三三〕煤山：本書中云："蓄積煤炭，以備有警、府中供爨。"此説欠全面。事實應是，修建周王府時，開挖城壕及院中湖泊時所出大量土石，爲避免外用耗費大量人力、財力，設計者用以堆砌成山，上建亭臺樓閣，廣植樹木。既成爲王府内的重要風景區，也可阻擋北來的寒風，當然也可蓄積煤炭。今龍亭大殿東西一線即爲明周王府煤山所在。

〔三四〕子：寫夢盦本、底本作"予"，形誤。

〔三五〕小使：抄本作"小官"。寫夢盦本、底本、孔憲易本均作"小内使"，誤。

〔三六〕王欽若（九六二——一〇二五）：字定國。宋臨江軍新喻（今江西新余）人。淳化進士。咸平四年（一〇〇一）爲參知政事。景德元年（一〇〇四），契丹軍大舉南下，他密請真宗往金陵（今江蘇南京），爲寇准所阻，出判天雄軍（治今河北大名東），閉門待敵，束手無策。次年還朝，因與寇准不合，去職。大中祥符中，薦引丁謂，迎合真宗旨意，僞造天書，争獻符瑞，爲封泰山、祀汾陰製造輿論。大中祥符五年（一〇一二），除樞密使、同平章事。天禧元年（一〇一七）爲相，三年出判杭州。仁宗即位後，復被重用。天聖元年（一〇二三）再相。爲人奸邪險僞，與丁謂、林特、陳彭年及内侍劉承規交結，時人稱爲"五鬼"。

〔三七〕寫柬本之類：孔憲易本作"寫柬之本之類"，衍一"之"字。

〔三八〕有名設菜：孔憲易本注曰："此處有脱、誤之處。"按，抄本"設"作"没"，無脱誤。

〔三九〕入：寫夢盦本、底本作"八"，誤。

〔四〇〕恭枵：朱恭枵，周府末王，周端王朱肅溱嫡長子，號龍亭。萬曆十七年（一五八九）封周世子，不久襲封周王。崇禎十四年（一六四一）李自成攻開封，"巡按高名衡嬰城固守，餉匱，周王恭枵出庫金五十萬，買米麥餉守陴者。復募死士，斃一賊予五十金，次年九月，河決城圮，河北援軍以舟迎王，命寄居彰德"。"枵"，抄本、寫夢盦本作"梟"。

〔四一〕壁：原作"璧"，抄本、孔憲易本作"壁"，是。下徑改。

〔四二〕仰塵：即承塵，今謂之天花板。

〔四三〕自觀：諸印本均作"目觀"，抄本作"自觀"，是，據改。

〔四四〕遍栽芙蓉：栽，諸印本均誤爲"裁"，據抄本改。芙蓉，寫夢盦本作"美蓉"，誤。

〔四五〕八節：指二十四節氣中的立春、春分、立夏、夏至、立秋、秋分、立冬、冬至八個節氣。《周髀算經》下二："凡爲八節二十四氣。"注："二至者，寒暑之極；二分者，陰陽之和；四立者，生長收藏之始，是爲八節。"

〔四六〕白衣菩薩：菩薩名。又名大白衣、白處觀音，爲胎藏界觀音院之一尊。因此尊常着白衣，坐白蓮中，故就其被服稱白衣，就其住處稱白處。白者，表菩薩純净之心。

〔四七〕栽：三怡堂本、寫夢盦本作"裁"，誤。

〔四八〕三清殿：供奉"三清"的殿宇。三清，道教名詞。道教宣揚天上有三種最高的仙境，叫玉清、上清、太清，合稱三清。居住其中的三位最高天神亦稱三清，即玉清元始天尊、上清靈寶天尊、太清太上老君。亦稱道教宮觀爲三清。

〔四九〕全真道院：全真教亦稱全真道、全真派，是道教的一派。道士王重陽吸取佛教和儒家的思想，在金世宗大定七年（一一六七）於山東寧海（今煙臺牟平區）全真庵講道時創立。教旨以"澄心定意，抱元守一，存神固氣"爲"真功"；以"濟貧拔苦，先人後己，與物無私"爲"真行"；功行俱全，故名全真。元初，統治者大力扶植全真道，廣建道觀。王重陽弟子丘處機仿效佛教建立全真叢林制度，他所居之北京白雲觀即爲著名的"十方叢林"之一。全真道又分遇仙、南無、隨山、龍門、崳山、華山、清靜七派，在宗教修持方面宣揚"全神煉氣""出家修真"，主要鼓吹"自我修煉""得道成仙"。信奉全真道的道士須出家，不食葷腥，不結婚，其清規戒律與佛教大體相同。此後道教即正式形成全真、正一兩教派。此處指周王府内的全真道院。

〔五〇〕停輦莊：底本、三怡堂作"亭輦莊"，孔憲易本注"亭"爲"停"，據改。

〔五一〕石獅子：指周王府午門前之石獅子，高約三米。原在今宋都御街牌坊南，清代移今地。孔憲易注較全面，今録之。"清宋繼郊《石羖行》序：'鄉先生言，石獅子舊在今老府門街口東、西。雍正十三年（一七三五），總督王士俊修萬壽宫於龍亭上，甬道前立通天柱式牌坊一座，始移置石獅子於坊前。右獅腿折，乃移時所損傷也。'（光緒《祥符縣志·麗藻》）馮玉祥主豫時，建中山公園，將石獅子項下刻'睡獅猛醒，勿傷我種'八字。按：今汴故老相傳，石獅成精，每夜出偷油吃，後被人打斷右腿。又：汴中小孩，往往寄在石獅子名下爲乾兒，冀其成人也。解放前石獅下每有供燒餅油饃者。"

〔五二〕鹿角：古代陣地營寨前的一種防衛工事，也用於建築。本書《街市紀第六》記城隍廟即有"照壁、鹿角、牌坊，大門三間"。

〔五三〕周端王：名肅溱，周敬王嫡长子，嘉靖四十二年（一五六三）十一月二十一日生，萬曆四年（一五七六）五月册封周王，崇禎八年（一六三五）八月薨。

〔五四〕扭骨别棒：謂事物不隨和。人别扭亦謂此。該語如今在一些老開封人中仍能聽到，但很稀少。此處乃指明朝的一種制度：在王府正門正中路南，有各長三尺的三根木，且練以鐵索，名曰"扭骨别棒"，可見有"防"意。"扭骨别棒"，諸本均作"扭骨别捧"，孔憲易本改作"棒"，是。

爵秩紀第四

開封文廟

(法國漢學家愛德華·沙畹攝,引自《北中國考古圖錄》,1907 年)

皇次子封國王[一]，國王世子日後襲國。次子皆封郡王，郡王長子襲王，次子俱封鎮國將軍。鎮國將軍之子皆封輔國將軍。輔國將軍之子皆封奉國將軍。奉國將軍之子皆封鎮國中尉。鎮國中尉之子皆封輔國中尉，輔國中尉之子以下皆封奉國中尉。

國王之女封郡君，郡王之女封縣君，封國將軍之女封鄉君。俱有禄糧，在布政司關領。春、夏二季於五月放禄銀十萬餘兩；秋、冬二季於十一月放禄銀十萬餘兩。[二]

國王以下俱有禄麥、禄米、海鹽、籽粒[三]。

國王莊民校三百六十名，每名工食銀一十二兩；郡王民校二十四名，每名工食銀[四]同上；厨役二名，每名工食銀十兩。原設國王長史[五]二員，一左一右，審理一員。

又有八所[六]：曰典膳所、曰奉祀所、曰典杖所、曰典儀所、曰良醫所、曰紀善所、曰工正所、曰典寶所。以上八所之官，典簿廳一員，乃長史司首領。保駕指揮一員。内官有承奉司五員，一管年[七]，一典膳，一典寶，其餘輪流管事，伴讀[八]不拘數目，俱大帽衣襒[九]。字[一〇]書無"襒"字，或是"襒"，謂絲綾也。以下者平巾，再以下散官，不可計算，其餘伴當[一一]、校尉俱有口糧。

郡王每一府有教授官一員，典膳官[一二]一員，每員歲支俸銀五十兩，在布政司關領。王宗男女俱有禄糧，伴當、校尉俱有口糧。

文武官員皆有俸給，各色人役俱有工食，各營兵丁俱領餉銀，各衛所軍丁皆設屯地，地方、火夫見支門差銀。

文武科場、各衙門應用一切人役，每人每日給口食二分。

按《皇明通紀》，親王除嫡長子襲封外，餘皆封郡王。親王禄米一萬石，郡王禄米二千石。郡王除嫡長子襲封外，餘皆授鎮國將軍，食禄一千石；郡王孫授輔國將軍，食禄八百石；郡王曾孫授奉國將軍，食禄六百石；玄孫授鎮國中尉，食禄四百石；五世孫授輔國中尉，食禄三百石；六世孫以下世授奉國中尉，食禄二百石。

皇女曰公主，食禄二千石。親王女曰郡主，食禄八百石。郡王女曰縣主，食禄六百石；郡王孫女曰郡君，食禄四百石；曾孫女曰縣君，食禄三百石；玄孫女曰鄉君，食禄二百石。自成化以來，宗室日繁〔一三〕，一遇歲歉，常賦不足，親王而下，多減半支給矣。

[注釋]

〔一〕國王：即親王。明代十六帝和懿文太子（興宗）共有子百餘人，其中封爲親王者六十餘人。

〔二〕此段所述與《明史》不同。《明史·公主列傳》卷一百二十一：明制，皇姑曰大長公主，皇姊妹曰長公主，皇女曰公主，俱授金冊，禄二千石，壻曰駙馬都尉。親王女曰郡主，郡王女曰縣主，孫女曰郡君，曾孫女曰縣君，玄孫女曰鄉君，壻皆儀賓。郡主禄八百石，餘遞減有差。

〔三〕籽粒：地租。

〔四〕銀：諸本皆無，據文意補。

〔五〕長史：親王府的官員。爲王府長史司長官，左、右各一人，正五品。掌王府之政令，輔弼親王，總領王府庶務。

〔六〕八所：指明代親王府長史司下轄機構。此處所記八所與《明史·職官志》有異。

〔七〕年：年成，五穀熟曰年。此指管理王府一年的收成。

〔八〕伴讀：官名。明代親王府屬官，從九品。洪武九年（一三七六）設，"選老成明經慎行之士任之"，初設四人，後減爲三人。掌侍從起居，陳設經史。建文中，親王府置伴讀、伴講、伴書各一人，合稱三伴。"進見時，侍坐、稱名而不稱臣，禮如賓師"（《明史》）。永樂初，恢復舊制。

〔九〕襒：其制方領，有硬襯襴頭。爲明服的一種。

〔一〇〕字：底本作"子"，誤。據三怡堂本改。

〔一一〕伴當：僕從。爲官府、內監軍將、皇室王公、官僚長史，以及地主鄉紳之家服役之人，社會地位低下。始於元初，盛於元明。明代官私之家使用伴當爲之守門、種田、經商、做工及料理家中雜役等。

〔一二〕典膳官：寫夢盦本作"典膳典膳官"，衍"典膳"二字。

〔一三〕宗室日繁：明周王府子孫最盛，據嘉靖《河南通志》載，嘉靖時期，開封周藩有親王一人，郡王六十六人，鎮國將軍一百八十人，輔國將軍四百六十四人，奉國將軍六百九十人，鎮國中尉七百二十五人，輔國中尉一百八十五人，郡主、儀賓十一人，縣主、儀賓二百九十七人，郡君、儀賓五百一十九人，縣君、儀賓七百一十人，鄉君、儀賓七百五十八人。開封一城有宗室子女四千六百零六人（不含未封子女及庶人）。到了天啓、崇禎時期，還會有所增加。

官署紀第五

各官衙署,俱在周府西南。

布政司[一]署,在鐘樓西路北,在今拆樓口西,巡撫署東。本宋建都時舊基,街南即宋南衙——開封府可證。前有牌坊一座,上書"方岳"[二]二字。東西二坊,東坊書"保釐"[三]二字;西坊書"旬宣"[四]二字。大門五間,上有竪牌一面,書"河南等處承宣布政使司"。五門一開,進大門内,東是寅賓館[五],上號吏官房,正北兩邊有直房六七十間,東房五間,直宿者住。北是正理問所[六],後有監及司獄司[七]。西房五間,承差官房。北有大門三間,内有巨盈庫[八],後借爲曆日局[九]。再北,東、西是府、州、縣、衛各官廳。再北,東、西二馬道。再北,有東、西告示房六間。正北,儀門[一〇]三間,東、西兩角門。進儀門内,大堂五間,是瑞表堂。堂上有布政司題名碑[一一],沈傑[一二]撰文。碑今無存。稍間是庫,左有經歷司[一三],右有照磨所[一四],周遭六房、十四科。東、西兩邊吏房。堂後,一字門三開,後堂五間,是紫薇堂。東、西兩厢,堂官之所,堂前有星星石二塊。東是茶房、厨房,西是書柬房。後有關王廟三間,東、西小屋盛酒席家什。

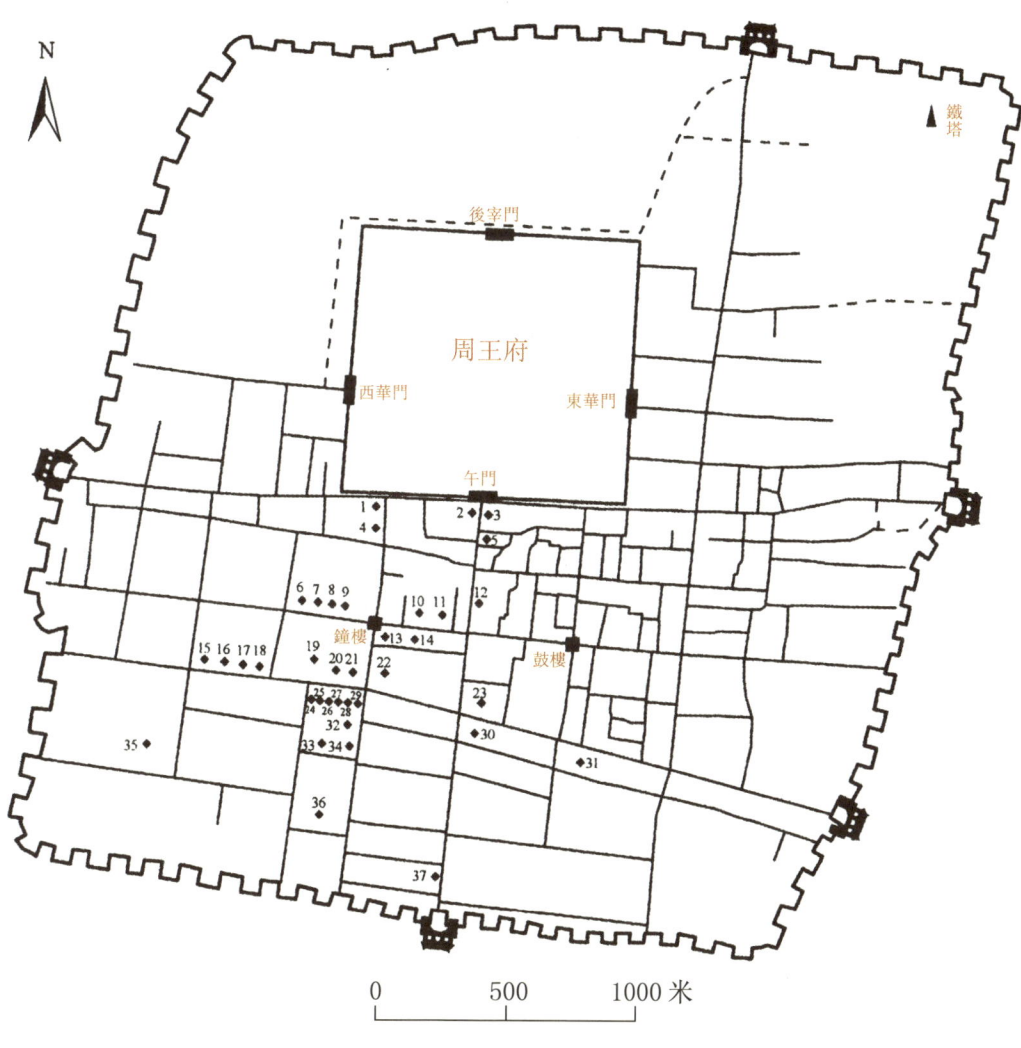

明代開封官署空間分布圖

（引自：吳朋飛《明代開封城復原研究》，科學出版社，2019年，第135頁）

注：1. 宣武衛署；2. 周王府典儀所；3. 八所官署；4. 總鋪；5. 審理所；6. 按察司署；7. 布政司署；8. 清軍察院；9. 巡按察院；10. 都指揮使司署；11. 都察院署；12. 長史司署；13. 織染局；14. 大梁驛；15. 西河署；16. 巡道署；17. 布政分司；18. 按察分司；19. 開封府署；20. 陰陽學；21. 醫學；22. 成衣局；23. 祥符縣署；24. 管河廳；25. 清軍廳；26. 理刑廳；27. 捕役廳；28. 河捕廳；29. 管糧廳；30. 稅課司；31. 遞運所；32. 按院積穀倉；33. 撫院積穀倉；34. 軍儲倉；35. 提學道署；36. 按院署；37. 校尉營

再自二門外東，土地祠往東，折向北，俱是公廨，有百五十家書吏居住。

署前街西，是守道署。街東口，折向北，路東是守道住宅。北首都事廳，往北經歷司，再北左布政住宅，堂後口往西路北，右布政住宅。折向南，路西是架閣庫，俗傳狄青得寶之處[一五]。按：即今撫署東保定巷。據此，則應作寶定巷。迤南，檢校署、照磨署、庫官署。南是督糧道住宅。再南副理問住宅、案牘署，餘俱是吏承居住[一六]。再南抵前街口。

往西，是按察司署，即今巡撫署。即布政司西街，路北有牌坊一座，上書"總憲"二字。過牌坊路東是管河道署，路西是兵備道署。再北，有府、縣各官廳。

正北，大門三間，上有豎牌書"河南等處提刑按察使司"。左邊牌書"拿問貪酷官吏"，右邊牌書"伸理冤枉軍民"。進大門內有寅賓館，東、西二馬道。正北儀門，儀門內大堂，堂上有按察司題名碑[一七]，齊之鸞[一八]撰文。碑今無存。大堂內後堂，按察使住宅。

又，自儀門內往東，有兵備道[一九]住宅，經歷、知事、巡道住宅。西有河道住宅，並照磨、檢校、司獄司。西角裏往南，朝西，有敬畏堂，即點風亭，有獄神廟[二〇]，有男監、女監、官監。都指揮使司[二一]署，在鐘樓東街路北。在今拆樓口東，路北，後鄰旗纛街。前有牌坊一座，上書"專閫"[二二]二字。過牌坊有官房四五十間，軍民雜居。北有朝南大門，五間一開，有牌一面，上書"河南都指揮使"。其門兩截，上截丈餘，下截七尺；門枕七尺高，三尺厚，簷柱裏外俱有大木柵欄。

進大門內，東邊通都察院，西邊是斷事司，有正、副二斷事。北是寅賓館，再北是獄，有司獄司。再北，是知事署、經歷司。中道四個上馬石，臺俱方四尺，高三尺。正北有儀門三間，東、西兩角門，東、西二馬道。進儀門內，左右俱是六房。正北大堂五間，內有都指揮使題名碑[二三]，陳講[二四]撰文。碑今無存。大堂地基，即五代梁朱溫舊殿遺址，極大宏敞。有都司三員：一員掌印，一員領班，一員巡捕。本地城操，協同遊擊[二五]行事。每科武舉，在此堂上赴鷹揚宴，前張榜，又武弁由此出身。

堂上有鼓一面，丈二圍圓，係酸棗木，土城酸棗門之樹，造成三個鼓：一置鼓樓，一置朱仙鎮岳王廟[二六]，一置都司署，上刻嘉靖年號。

大堂後，有二堂，再後是住宅。東是班司住宅，西是捕司住宅。後有旗纛廟三楹，地去今旗纛街北口數武[二七]，路東民宅後院已爲水坑。東有關帝廟一間，西有張、岳二神廟、西鄰武廟，地在今旗纛街北口，路東。

開封朱仙鎮岳王廟

（20世紀80年代原址重修）

大門三間,稍間是伍員、趙雲,大殿正坐昭烈武成王姜太公,左立孫武,右立張良,兩邊十哲[二八]俱是歷代軍師;兩廊俱是歷代功臣。

武庫備藏各樣軍器,前是箭道,南有射圃廳。

武廟大門朝西,此門即是都司後門,俗傳是楊太太[二九]家門,爛釘不爛木。武廟門有過街坊,書"武成坊"三字。

迤南,路西是宣武衛署。大門三間,上匾"宣武衛"三字。內有掌印指揮一員,巡捕指揮一員,鎮撫司指揮使、指揮同、指揮僉[三〇]共二十四員,千戶三十六[三一],百戶七十二,俱世襲。有獄、經歷司,司是開封府管。

武成坊西有小巷[三二],通總鋪。有坊,上書"肅寮"二字。往西,路北縣廳、府廳、中察院、糧道、清軍道[三三]。

都察院[三四]署,在都指揮使司東。今行宮疑即其[三五]署。先是太府,明朝差太監一員河南鎮守,縱弟劉二殃民,被論殺,除,改爲都察院。東坊書"撫綏中夏";西坊書"整肅兩河";正坊書"中原重鎮"。前有照壁,東、西轅門。外有軍門、旗杆、黑鹿角。正北有大門三間,東有中軍廳、買辦房;西有旗鼓廳、衛長、承差、報事等各色人役房。

進內,寅賓館,儀門內竹苞松茂,氣象崇閎。兩邊皂隸房,大堂五間,內有巡撫都御史題名碑[三六],嘉靖十九年何瑭[三七]撰文。碑今無存。二堂五間,月生館、來鶴堂、寢樓、後樂堂,門下健兵、衛宿兵、各色人役,管轄八府[三八]、十二州[三九]、九十六縣、十三衛所軍民人等,總制兩河,撫安八郡,掌生殺之權,森嚴之地。

按院署,在雷家橋西。橋在南門內迤西,延慶觀南。舊傳是宋時南清宮,八大王[四〇]府故址。明改爲按院,左坊書"振綱肅紀",右坊書"激濁揚清",正坊書"太嶽執法"。大門兩傍,各色人役房。大門內有寅賓館、儀門、大堂、二堂、寢樓，各處房屋華麗美觀。

提學道署〔四一〕，在馬軍橋南。西鄰大道宮〔四二〕，向南，大門三間，匾曰"中天文學之司"，前有照壁〔四三〕，東、西兩坊，左坊書"振興文教"，右坊書"樂育人材"。大門內儀門、大堂、二堂，後是住宅。

開封〔四四〕府署，在延慶觀迤西。即今巡撫署街南，包府坑是。北與布政司直對，向南，大門三間，匾曰"中原首郡"。大門上有樓，名"既濟樓"。左、右有過街坊，左坊書"承流"二字，右坊書"宣化"二字。照壁兩頭，又有二小坊，左書"包嚴"〔四五〕，右書"歐寬"〔四六〕。東有包孝肅公祠〔四七〕，祠內有宋開封府題名碑〔四八〕，起建隆元年昝居潤〔四九〕，訖崇寧四年李孝壽，共一百八十三名。又有開封尹題名碑並記〔五〇〕，起崇寧四年李孝壽，訖上官悟，共四十八名，末附金韓仲適一名。碑在今府署東南隅包公祠內。

陰陽學〔五一〕西，有醫學〔五二〕。正北有儀門三間，東、

現藏開封博物館的宋開封府題名記碑

西兩角門。儀門內有木牌坊一座，上書"古南衙"[五三]，俗所謂"包公倒坐南衙"也。大堂五間，大堂東有倉頡廟，内有銅壺滴漏一架，木人一個，名婁耿先生，取漏更先聲之義。懷抱時辰牌一面，上有十二時辰、百刻。遇交時刻，堂上定更起鼓，大門既濟樓接鼓，延慶觀角聽更火夫聞聲一喊，東報縣；鐘樓口聽更火夫聞聲，東報都察院。西報布、按二司及按院。一齊起鼓，分毫不差。交更亦然。

正堂所轄三十六州縣、六廳，並首領府內居住。西南有監，內有司獄官，有更樓、巡更夫，上呼下應。大門南路東，有門三間，匾曰"開封分署"。大門內朝南，清軍廳、南河廳、巡捕廳、理刑廳、管糧廳等署並倉，重者下監，輕者送倉。

祥符縣署[五四]，在相國寺迤西。今仍舊地[五五]。大門三間，左、右有過街坊，左[五六]坊書"節用"二字，右坊書"愛人"二字。大門匾曰"中原首邑"。左有旌善亭，右有申明亭，又有各色衙役官房。大門內有土地廟、寅賓館、收糧銀十六櫃、上號房。儀門三間，東、西兩角門，儀門內，甬道中立石碣，上書聖諭六言，背面書"爾俸爾禄，民膏民脂。下民易虐，上天難欺"[五七]。

兩厢是六房，大堂五間，名戴星堂，前有題名碑，萬曆九年知縣李天麟[五八]立石，曹金[五九]撰記。碑今無存。

稍間是庫，西南是監，清軍、東河、管糧巡捕等署，俱在縣內住，惟河署另居大堂後。二堂東是內宅，匾曰"敬事後食"。後樓、書房，管理一百五十八里，豐厚[六〇]。有遞運所，大使一員，管站車一百五十八輛，轉運使用。其事重者下監，輕者送所。

按：明朝品職，布政司從二品，按察司正三品，都指揮使正二品，都察院正二品，巡按正七品，知府正四品，知縣正七品。

官署紀第五

[注釋]

〔一〕布政司：官署名。承宣布政使司的簡稱，通稱省，係省級行政機構。明代河南等處承宣布政使司在今拆樓口中西路北鼓樓區檢察院，原省府西街小學校址及其附近一帶。

〔二〕方岳：地方長官，如太守、刺史等。

〔三〕保釐：治理安定。

〔四〕旬宣：周遍宣示。

〔五〕寅賓館：接待引導來布政司辦事人員的地方，類似今日機關接待室。寅賓，恭敬引導。

〔六〕理問所：官署名。明代布政司屬衙。置理問一人，初秩正四品，後改從六品；副理問一人，從七品；提控案牘一人，典刑名。

〔七〕司獄司：官署名。明代專典囚徒的機構。中央的刑部、都察院及地方各布政司、按察司、府均設此機構，置司獄一人，從九品。

〔八〕巨盈庫：河南等處承宣布政使司的錢糧庫。

〔九〕曆日局：布政司掌管曆本的機構。曆，底本作"歷"。曆日、曆本，猶日曆。

〔一〇〕儀門：衙門或官邸轅門內具有威儀點綴的正門。明清官署的第二重正門稱諠門，俗訛作儀門。

〔一一〕布政司題名碑：該碑已無存，《明實錄》、嘉靖《河南通志》、雍正《河南通志》及《明史》等書有明代河南布政使情況。

〔一二〕沈杰：字良臣，明長洲人，進士。弘治時曾爲衢州知府，正德三年（一五〇八）九月壬戌由山西布政司左參政升爲河南右布政使。

〔一三〕經歷司：官署名。明代分設於五軍都督府和軍衛，都察院和通政司，布政司，按察司和府，以及都轉運鹽使司。此處所述爲布政司屬衙，設經歷一人，從六品；都事一人，從七品。掌收發文移及用印。

〔一四〕照磨所：官署名，明代置於戶部、刑部、都察院和布政司、按察司及府。此處爲布政司屬衙，設照磨一人，從八品；檢校一人，正九品。以照對磨勘爲職，主管文書,照刷卷宗。

〔一五〕狄青得寶之處:即開封城內之保定巷。

〔一六〕居住:抄本、寫夢盦本作"住居"。

〔一七〕題名碑:寫夢盦本作"題名牌",誤。

〔一八〕齊之鸞:字瑞卿,桐城人。正德六年(一五一一)進士,改庶吉士,授刑科給事中。遷兵科左給事中,宸濠起兵,從張忠、許泰等南征,"忠、泰廣搜逆黨,株引無辜,之鸞多所開釋"。世宗踐阼,大計京官,被中傷,謫崇德丞,屢遷寧夏僉事,歷河南、山東副使,終河南按察使,卒官。著有《蓉川集》。《明史》有傳。

〔一九〕兵備道:全稱整飭兵備道,簡稱兵道。明代按察副使、僉事分司諸道之一,各省多寡不一,如四川有松潘道等六道,而河南僅有一睢東道。其職在鉗制武臣,訓督將士。

〔二〇〕獄神廟:由於年代久遠,古代監獄今天已多不復存在,獄神廟自然也很少見到。從我國保存最完整,也是我國現存最早的監獄——山西洪洞縣蘇三監獄——虎頭牢獄神廟可知:獄神廟在虎頭門對面,"說是廟,其實不過是在高牆的半腰裏,嵌着一個用砂石雕刻好的神龕,龕裏有磚刻的三尊小小的神像,中間坐着的是位老者,表情還算和善,兩旁是兩個小鬼,面目猙獰,鬼模鬼樣。中間的老者,即所謂獄神了","這位獄神應是堯時的大臣皋陶"。皋陶制定了法典,用刑法斷決案件,他是牢獄的首創者。宋代以後,也有不少監獄把蕭何作爲獄神供奉的。(馬書田《全像中國三百神》)此處獄神廟供奉的獄神爲誰,不得而知。

〔二一〕都指揮使司:官署名,簡稱都司,明代省級軍事機構,與承宣布政使司、提刑按察使司合稱(地方)三司。洪武三年(一三七〇)十二月置河南都衛,八年十月改都衛爲都指揮使司。都指揮使司署在省府前街西部路北,今開封市交警支隊大樓及以北地段。

〔二二〕專閫:專主閫外的事權。閫,指郭門、國門,引申指統兵在外的將帥。將帥在外統兵稱爲專閫。

〔二三〕都指揮使題名碑:寫夢盦本作"都指揮使司題名碑"。

〔二四〕陳講:字子學。四川遂寧人。進士,後遷御史。嘉靖十五年(一五三六)

十二月由山東按察使升爲河南右布政使，十七年八月升爲山西左布政使，十八年升爲巡撫都御史。著有《茶馬志》四卷、《中川集》十三卷。

〔二五〕遊擊：此指遊擊將軍。遊擊將軍，明代設於鎮戍軍中，位於參將之下，其職率軍兵往來防禦。明代開封設有遊擊將軍，並有遊擊將軍府。

〔二六〕朱仙鎮岳王廟：全國四大岳廟之一。據《祥符縣志》及明何孟春《修岳祠碑記》，該廟爲河南布政使吳節、開封知府張岫於成化十四年（一四七八）修建，當時占地約七十畝。岳飛廟坐北向南，三進院落，有山門、配殿、拜殿、大殿、碑樓及寢殿等建築。在五百多年的時間裏，曾多次修整。一九八六—一九九〇年大修後，基本上恢復了舊觀。

〔二七〕武：半步，泛指腳步。

〔二八〕十哲：唐"上元元年（六七四），尊太公爲武成王，祭典與文宣王比，以歷代良將爲十哲像坐侍。秦武安君白起、漢淮陰侯韓信、蜀丞相諸葛亮、唐尚書右僕射衛國公李靖、司空英國公李勣列於左；漢太子少傅張良、齊大司馬田穰苴、吳將軍孫武、魏西河守吳起、燕昌國君樂毅列於右，以良爲配"（《新唐書·禮樂五》）。明代開封武廟"左立孫武，右立張良，兩邊十哲"，與唐制不同。

〔二九〕楊太太：宋將楊業妻余氏，即戲劇中之余太君、佘賽花。

〔三〇〕指揮同、指揮僉：疑有漏字。從所述內容看似應爲"都指揮同知""都指揮僉事"。

〔三一〕三十六：三怡堂本作"三千六"，誤。他本均不誤。

〔三二〕武成坊西有小巷：孔憲易注曰："疑即今大廳門街。"是。

〔三三〕清軍道：孔憲易注曰："清軍爲明代之門兵，對衛軍而言。明代衛所之兵曰旗軍。清軍道管理全省之清軍者。"又，清軍，謂明官府對軍伍之清理。宣德年間，制定有關清理條例，遣給事中、御史清理在京及天下軍衛。以後專任御史。成化時，定三年一次清理，各司、府、州、縣亦設官主持其事。此處清軍道似以孔注爲是。

〔三四〕都察院：官署名。明洪武十五年（一三八二）設。建文中改爲御史府，永樂時仍復舊稱。置左、右都御史，左、右副都御史，左、右僉都御史。其屬經歷司、司務廳、照磨所、司獄司。十三道監察御史一百十人。其在外加都御史或副僉都御史銜者,有總督,有提督,有巡撫,有總督兼巡撫、提督兼巡撫,及經略、總理、贊理、巡視、撫治等員。掌糾察內外百司,總領憲綱,肅改飭法之事。"其奉敕內地,拊循外地,各專其敕行之事。"此指河南巡撫都御史署,地在今開封市醫藥公司,此前爲開封市委、開封地區專員公署、河南省人民政府所在地。

〔三五〕其:三怡堂本作"是"。

〔三六〕巡撫都御史題名碑:碑今無存。《明實錄》、嘉靖《河南通志》、雍正《河南通志》及《明史》等書列有明代河南各巡撫都御史情況。

〔三七〕何瑭:諸本作"何塘",誤。孔憲易本作"何瑭",是。《明史》有何瑭傳。瑭字粹夫,號柏齋。河南武陟人。弘治十五年壬戌(一五〇二)進士,選庶吉士,後爲翰林修撰,不屈於劉瑾。瑾誅,復官。"以經筵觸忌諱,謫開州同知。修黃陵岡堤成,擢東昌府同知,乞歸。嘉靖初,起山西提學副使,以父憂不赴。服闋,起提學浙江。"未幾,晉南京太常少卿,歷工、戶、禮三部侍郎,晉南京右都御史,未幾,致仕。卒謚文定。著有《陰陽管窺》、《樂律管見》(一名《律呂管見》)、《儒學管見》等多種,後人輯成《柏齋文集》十卷、《何文定公文集》十一卷。

〔三八〕八府:明代河南共有八府,它們是:開封府、河南府、歸德府、汝寧府、南陽府、懷慶府、衛輝府和彰德府。

〔三九〕十二州:明代河南有直隸州一,屬州十一。直隸州,直隸布政司,屬州由府領。直隸州爲汝州。屬州爲陳州、許州、禹州、鄭州(以上屬開封府)、陝州(屬河南府)、睢州(屬歸德府)、信陽州、光州(以上二州屬汝寧府)、鄧州、裕州(以上二州屬南陽府)、磁州(屬彰德府)。

〔四〇〕八大王府:八大王,宋太宗趙光義之子趙元儼(九八五—一〇四四),年少穎悟,太宗特愛之,不欲其早出宮。其以二十始就封,故宮中稱爲"二十八太保",蓋元儼在兄弟中行第八。真宗即位,授檢校太保、左衛上將軍,封曹國公。次年,爲平海軍節度使,拜同中書門下平章事,加檢校太傅,封廣陵君王。以後不斷進封、改封。仁宗即位,拜太尉、尚書令兼中書令,徙節鎮安、忠武,封定王,累封鎮王、孟王、荆王。"平生寡嗜欲,惟喜聚書,好爲文詞,頗善二王書,工飛白。"(《宋史·宗室二》)慶曆四年(一〇四四)正月薨。贈天策上將軍、除兗二州牧、燕王,謚恭肅。此指八大王在開封之府。

〔四一〕提學道署：提學，又名提學道，提督學校或提督學校官。明中期始置，兩京及十三布政使司各置一人。兩京以御史、十三布政司使以按察司副使、僉事充任，任期三年。巡回考試各府、州、縣生員，鄉試時負責考定各地教官等第，以便選聘至省城閱卷。提學道既有獨立的署衙，可見其工作的獨立性，在社會中地位的重要性。

〔四二〕大道宫：孔憲易注曰："大道宫有二：一在縣治西南隅，明洪武二十二年（一三八九）建，初爲祐聖觀。正德元年（一五〇六）勅改今額，明季河水圯（《縣志·寺觀志》），即此宫。一在按察司西。"

〔四三〕壁：原作"璧"，孔憲易本作"壁"，是。下同此。

〔四四〕開封：三怡堂本作"門封"，誤。

〔四五〕包嚴：包指包拯（九九九—一〇六二），字希仁，宋合肥人。仁宗時知開封府。包拯辦理案件不講情面，嚴格執行法典，皇親國戚與民同罪，極爲百姓稱道。

〔四六〕歐寬：歐指歐陽修（一〇〇七—一〇七二），字永叔，號六一居士。宋廬陵（今吉安）人。著有《新五代史》等。歐陽修出知開封府時，辦事剛柔相濟，取得較好成績。包嚴歐寬兩種治理方式在宋代已傳爲美談，故開封府前兩個牌坊一座題爲"包嚴"，一座題爲"歐寬"。"後世凡爲官者，皆宜奉爲准則。"二人曾爲開封府官，亦爲開封府的驕傲。

〔四七〕包孝肅公祠：包拯謚孝肅。在開封爲包拯立專祠已有較長時間。明人胡謐撰《包孝肅公祠記》稱，開封府治所之北，有一座包公祠，其始建年代已不可考，它歷經金、元各朝。明朝成化九年（一四七三），開封知府孫瑜見祠址狹小，屋宇傾圯，將祠遷至府治東南，建北屋三間，東、西廂房各三間，前有門樓，四周環繞圍墙，作爲奉祀包拯的專祠。書中所指即爲該祠。明末被水淤沒。清順治七年（一六五〇），開封府署遷至今開封縣街，包公祠又重建於新府前。康熙二十五年（一六八六），知府管竭忠又加以重修。嘉慶十五年（一八一〇），知府劉書元將開封府東轅門外舊中河通判署改建爲包歐二賢祠。道光九年（一八二九），知府存業莅任，見二賢祠傾破，於是提倡捐俸，僚屬響應，將祠廟修葺一新。完工時，存業題祠名爲"包孝肅公祠"。民國十六年（一九二七），馮玉祥廢祠。今之包公祠爲一九八四年爲發展旅遊的需要新建。

〔四八〕宋開封府題名碑：碑高二百一十四厘米，寬九十六厘米，厚二十四厘米。碑頭半圓形，飾以纏枝花卉圖案，碑文一周刻有蔓草紋飾。碑額刻篆書"開封府題名記"。該碑原立於開封府衙中，明末河水淹没開封。清初，開封府署易地，並於署前建祠，碑遂移入祠内。後經文物部門收集，現藏於開封市博物館。碑刻北宋一代曾任開封府長官的人，上自太祖建隆元年（九六〇）二月咎居潤，下至徽宗崇寧四年（一一〇五）閏二月八日李延壽止，共計一百八十三人次。每任均以大字書姓名，名下刻小字記其官銜和任職時間，均爲楷書。北宋題名記，"始書其名於版，光恐久而漫滅"，才刻著於石。這樣做對官員可以起到樹立榮譽感、責任感的作用，使其在任時有所警惕。

〔四九〕咎居潤：原作"督居潤"，各本皆誤。咎居潤（九〇八—九六六），博州高唐（今屬山東）人，歷仕五代數朝，北宋立，任開封知府，卒贈太師。

〔五〇〕開封尹題名碑並記：開封尹題名碑爲開封府題名碑之續，起崇寧四年李孝壽，訖上官悟，共四十八名，末附金韓仲適一名。該碑大小、形式，估計應與前碑相當，兩碑一直在一起。"文化大革命"中，該碑下落不明。

〔五一〕陰陽學：洪武十七年（一三八四）置。府設正術一人，從九品；州設典術一人，縣設訓術一人。設官不給禄。（《明史·職官四》）天文、占候、星卜等歸其管理。

〔五二〕醫學：洪武十七年置。府設正科一人，從九品；州設典科一人，縣設訓科一人。設官不給禄。

〔五三〕南衙：此指宋代開封府衙，開封府尹包拯曾聽政於此。宋朝時，因爲太宗、真宗未即位前曾任開封尹，幾位親王也曾任開封尹，故謂之判南衙。"羽儀散從，燦如圖畫，京師人嘆曰：'好一條軟繡花街。'"（《祥符縣志·古蹟》）又，唐代稱中央政府爲南衙。

〔五四〕祥符縣署：在今自由路西段西頭路北，原市郵電局、市總工會、市青年聯合會、市學生聯合會一帶。明制，"縣，知縣一人，正七品，縣丞一人，正八品。主簿一人，正九品。其屬典史一人。""知縣掌一縣之政。凡賦役，歲會實征，十年造黄册，以丁産爲差。""凡養老、祀神、貢士、讀法、表善良、恤窮乏、稽保甲、

嚴緝補、聽獄訟皆躬親厥職而勤慎焉。""縣丞、主簿分掌糧馬、巡捕之事。典史、典文移出納。"(《明史·職官四》)

〔五五〕舊地：孔憲易本作"舊址"，未知何據。

〔五六〕左：寫夢盦本脱。

〔五七〕爾俸爾禄，民膏民脂。下民易虐，上天難欺：宋太宗擇取蜀王孟昶文中此十六字書以賜天下郡國，立於聽事之南，謂之"戒石銘"。明代立於甬道。

〔五八〕李天麟：字公振，明山東武定人（由牧馬千户所軍籍中式，因自稱燕人。《四庫提要》誤作二人）。萬曆進士。萬曆八年（一五八〇）知祥符縣，後遷湖廣巡按御史。著有《楚臺記事》《詞致録》。

〔五九〕曹金：字汝礪。明祥符縣人。嘉靖二十六年（一五四七）進士，累官陝西巡撫，官至兵部右侍郎。著有《傳川文集》。

〔六〇〕豐厚：各本同。孔憲易本注"此處恐有脱誤"。

街市紀第六

開封鐵塔

(法國漢學家愛德華・沙畹攝,引自《北中國考古圖錄》,1907 年)

街市紀第六

自東下馬牌大街往南路東,故唱更樓下,灣橋一座,上是引禮官房。又南是八所官署。往東是賈儀賓胡同⁽一⁾,周王第三女府也。東通徐府後坑。今仍名徐府坑。過賈儀賓胡同口,大街往南,是審理所,有染房、磨房、接骨李家、油房,至曲江王⁽二⁾府。東是單鳳巷⁽三⁾,按:宋宮城南門曰丹鳳門,此巷當因此門得名。"單"應作"丹"。巷口南有關帝廟,向西。即今老府門迤南路東,南鄰是魯班廟。後通徐府後坑,坑南岸有奶奶廟⁽四⁾一座,向北。即今泰山廟是。自關帝廟,大街往南,是興隆橋,有寫真方家畫館⁽五⁾,至西亭府牌坊,在今徐府街西口。有帶子、手巾、大小鞋韈、松串、簪棒、白貨等鋪。

折向東,路北有五彩彩頭條、牙子、汗巾⁽六⁾、鑄銅簪扣、酒店、銅匠、整理琵琶、弦子。北有茶葉胡同⁽七⁾。過口往東有成衣、燒酒、皮金、雜貨、南酒、藥材等鋪,木耳店,酒館,至徐府⁽八⁾——中山王裔孫之府,奉勅修建,故名徐府街。大門金釘綠户,匾曰"大功坊";門聯"春王正朔頒千載,開國元勳第一家"。按:即今山西會館。又東是大山貨店街⁽九⁾,今俱名徐府街。有雜貨店、當店、柬帖鋪、打金鋪。北是喬三府胡同⁽一〇⁾口,有炒黃丹、傾銷⁽一一⁾、打金、正升字號店。北是黑墨胡同⁽一二⁾今自南口起俱名黑墨胡同。口,有燒餅、冷酒、雜貨。過口是華亭王府⁽一三⁾,大門改為大雜貨鋪,東至大店街角⁽一四⁾。即今南書店街北口。自大店街角回來,往西路南,有雜菜、雜貨,如松字號店,俱是雜貨、扇兒。北門北門疑有誤。店内俱是樓房,有百餘間,大祖師廟、大王廟當即今山貨店北口大王廟。内有京、杭、青、揚等處運來粗細暑扇、僧帽、頭篦、葛巾、白蠟等貨。至小山貨店口,即今山貨店。過口往西,有雜店、過客店。至草三亭⁽一五⁾草三廳今仍舊名。北口,過口往西,有羊皮金、打飛金、皮金、頭條、牙子、銅錫簪扣等鋪,西復抵大街。

明代徐府地址爲今山陝甘會館

大街往南,有飯店、刷字、刻字、成衣、造玉牒册、刊竺板。至長史司署,前牌坊上書"名藩弼允"四字,内設五品長史二員,即王者首臣輔[一六]弼,教讀王之子孫,俱由部選。往南有竹貨、漆店,三街六市[一七],奇異菜蔬,密稠不斷,飯店、皮鮓、素麪店、羊肉車、鷄、鴨、鵝,直至大隅首[一八]。

折向東,有打銀鋪、緞店、估衣鋪、羊肉、響糖[一九],路北是[二〇]草三亭,草三亭南口。内有熟皮作房[二一]。草三亭又名鳳凰巷,俱回子居住,有禮拜寺[二二]。

巷口往東,有估衣店、南酒店、各樣美酒店。再東,有估衣、大緞店三座[二三],當店、軸丈鋪、孝帽、傾銷、雜貨。至小山貨店[二四]南口,即今山貨店南口。折向北,揭裱書畫頁、手卷。再北,俱是字號店、

街市紀第六

紅紙店、京文紙、傾銷、合森字號、生熟藥材。北頭路東，老莊家茶葉店，各品芽茶。往南接連不絶，俱是藥鋪、扇兒鋪。路西，張時天店、古連紙鋪，對醋張家胡同西口，即南書店街路西胡同，今與山貨店不通。改名將醋胡同，後誤爲醬醋胡同。是張應奉酒飯店，各色奇饌，又有傾番絲銀鋪、南北香料、藥材店、羊皮、磁器店。往南，有打金店、皮金鋪，迤南通是生熟藥鋪，至南口。

復往東，今相國寺後街。路北，有雜貨、磁器、當店、紙馬鋪，各品名香，五頂神馬奉神等物俱全。當店、南果、海菜店。再東，即是大店街南口，有鐵貨鋪。祖師廟緊靠鼓樓，廟已拆[二五]毀。祖師廟即今鼓樓西，路北關廟。

路南，是馬道街[二六]。即今鼓樓南馬道街。定戥有名，皮匣大箱、冠帶帽盒、文具簪匣、七寸枕箱等貨，皆是重銅飾件，刷牙筷子、舌抿、眉掠，灌香精雅。京城、臨清[二七]、南京、泰安、濟寧、兖州各處客來，販買不斷。再南有星君廟，折[二八]向東，有坐北朝南鐵佛寺[二九]。今仍舊名。即慧林禪院。迤南至第五巷，按：即今黃大王廟胡同。通宋門街止。

又自鼓樓往西，路南，有鐵貨、江米店、西羢貨[三〇]，至麯店[三一]口。按：即今相國寺後，財神殿北口。再西有薰雞、鵝、鴨、豆腐、雞子、紙店、書束、毛邊等貨。

此市有天下客商，堆積雜貨等物，每日擁塞不斷。各街酒館，坐客滿堂，清唱[三二]取樂，二更方散。再西，有軸丈、氈貨、緞店、廣福店、糖店、緞店、南酒店、清唱局，各色海菜、六安芽茶、余芳緞店、南酒店、諸樣美酒、乾菜、糖果、鮮魚、鰍鱔、團魚、鮮蝦、螃蟹、細片粉、油子粉，直抵大隅首。

大隅首大街往南，路東有乾菜、糖果等物。再南是盧家，綽號雷公。宅舍寬大，內有大菜園，一切菜蔬俱全，祥符百姓殷實數第一家。藥鋪〔三三〕、羊油、蠟燭、成衣、染坊、茜紅氈店、紙店，至總聖庵〔三四〕，周府建立，曹伴讀看管。往南迤東，是藍家胡同，即今縣署後胡同，西通大街。東通縣後。

　　過口，有鮮果、乾果菜蔬俱全，亦是三街六市，酒肆、油房、麵店、錢鋪、竹貨、箍桶、打錫、切麵、染房、藥鋪、燒黃二酒、火燒、燒餅〔三五〕、牛驢肉車、飯食〔三六〕、粗饌，南至縣角〔三七〕。今仍舊名。四面皆賣布故衣，有老婦人替人縫補衣裳。自縣角往南，有飯店、大米行。所有鄭州、輝縣、光州、固始等處運來各色大米，俱歸入行內，其斗大如雜糧斗。再南是州橋〔三八〕，今淤没，仍舊名。下即汴河，其橋脚北過縣角，南至小紙坊街口。今街仍舊名。又名天漢橋。橋上東頭，有金龍四大王廟〔三九〕；西頭有勅建石碑，並碑樓蓋罩，傍又有開封府惠民局施藥亭，官醫生在此調理病症，有嘉靖三十九年施藥亭〔四〇〕碑，開封守周爻〔四一〕立，李濂〔四二〕撰記。碑今無存。橋高水深，舟過皆不去桅，最宜月夜，汴梁八景〔四三〕之一，所謂"州橋明月"也。橋南是稅課司，《東京考》〔四四〕云：明月樓在天漢橋〔四五〕南，街東，明洪武十五年因其廢址爲稅課司。東是木廠街，今仍舊名。通遞運所。自稅課司往南，是六陳〔四六〕雜糧，堆囤如山，官斗五十四隻。再南路東，是薰家圈胡同口，過口再南，是柴市，賣柴薪雜木等物。再南至小石橋，亦是汴河別支。橋南有乾魚店，糟物海菜俱全，各色生意牽連不斷。再南即原武府西牌坊，折向東，過牌坊，坐北朝南原武王府〔四七〕，大門五間，金釘朱戶，四門皆有伴當看守。府中殿宇一片琉璃，與別府不同。原封祥符王〔四八〕，係周藩近支。周藩缺嗣，取原武兄襲封，後以其弟改封爲原武王〔四九〕。地基寬大，殿宇巍峨，金碧精瑩。山洞樓閣、亭臺池塘、花草樹木、活水山子、黃河九曲、燈殿、大山，前後兩廂舞旋〔五〇〕、大戲數班。西有桂樹百株，隔墻香味撲鼻。滿池金魚長二尺〔五一〕餘，其景世間罕有。布政司匾曰"人間天上"。今南門內迤東，藥王廟後，往北路西，水坑邊有大玲瓏石，長八九尺。又東鄰外馬號水坑中，有大石瓿作蓮花形，圍二丈餘，當俱是原武府中故物。前有青龍背，即今縣學宮西街，仍舊名。直抵城墻。復自原武府西牌坊，大街往南，有飯鋪、酒店、鐵匠、木匠、繩匠、磨坊、紙馬等貨各鋪。往南，直抵南門止。

又青龍背東，有梓潼廟〔五二〕即今縣學宮後梓潼閣。內有嘉靖三十三年重修文昌祠碑記，曹忭〔五三〕撰，高仲嗣〔五四〕書，在今廟內。東鄰元帝廟，即五龍宮〔五五〕，元帝背後，有宋藝祖〔五六〕睡像。東有小校場。此周府前東路街市也。

自西下馬牌，大街往南，路西灣橋一座，上有紗帽鋪，專做王侯、大小文武官員冠巾，金、玉、犀角、瑪瑙、烏角等帶，並女冠等類，又南有代書鋪、張指揮宅、醫獸、瓜子坊子，至瑞金王〔五七〕府。再南，即鎮平王府胡同，內向南，鎮平王〔五八〕府。過口往南，有銅匠鋪、絨線鋪、梨店、乾菜店、絲店、雜皮匣、翻刻經書、竹匠、榍子匠。至西亭〔五九〕府前，有牌坊上書"宗正〔六〇〕府"三字，大門三間，進內向南，二門三間，前後屋宇，不可計數。正南對過，山水花草，亭洞極奇，勢雖狹小，精巧雅致。內有宗正一員，號西亭，西亭名睦㮮，字灌甫，封鎮國中尉。係奉國將軍崑崙公〔六一〕之子。崑崙名安河。是鎮平王宗室。覃精經學，藏書極富。萬曆〔六二〕間舉文行卓異，爲周藩宗正，後復領宗學。其子名勤美〔六三〕，"美"應作"羙"〔六四〕，見《授經圖》〔六五〕。號竹居，能繼父業，設五書院、天球館、五柳亭、禮賢館及別館數十處，廣交當時名卿、碩彥，長者之車，日滿户外，俗言"竹居林山，連日有酒"。其子履坦早亡，孫永芝繼爲宗正，綽有祖風。

再南，有竹貨鋪、機房〔六六〕，織包頭、首帕、素縑、裱綾、畫絹、羅底等貨。名醫羅家，獎匾無算。生猪肉架，各樣南北果〔六七〕、乾菜，三街六市，熱鬧第一。

折向西，過街石牌坊路北，是張皇親家牌坊〔六八〕，上書"倡義捐輸"四字。再西，有雜貨、鐵貨、鐵條、口條、白綫冠髻、布花殼兒、即婦人所戴小髻殼，汴中語若苛。首帕、汗巾、雨傘、絲帶、余大緞店、翦裁鋪、余濟緞店、零翦鋪、余鴻緞店。至李璉胡同，有修補門牙、青銅時鏡、程家鞋鋪、布店、當店、絲線帶子、成衣鋪。至察院東，俱是鋪户，察院東大旗杆照壁前，賣大米粥、粽子、油粉、銅貨攤子；西大旗杆西，成兵快成姓，兵快其職也。鞋鋪。西至都司署，西是棉綫市，茜紅纓傘鋪，銷金曲柄繡傘、方傘，俱曲柄，黄、青、藍捉影雨絹闘龍傘，片金扇，打扇。再西，有梳子店三巷，每巷有三二十家，俱賣四川黄楊、福建荔枝、松根净齒精緻梳櫳、偶戲飛綫〔六九〕。即今戲術。再西，當店、賣韉，西抵鐘樓，網巾、繩包、錢鋪，有牌坊一座，上書"恩榮三世"四字，爲少司馬曹金立，下賣胭脂、宫粉、香袋等物。

復回，向東，路南，有高燒酒、臨清首帕、汗巾、雨傘〔七〇〕、葛布。再東，有皮襖、韉、褲，上京發賣鞍轡鋪〔七一〕，針、粉、胭脂、梭〔七二〕布店，酒園各樣美酒，各色美味佳餚，高朋滿座，又有清唱妓女伺候。再東，有絨綫鋪、臨清首帕店、銀花青絲汗巾、帳子、圍裙、余深緞店。再東，有首帕鋪、周府〔七三〕潞油店、關家傾銷鋪、陳漢章南鞋店、青銅鏡鋪、起磨古鏡，狄髻布〔七四〕、花束帖、紙張，直至大隅首。

自大隅首往南，有乾鮮果、錢桌、酒飯店、箍桶〔七五〕、鞔鼓。折向西，是館驛街〔七六〕，今仍舊名。有奉新王〔七七〕府、馬鳴王廟〔七八〕、大梁

街市紀第六

驛[七九]——原是宋時小御巷風鈴寺故基，徽宗行幸李師師[八〇]處，僭稱師師府，下有地道，直通宮院，明改爲大梁驛。西有關王廟，初本一間，因著靈異，改建爲大廟。求籤輒應，香火不斷。即今館驛街路北關廟。西有牌坊，上書"皇華"二字。復回自館驛街東口，往南，生意挨門不斷。至縣角賣布故衣處，折向西，有眼藥鋪，各色雜貨生意。路南，是李鄉宦宅，並立二門牌，爲部郞李世德[八一]建，人呼爲紗帽李家。西頭，有皂靴鋪，定做選材通襯文武官樣、四縫掐金男女朝靴。西抵延慶觀止。此街即今縣角西，大紙坊街。

再自縣角往南，州橋南有染房。至小紙坊街[八二]東口，往南，有雜糧大坊子，至浦江王[八三]府。折向西，即寧鄉王[八四]府、遊擊府，今名遊擊府街。豆腐胡同東口迤南，是柴市，逐戶生意，至小石橋南，封邱府角[八五]，今訛爲封吉府街。西是封邱王[八六]府，封邱[八七]絕後，改爲魏忠賢祠，忠賢勢敗，火急拆[八八]毀。《大梁野乘》：河南爲魏璫建祠，樹旌曰："崇德報功"。興工破土，諸當事者，咸往祭告。獨提學曹履吉[八九]仰視長嘆稱病不去拜[九〇]。力役日千人，晝夜無息。當砌脊[九一]時，督工某大參，以匠役張三不預稟以紅氈毹包裹上獸而俟展拜，怒加責懲。蓋借上獸阿奉爲上壽也。工未畢，即拆毀。督工某急令先搬獸擲下，三忽跪稟曰："討紅氈毹裹下獸，以便展拜。"督工者復怒責之。或謂三多言取責，三曰："吾臀雖苦楚，彼督工者，面皮不知幾回熱矣！"府角，酒飯各樣生意，排門皆是。至順城街、營子街，今仍舊名。直抵南門止。此周府前西路街市也。

又，自鏇匠胡同即今鏇匠胡同口。往南，鏇各樣巾帽盔，及各色器用，紙紮鋪，賣老鴰扇子[九二]，東是商城王[九三]府、熊家胡同[九四]，後改爲熊家園，今訛爲杏花園。按：即今關廟西向南半截胡同。舊通南街，後斷。有磨房、酒店、紙馬鋪，出賃喪輿、綾幡、旗傘、魂亭、銘旌架、吹手、小甲[九五]、大馬、油、燭、紙張鋪、飯店，至大店街[九六]角。北自鏇匠胡同，至大店街角。往南路東，有傾銷鋪、果子鋪、薑店，内賣鮮薑、甘蔗、荸薺、栗子、白果、土茯苓。再南，有酒飯鋪、燒酒、秋露白酒[九七]。路西，是大山貨店口。過口，往南，是柘城小店，專住妓女，過客酒店；再南，又新店，俱住貨客，妓女尤多，飯店、酒店、雜貨等鋪；再南，是油店，住者香油、菜油、綿油[九八]、芝麻、菜子、吉陽夏布、毛紙等客，内有妓者三四家。店門南，鐵匠專打鎖、定[九九]牲口蹄子。再南，有紮彩匠，做顯道神，其頭模有五尺高、六尺圍圓。王府出殯，皆用此物。南臨板廠胡同。按：舊與文殊寺通，今斷。再南，是都司官店，内有官機乾布，建寧熱水中長紅黃夏布。路西，酒館、飯鋪、臨清店，專住妓女。再南，有草料鋪、麵房、成衣、雜糧、紙燭、糖店、杉板廠、裁縫鋪，做大緑獨行[一〇〇]。臨醋張家胡同[一〇一] 今南書店街路西，訛爲醬醋胡同。東口，有古董、粗磁盆罐、炊帚、笤帚、趕麵杖、蒜臼、笊籬、勺瓢之類，磨房傾銷。緊靠鼓樓之下，通是小爐，打擺錫飾件。往東，老鴰宅[一〇二]方脈、佘家弓箭鋪。

路南，是鵓鴿市。今仍舊名。賣鵝、鴨、雞、貓。貓疑是毛之訛。南是爛麵胡同。迤東，是齊陰陽胡同西口。進口往東，路北是臨汝王[一〇三]府，南是博平王府醫官，至第四巷。今仍舊名。南通宋門大街。

鵓鴿市口路北，是三井胡同，今名三眼井。眼科[一〇四]，再東是定秤胡同，做風匣、方斗諸樣小活。北是織負版，負版，喪服所用，方一尺八寸，綴於衣後，當領下垂之。做孝帽，東有炒黄丹，通紅河沿[一〇五]，今仍舊名。西通板[一〇六]廠胡同。

定秤胡同南口，迤東是高、張、劉鄉宦住宅[一〇七]。劉謂勤僖公昌也。《邑志》：貞節坊，爲劉夢丙妻趙氏立，在舊鵓鴿市東。夢丙，庠生，勤僖公之父。路南，往東，兵科給事中高家住宅[一〇八]。再東，是皮店。再東，是西藥材店、齊陰陽家胡同。即今鼓樓街，此胡同今不通。東至五勝角，今仍舊名。到南頭，此即所謂左龍鬚也。

又，自武廟街即今旗纛街。往南，染房、布政司更道。路西，俱是布政司東墻。路東，一直是都司官房、武廟門過街坊。迤南路西，宣武衛官房，南是宣武衛署。再南，是許公祠、張公祠、伍公祠，俱春、秋二祭。至總鋪南，有燒餅、染房、藥鋪、打銅、過客店、酒店、客店、飯店；又客店、淫店；淫店，義不可解，未知所市何物，以下凡數見，恐字有訛誤。又客店、成衣鋪；又淫店、傾銷、銀鋪。路東，磨房、雜貨、賣石器、冷酒、雜貨、成衣鋪、過客行臺，鐘樓口以北各店，俱有妓者。又成衣、南貨、客店、雜糧、草料，東一小巷，通梳子店。南是紙馬、傾銷、醋鋪、切麵、草料、繩包、雜物、飯店、酒館、布襪、烙饃、鐘樓口，即今巡撫署東十字口[一〇九]，樓已拆毀。網巾、繩包、錢桌、暑襪、綫襪、紫白布、帽匠；樓下洞內，有南京雜貨、廣東人事[一一〇]、房中技術。

樓西，俱是京貨，縧兒匠製造印綬、儒縧、鈎總、裙縧、結掛，有過街牌坊一座，上書"卿相世家"四字，爲靈寶許贊[一一一]立。按：《邑志》作"許進"[一一二]。下賣灌香刷牙筦子、垂頭舌抿、耳勺、耳撚、帽靴、鬃刷、皮箱、描金捲胎漆盒。路南，賣手帕、黃黑雨傘、香鋪、合香、攢香、俺答香[一一三]、俺答，外夷[一一四]地名。香袋、連籠、桌圍等物。帽巾鋪三二十家，定做百樣巾帽。西至布政司署照壁[一一五]後，賣醬菜、百樣醬油、鹽、醋。西有酒店、當鋪、成衣鋪。至按察司署西，有京文紙鋪、賢大嫂廟。再西，有酒鋪、官帽鋪，製官帽、幞頭之類。羊肉麵店，日宰羊數隻，麵如[一一六]銀絲，扁食[一一七]、奪魁[一一八]，各府馳名。西至開封府角止。

往南,是半截街,今仍舊名。有打紅銅諸樣器皿[一九]鋪、鐵鞋幌[一二〇],有名鞋鋪三鑲卓履[一二一]、折鞋、方舄、萬卷書程子刻絲雲頭、雙刺細鞘各樣檀鞋[一二二]、儒履。以東,有食店、過客行臺、酒館、草料、繩包、鞍架、鞭鐙、角皮淫店、紙商、葛羯子[一二三]纓子店、夾剪、捽剪、鈴鎖、氆毯等貨。六府角按:即今巡撫署西角,路北。迤東,有酒肆、麯[一二四]鋪、成衣、錢桌、過客店、代書呈詞、狀格紙張。淫店二座,助老扶幼,走馬,烏鬚,扶乩[一二五],戲術,棒瘡料理。半截街北頭,有酒樓、巾帽鋪。

再自鐘樓東往南[一二六],俱是錢桌,冷提、臘燒等酒,胭粉、銀鋪,大館賣豬肉湯[一二七]、蒜麵、肉內尋麵,諸食美味,闔郡馳名。再南,賣頭盔、戲衣、梨園槍棒;再南是織染局;再南是書鋪,直至館驛街西口。再南,有成衣局、小書攤,以南皆是香鋪[一二八],魚骨為記,有名合香[一二九],一切雜香,有三五家冒名假充。又有飯館、筆鋪數家。

折向西,有成衣鋪、談命館、麵鋪、客寓,亦有妓女、膏藥、代書。又客舍,過包公祠,至開封府署西,各色人役官房。新街南口,過客店、酒店,至半截街南頭,路南是大傾銷處,專做上納元寶,大小成錠。客寓、天主堂[一三〇]、《縣志》:劉猛將軍[一三一]廟,在延慶觀西,舊係天主堂,雍正三年總督田文鏡[一三二]改置。西亭祠、巡道署、西河署、于少保祠[一三三]。祠移建今西棚板街路南。西是馬軍橋[一三四],又名蔡太師橋。亦名馬軍衕橋。往南是高牆,即閑宅,罪宗所禁處。老君堂西抵城牆。

開封府門正南,路東,是各廳居住,南通送子橋;西是靜安街;今仍舊名。南是倉西角。向東關王廟,南通呂御史街。再南,抵城牆止。

又自延慶觀南,各項生意,東是大紙坊街西口。大紙坊街,今仍舊名。有白布店。延慶觀[一三五]大門三間,門前有石獅子一對。大門內向東,有關王廟三間。向南,二門三間,正殿供三清天尊。殿後有八瓣琉璃塔,上圓下方，內外純磚砌就，約高四丈，三層，最上一層，向北檐下，刻"通明閣"三字，行書，字大尺餘。下層向南，有洞，內供元帝，並有張三丰[一三六]遺蹟。西有小殿三間，內住全真道人。地極清幽，過往官員、清客、巨商，多於此寄寓。觀南，是小倉。倉東，是小紙坊街西口。有坐門妓者，西是按院積穀倉，改爲鑄錢局，造天啓、崇禎錢。南是倉東角，西是撫院積穀倉。又西，是軍儲倉，內有《重修開封府軍儲倉碑記》，王惟儉[一三七]撰。碑今無存。大堂三間，廠房[一三八]棋盤蓋造，六十間，俱是九檁，中有曬穀場。

西南，孟子遊梁祠[一三九]，宋時創建，內有明《重修遊梁書院碑》，萬曆三十一年，巡撫方大美撰文。碑今無存。左坊書"居仁"二字；右

民國時期的開封延慶觀

坊書"由義"二字。路東是邵陵王[一四〇]府，名醫鄭繼元[一四一]家，其子封[一四二]，崇禎甲戌進士，曾任廣西巡按。又有安吉王[一四三]府。再南，折向西，至按院署。雷家橋今仍舊名。南，向北，關帝廟一座。東是校尉營，向北觀音堂止。今名觀音堂街。此即所謂右龍鬚也。

又，自東下馬牌往東，按：即今老府門往東大街。茶庵、三皇廟，路北，一直俱是蕭墻。

路南，琵琶趙家、走京李家[一四四]，專辦請封、報名、幹王冊封之事，名桂齋，好養鬥雞、鵪鶉。宜陽王府冰窖、畫鋪、藥鋪、卓典杖卓姓，典卜杖，官名。住宅。又菜鋪，做紅土獨行，邱家鋪戶。

自鏇匠胡同東，有飯店、崇雅香鋪，去麝加檀，真正素香，酒館。再東，香末店，藥家姓彭[一四五]，謝廷璽、新三營將官飯鋪、酒肆、乾果、麻刷等貨。北是周府東角樓[一四六]。按：地當在今南京巷北口，李空同故宅舊在此。路南，雜貨鋪，東有過街坊，年久，字俱剝落。東有一坊，上書"恩宥坊"三字，板廠東是李宅後房。即李工河[一四七]宅。

路北，鋪戶、酒店、切麵、當鋪、結帽匠——俱是工正所人，專結牛馬尾各樣巾帽。周府時常發出破網巾一二十頂洗補，上定金圈及羊脂玉、碧玉、瑪瑙、紫金等圈，其寶無比。東是堵陽王[一四八]府，為接嘉靖皇帝，帝見其年老，賜予雙糧。登基之二載，上問周藩："堵陽王可好？"遂頒下匾額，上書"御書存問"四字。世宗存問堵陽王書云："茲者，南郊禮成，大頒恩詔，朕念王政先於老老，仁民始於親親。惟王宗室懿親，壽邁七十，恩澤覃布，所宜加隆。茲特以羊酒幣帛，令[一四九]本府進奉官員，順齎存問，以見朕優禮之意，專此以達，惟王亮之。"見《府志》卅一卷。安吉王[一五〇]亦接嘉靖，上喜"安吉"二字，亦賜雙糧。往東，是會長[一五一]府。再東，是原武府避水樓、壽木鋪、柬帖鋪、柳條叵羅[一五二]等貨當坊鋪。

街市紀第六

東是會王[一五三]府。今布政署西。金龍四大王廟，即其故址。見《府志》。再東，是汝寧王[一五四]府，後改爲仁和王[一五五]府，即今布政司署。至土街角短工市[一五六]，按：即今土街北口。遂寧王[一五七]府、成衣鋪、魯陽王[一五八]府、會吉疑當作會稽。王[一五九]府、燒餅、合簽，餅作雙層，名曰合簽。出賃磁器、家火、酒烙[一六〇]、緞盒、雞鵝籠，娶親披紅、銀花等物。街南，眼藥艾家、張宏濟藥室、魯陽王府官廠、艾文所藥局[一六一]、漂匠、做傘籠、醫獸。

彰德王[一六二]府東，酒飯鋪，至王家角，在今曹門內，火神廟前。飯鋪、油房、染作、碾布，生意接連，至油房角。地當在今火神廟前街口。往東，飯店、鞝鞋、宗學[一六三]。今布政司署迤東，火神廟即其故址。順治五年改建。見《火神廟碑》。再東，保生堂。往北，一小巷，關王廟趿路，當在火神廟東，路今不通。東通雙龍巷[一六四]，宋藝祖、太宗舊居之地，今仍舊名。西通遂平王府角。

自保生堂再東，磨坊、酒肆、雜糧坊子、傾銷銀鋪、酒館、麵店。至轆轤灣[一六五]，坐南朝北奶奶廟。即今曹門內泰山廟。其地舊名轆轤灣。見康熙二十年辛酉《建泰山廟後閣碑記》。兩廂紙馬、雜貨、乾鮮菜蔬[一六六]，各色生意。有百步拐，向東直衝曹門，故名轆轤灣。往北，十二祖母廟，在今曹門大街，當鋪胡同正北，朝南廟。內有宋鑄銅菩薩，極工細，衣紋上有鑄就熙寧通寶錢數枚。在今廟內。南是觀音堂、三官廟[一六七]、火神廟[一六八]、繩匠、木作、鐵匠、染房、酒鋪、火燒、燒餅、各色農器，直至曹門止。

油房角，南通東嶽廟後。往南，坐東朝西關王廟、大王廟、雷祖廟、魁星樓；東有朝南日光廟。

曹門往北，有西亭府書院，周遭水波[一六九]圍遶，有游湖小舟，北有葦蘆；再北，有觀音寺一座，係周府香火院[一七〇]。山門、二門、大殿五間，上坐觀音菩薩；東配殿千手千眼佛；西配殿有轉輪藏、左右鐘鼓樓；後有山亭、透靈碑一通。碑今無存。尼僧百衆，內設女學，周府內小婢女在此讀書，老軍把門[一七一]，閑人不得擅入。寺今已亡，國朝重建於雙龍巷路南，內有三足銅香爐，高三尺許，鑄字云："大明國周府鑄造，觀音寺香爐，花瓴一付[一七二]，永爲供養，吉祥如意者。永樂六年五月吉日施。"按：此當是從舊寺移來。今寺門匾題"古觀音寺"，殆失考。

北有鐵塔寺[一七三]，名祐國寺，又名上方寺，俗呼鐵塔寺。北齊時創建，前有山門，左、右兩角門，門前周圍高丈餘。東有鐘樓，磚座高丈八尺，上建崇樓，四面門[一七四]上琉璃四扣獸，付簷四面琉璃佛，其像極古。內懸銅鐘，布袋樣，重六千斤，下有陰井一眼，深二丈餘。北面，有立磚細級可上。遇王薨逝，撞鐘三日三夜，名"引魂鐘"。內正殿五間，中立接引銅佛一尊，約高二丈；後殿五間，正中坐佛，兩山羅漢。殿後，有八角琉璃塔，一十三級，上立銅寶瓴，高丈餘。宋時，浙人俞浩[一七五]與丹青郭忠恕[一七六]按圖同修。層層俱有鐵佛，八面圍廊，六面檻窗，向南一門，匾曰"天下第一塔"，兩邊篆字對聯。後又有地藏王殿，東有五柳亭，林木茂美，即宗正號竹居所建也。

前有三官廟，即今三官廟，每年三月三日大會。廟內有萬曆庚戌周府重修碑記。左長史周國庠奉令旨撰，東書堂[一七七]書辦官王之楗書。

西有黃塔故基，即金[一七八]之惠安寺[一七九]，俗名破塔寺。又有杏花村，村西向南三清觀[一八〇]，本宋之延福宮[一八一]，元時毀成平坡，明改爲三清觀。內有鐵火爐，鑄字云："周藩胙城王爲三清觀施。"在今鐵塔寺南三官廟內，現存。後殿供雷祖，西通七府角。

北門大街，迤西往南，有靈官廟；北是蘆葦，東南俱是鹽地。

大街往南，甬路一道，中有小橋，東通打箔胡同。今北門內路東，俗訛爲啞叭胡同。西，路北，是蓬萊閣，四面皆水。北是葦坡，坡西向東，小關王廟一間，後是周府東北角樓。

往西，是後宰門[一八二]。門東，西貼蕭墻居民，多業熬鹽，俱無租課，遇周府有喪葬事，供應執旛之役。角樓迤南，蕭墻根，俱軍民雜居。

東，有宋真宗勅建泰山娘娘行宮，按：即今北門內西南泰山廟，俗呼北泰山廟。銅像高九尺五寸。後殿，張王妃替僧焚修[一八三]，張國紀[一八四]掛匾曰"宮載龍華"；前殿，火居道人焚修。

東鄰是古三皇廟。按：即今三皇廟。廟基高丈六尺，廒山殿三間，內供三皇、上帝、四配、兩廂十大名醫。前是開天之殿，亦是廒山轉角，四明琉璃閃屏，上龕內供道德天尊；頭門三間，石獅子一對，匾曰"天下第一古廟"，元至正五年重修碑，吳炳[一八五]書；碑今無存。明周王重修[一八六]三次。

往東，是香山寺，東通槐樹吳家口。西是二仙奶奶廟。西南，向北觀音堂；朝南，祖師廟，衆人居住，至東華門東。

路北，是段儀賓府——周端王長女府也。東有裁縫鋪；東北是潁川王[一八七]府。再東，是應城王[一八八]府，府內燈殿、山亭，不亞於原武。有木器，賣麵鋪、酒館、當鋪、沈邱府[一八九]後院大冰窖。南是沈邱府西牌坊前園。東沈邱王[一九〇]府。有孫家篦子、乾果、粽子鋪戶。

路西，東華門，一成衣鋪，四五民家居住。迤南，蕭墻直至東角樓口，向南兩路：西通五府街[一九一]，訛爲五福街。朝南關帝廟，即今五府街北首關廟。東通打錫胡同止。按：今府署西轅門外，向南，疑即其地。

又，有北門大街南昇仙橋，有飯店、酒鋪、染房、香紙鋪、張雲黃痘疹科、染房、繩鋪、驢市、棺材鋪。路西，門牌王九德家。九德，萬曆庚戌進士，官順慶知府。父名北河，官藩府書堂。見《大梁野乘》。至七府角，各樣肉菜俱全。迤南，紅門，是汝陽王[一九二]府。路西，王允朗家、允朗，天啓八年貢生，官失考。應城府炭廠、觀音牌。路東，通觀音寺。按：當在鐵塔南，寺今已亡。南是打[一九三]箔胡同口，有磨房、酒房、紙馬、香鋪、小關帝廟。從福善街，槐樹吳家口，東，小關王廟，西通柘城[一九四]府冰窖、二仙廟，住道姑。南是柘城王宗舉、走京李家[一九五]，上京幹王錄、册封等事。柘城王是副宗正。至大關王廟，即今北門内，糧道街東，坐東向西關廟。頭門三間，石獅子一對，八字閃墻；大殿三間，厰山轉角，上坐藤胎戎裝大關王像一尊；前簷向南，有周世子像，爲捐金重修廟宇，故塑此像。兩廊功臣，後有寢宫；左有五瘟殿；右有岳王殿。大殿北三義殿，左、右五虎[一九六]——張、黃、趙、馬、姜維。大殿前，朝南，諸葛庵，丹墀下，有飲馬池。

街西，路北，是柘城王[一九七]府，即今糧道署。内有山亭、樓閣、花草樹木，比原武府尤勝。大門五間，前是雜糧坊子，西有小門，通潁川王府。南是外科陳野庵、紙馬鋪、磨房、成衣鋪。至應城王府，是花門。府角東，是宴公[一九八]廟。按：通許、汜水俱有宴公廟，義取鎮河，未知何耶？又按：陳州亦有宴公廟，祀宋知州宴殊，未知是否？胙城王[一九九]府，再東，是遂平王[二〇〇]府，有冰窖、燒餅、切麵、染房、酒肆、鄉宦王兵馬家、沈邱府東牌坊，南俱是鄉宦、王親居住。

再東，是中亭牌坊，後賣與崇岡[二〇一]。北是住府，西童家小巷。東是大瓦寺胡同，一作打瓦寺，《東京考》[二〇二]云：“打瓦寺在土市子街東北惠和坊，元末兵毁。明洪武二十年，尼僧義果等重修。”按：今白衣閣即其地。有丹客祁姓，專以燒煉爲生；丁文泉百樣煙火。至土街，即今土街。有成衣鋪、響糖鋪，所造連十、連五、連三合桌，各樣糖果；磨房、驢肉鍋、賣棺材、織竹簾、打鐵箍、泥牛匠。往東，線兒李家胡同，按：即挑筋教禮拜寺南牆外胡同，今與土街不通，俗名仙人巷，應是線兒巷之訛。有挑筋教禮拜寺[二〇三]。在今曹門內火神廟南，寺漸廢。東有義寧王[二〇四]府，東北通圈王家角，南通塌房[二〇五]街，即今馬神廟門街，今自學院東口迤南，皆名塌房街。向南是奶奶廟。

再南，是東嶽廟[二〇六]。每年三月廿八日，聖誕之辰[二〇七]，五日前，會起，進香，做醮，擁塞滿門。所賣各樣貨物，遍地皆是。棚搭滿院，酒飯耍貨，諸般都備；香火燎天，人煙蓋地。內有廟圖碑並記，上一橫刻，字云："東至儀賓東墻爲界，西至汝陽伍府西墻爲界，闊五十七丈四尺。"左邊字云："東邊南北長：南至官街，北至官街，共長八十一丈七尺。"右邊云："西邊南北長：南至官街，北至官街，共長八十一丈七尺。"

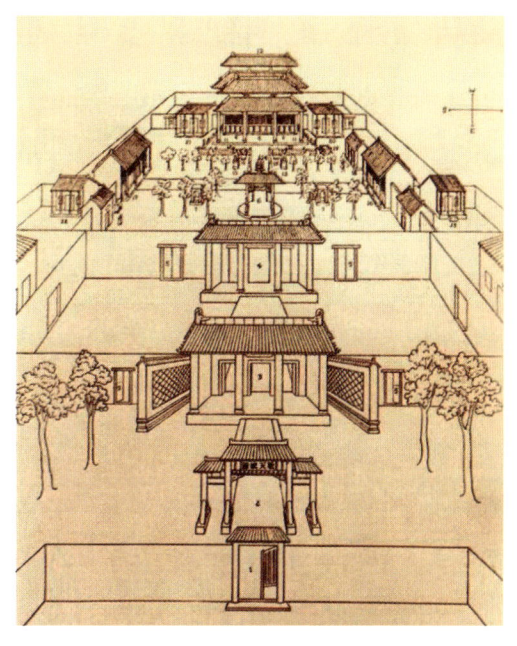

開封挑筋教禮拜寺圖

[清康熙六十一年（1722）法國傳教士孟正氣（Dominage）繪製]

開封教堂復原模型

（以色列猶太民族博物館藏）

碑陰紀："嘉靖四十年。"碑在今東丹墀下，康熙拾陸年趙尚義重立。又有《勅賜東岳神祠重修記》，萬曆七年，周王崇燚主人[二〇八]撰。在今西丹墀下。

又有《全省城隍畫像碑》，嘉靖二十九年，南京戶部員外牛恒[二〇九]撰，左長史邱民心書。在今廟東偏院，真武廟大殿内。

又，自大街即今土街。往南，折向西，今府東角。路北是李二河家，即李光壓家。一連三處宅，俱是高臺，一般蓋造。西是王崤嶸（霖）住宅，名霖字崤嶸，萬曆二十九年進士，官御史。本宋趙普[二一〇]府。嘉慶初年，居人修房，刨出石碣，上書"訪賢處"。疑即今開封府署。

大街，路東是小山府。大門三間，牌坊一座，上書"孝子坊"，下書"孝子睦梁"。兩邊黑鹿角，鹿角下，井一眼。府内殿宇華麗。小山[二一一]故後，子睦梁，號書亭，廬墓三年，奉勅建坊。睦梁，字仲甫，周宗室，年六十，父母疾，躬侍藥糜。及卒，廬墓，感白鳥，服闋不歸，周王屢召始還。事聞，賜幣旌獎。見《府志》卷二十七。坊西，有束帖、成衣、畫匠、磨房許家，旌叔得仙，水遁而出[二一二]。許氏子，逸其名，居宣平坊，靈寶家宰贊同宗也。見《府志·仙釋門》。東有夏家胡同，疑即今河道角東街[二一三]。占候官陳理軒，東通奶奶廟。

大街，路西，王宅，柱史坊，爲王霖立。路南是文殊寺，寺爲信國公湯和宅舊基。其地當在今街之東，去今河道署不遠。按：今文殊寺街，俱回民居住。有禮拜寺。寺南牆有刻石，橫書"清真寺"三字，末題"萬曆甲辰冬立"。紀内不詳，當是自他處移建，並移其石於此。又按：此篇之末，紀西華門北，有云：迤西，亦有皮局，回子居住，有禮拜寺，西鄰玉陽觀，今俱無存，其處盡爲廢地。文殊寺街之禮拜寺或是自西華門北移來[二一四]者與？河陰王[二一五]府、紅河沿北頭，打飛金爐、燒餅、轎鋪；路北，校尉營、染房，西是萊陽王[二一六]府、打錫胡同南口。西是五府街南頭。再西熊家胡同南口，當店、紙馬鋪。再西，至大店街角。今南書店街北口。

又自大店[二一七]街往南[二一八]，今河南道東角。有切麵、鞾鞋、成衣，東通黃瓜胡同,今訛爲黃家胡同。有三官廟。南是炒米胡同,今仍舊名。按:此街當在五勝角北,非今之炒米胡同。路西是張平山[二一九]宅、外科、裁縫、點笙,至五勝角,有六陳行。

折向西,有南京大橋、花梨木、大磁瓿罐、各樣京貨,劉、張、高鄉宦宅,定秤胡同。迤西,三井胡同[二二〇]南口,眼藥、弓箭、雜貨、糧食、紙馬、客寓、老鴰宅;路南,鵓鴿市,齊陰陽胡同西口,南通第五巷,抵宋門大街止。

又,自五勝角大街往東,即今學院街。氈貨、作房,各色生意,東至火星廟。

又,自大街往南,吹鼓手鋪、鼓樂旗爵,出賃披紅、銀花、蓋頭等項。路西,向南是博平王[二二一]府,西是臨汝王府。迤西,路南是第四巷。

又,大街路東,有皮場公廟。地即今皮場公胡同。《西湖志》:相傳有神張森,相州湯陰人。縣故有皮場鎮,萃河北皮鞽蒸漬,產蠍,螫人輒死。森時爲場庫吏,素謹事神農氏,禱神殺蠍。鎮民德之,遂立祠。凡疹疾瘍瘡,有禱輒應。漢建武間,守臣以聞,遂崇奉之。傍邑皆立廟。宋時,建廟於汴京顯仁坊。向南,三間黑大門,匾曰"富樂院"[二二二]。今院坑沿街,皆其故地。俗訛爲圓[二二三]坑沿。內有白眉神[二二四]等廟三四所,各家蓋造居住,欽撥二十七戶,隨駕伺候奏樂。其中多有出奇美色妓女,善恢諧、談謔、撫操絲弦、撇畫、手談、鼓板、謳歌、蹴圓、舞旋、酒令、猜枚[二二五],無不精通。每日王孫公子、文人墨士,坐轎乘馬,買俏追歡,月無虛日。

路西,俱是做妝奩、牀帳、桌椅、木器等物,五彩朱紅描金退光,一切賠嫁[二二六]家火,捲態拔絲灰布;定做描金方圓緞盒、果桌等盒。院角南,直抵五龍宮止。即今宋門內都宅角,正南五龍宮。

又,自宋門,迤南,開天庵門北,俱是做燈、人頭、耍貨、艾虎[二二七]、竈神之類。北通曹門，一派水波，名曰"城河"。南是石盤胡同。挨門逐戶，生意不斷，西至府學宮[二二八]。在宋門內西北，見《府志》。按：其地當在今鐵娘娘廟。前有嘉慶年間刨出太學石經可証。前有東、西石牌坊二座：左書"攀龍鱗"，右書"附鳳翼"。兩馬道口有小木牌坊二座：東是"德配天地"，西是"道冠古今"。中有櫺星門一座，石獅子一對。閃牆上，左是"河出圖"，右是"洛出書"，俱是琉璃磚砌就；兩邊下馬牌書"文武官員至此下馬"。路南有天地牌坊一座。櫺星門內，石子甬路，直至泮池，周圍石欄杆[二二九]；向南戟門一座，上有豎牌一面，書"文廟"二字。大殿五間，按：當是九間。正座夫子，左右四配十哲[二三〇]，兩廡七十二賢[二三一]，東是名宦祠，西是鄉賢祠；後殿是啟聖祠[二三二]。西鄰是學署，大門兩齋，明倫堂，堂後敬一亭[二三三]，內有碑記，于少保謙撰。碑今無存。有教授一員，訓導四員，門斗[二三四]，樂舞生，祭器、樂器；又有宋殘石經碑[二三五]，一行篆書，一行楷書，夾行寫。碑僅餘一通，已殘缺剝落，嘉慶年間，在鐵娘娘廟前橋東刨出，移置今府文廟崇聖祠大門下。可辨者，惟上截書《禮記·檀弓》數句而已。西有樂義書院、院角，富樂院角。儀封王[二三六]府，爲盜李鄉宦事發回鳳陽[二三七]，將此宅賣與都任[二三八]宅。今宋門內，都宅角即其地，任字紅落，萬曆癸丑進士。西是第四巷南口，口西是鄢陵王[二三九]府，即七國魏朱亥[二四〇]之故基。再西，第五巷南口，是張尚書宅，按：今黃大王廟，即其故址。門匾"太子太保"，金陵朱之藩[二四一]書。尚書諱孟男[二四二]，其子民表[二四三]，字林宗，善草書，人多難求，醉後方書。府西是寺橋[二四四]，在相國寺東角，即馬道街南口，舊名相國寺橋，今亡。糖果馳名第一，高牌紙店、光花雨旱紙傘、鑄造生鐵器，各省馳名。紙紮匠、設火喪舉俱全。南通原武府後，生意連絡不斷。

往西，路北，是相國寺，即七國魏公子無忌故宅。山門五間，三空六開；兩稍間，四金剛；前有石獅一對。閃牆匾書"大相國寺"，唐睿宗御筆。山門東西兩石塔，各高三丈餘。二門五間，內坐四天王。大殿地基六畝三分大〔二四五〕，純木攢成，不用磚灰。九明十一暗，四六槅扇，上蓋一片琉璃瓦，脊高五尺，獸高丈許，銅寶瓴，高大無比，匾曰"聖容殿"，元時不花丞相〔二四六〕親筆。左、右兩配殿：左有伽藍殿，古有香積〔二四七〕廚。鐘樓內懸大銅鐘一顆，霜天聲聞最遠，所謂"相國霜鐘"〔二四八〕，汴梁八景之一也。

　　大殿佛像，俱是藤胎、銅胎，又有自來佛，不知其數。後遺失幾尊，餘俱被祥符縣令某〔二四九〕寄寓竊去。殿內有碑一通，上刻張平山畫布袋佛，背面觀音菩薩，俱李夢陽題贊，左國璣書，稱爲中州三傑〔二五〇〕。殿內

民國時期的開封相國寺

開封相國寺的藏經樓（上）和八角殿（下）

（法國漢學家愛德華・沙畹攝，引自《北中國考古圖錄》，1907年）

街市紀第六

東南角，有匾一面[二五一]，綠[二五二]地金字，上題《西江月》一首[二五三]，前[二五四]四句失記，以下是："崆峒文[二五五]驚海嶽，國璣書振天涯[二五六]，平山神畫道子佳，中州三傑無價[二五七]。"康熙間，相國寺災。碑燬於火。郭世寧重刻於城外東南國相寺，在今中殿內左側。此殿正上六樑，前後柱共七十八根，結構奇巧，傳為神工，中原一寶也。[二五八]

東丹墀，有宋《重修相國寺碑》[二五九]，高二丈餘，至道二年翰林承旨宋問[二六〇]撰。碑燬[二六一]無存。後有傑閣三間，高四丈，周王所建[二六二]，上坐大慈悲菩薩。西側立楊和夫婦[二六三]，即俗所謂相老、相婆也。後有地藏王殿五間，再後俱是僧居，前後約二三百家。每日寺中有說書、算卦[二六四]、相面，百藝逞能，亦有賣吃食等項，僧家[二六五]、專下過往官員及大商、茶客、清客等眾往還，擺酒接妓，歌舞追歡。大門東，有老婦人與人洗漿[二六六]衣服，縫縫補綻，熱鬧無比。

往西，路南，有酒飯店、良醫膏藥、打印、銀鋪、錢桌、紙鋪、代書、成衣、茶館；路北即祥符縣署、各色人役官房。再西，是縣角。

再自西下馬牌往西，按：即今老府門往西大街。路北茶庵、竹竿廠；迤西，通是蕭墻。

路南，有紗帽、成衣、畫匠鋪、汗巾、牙子、木廠，賣白松、黃松、桃木之類五六處；有史典杖典杖，官名。住宅。旗纛廟街今名旗纛街。北頭，有磚橋一空。再西，帽鋪，門砌小山子，魚瓴之玩。再西，古董鋪，至周府西南角，地當在今開封游擊署西口。觀音堂。路北，是保寧王[二六七]府，西是碾子胡同，內有湯溪王[二六八]府；西是貢院，地當在西門大街，城隍廟後。有萬曆八年重修貢院碑，曹金[二六九]撰。碑已無存。南是府城隍廟東夾道，出夾道向西，街北，是二徐祠堂。祠西鄰張仙廟[二七〇]，廟西即府城隍廟。

照壁、鹿角、牌坊，大門三間，東西角門、甬道，二門三間，東西兩殿，內塑七府並汝州城隍像。甬路、殿臺俱石欄杆；大殿五間，廡山轉角，正坐顯聖王。明太祖行兵時，顯靈佑助，勅封爲承天鑒國司民顯聖王。左司、右司判，後殿如前[二七一]蓋造。周圍五十四司，神籤最靈，香火不斷。每逢朔、望日大會，各處進香，擁擠盈門。照壁前，賣牛馬尾、網巾、唐巾[二七二]等貨；牌坊下，賣描金彩漆、捲胎拔絲等盒、帽匠、盔洗舊帽、安鞭爪，兼補破壞；東角門外，賣桌、椅、牀、橙、衣盆等架，大箱、衣箱、頭面小箱、壁匱、書櫥、一切木器；西角門外，賣軒轅鏡、菱花、穿衣、錦背、各色古鏡、青銅時鏡、粗細芽茶、玉[二七三]容宮皂。

鹿角外，賣錫器，各樣走銅山水器皿等貨，兩邊盡是嫁妝之物，大小竹貨、蓮桶、蓮缸、珍寶古玩、雜貨攤子。大門下，賣油箄、油饌、煎餅、蒜麵、扁食、油粉、酥糖等食物；甬道上，賣絨線、翠花、珍珠、珊瑚、各樣銀器杯盤、零翦紬緞、諸樣頭條、汗巾。

東角門內，賣時鮮乾果之類；西角門內，賣梳櫳竹篦、假銀生活等物。

二門東角門內，擺設名琴，古畫，犀、玉、瑪瑙杯器、爐瓶器皿，貂鼠、海獺、虎、豹、鹿、麂、狐、貂等皮，甬道上，賣灌香刷牙筅子、舌抿、眉掠，修補門牙，香袋、香箒、扇囊、盛香等物。

西角門[二七四]下，賣旗，皆是彩帛製的，南絲帶，各處汗巾。

西丹墀，賣羢、羯氊毯、葛夏布疋[二七五]，各樣鞋鋪；廟臺上油靴、油鞋、泥屐、雨傘鋪；臺兒上，俱是男女緞靴；月臺上，賣各色[二七六]梭布、小機等布。

東丹墀，紬緞、故衣、首帕等鋪。甬路北頭，賣筆、墨、硯臺、南京草履；周圍廊下，俱是小書、時畫、聖像、故衣竿子、賣藥、算

街市紀第六

卦[二七七]、僧道化緣。

大門外，南抵按察司牆，盡是賣果木、茉莉、建蘭、梔子、砂瓴、砂盆、磁繡墩、花罇、小轎、骨花、抽挪大轎、十景花盆。

往南，街東，小書、時畫、算卦、相面、戲術、篦頭[二七八]、修腳之類。街西，銷金法衣、道衣、打銀鋪二三十家，賣寶器、珍珠、翠花鋪，打紅銅各樣器皿，直至[二七九]六府角。按：即今撫署西角。

又，張仙廟，廣生殿門內，俱是賣金魚、銀魚、火眼三尾魚秧 即魚苗，汴人呼為魚秧。等項，魚瓴、魚盆、鐵篦、蟲兜等物，飛禽、鳴鳥、百靈、皂花、畫眉、黃雀、角藍、鵪鶉、貓、犬之類，諸樣絲網、鵪鶉哨子、明籠、竹籠、滾籠、串袋等物。

至六府角，往西，六府角，即今城隍[二八〇]前街南口，正對半截街，即其地。染房，永寧王[二八一]府。即今按察司署，國朝順治元年，就府基建大道宮，乾隆時，復改為按察司署，移大道宮於南。再西，有皮局，今仍舊名。硝熟各樣皮張，俱回回居住，有禮拜寺。向南，牆上有姜太公廟；往北，饗堂門口，今仍名饗堂街。有宋國公馮勝祠[二八二]，西是陳鄉宦宅，再西，是魁星樓。

自府城隍廟迤西，是縣城隍廟，舊在城南奉神岡[二八三]，萬曆四十年，始移建城內。西鄰濟瀆廟。再西，是楊家胡同。即楊時寧家。《邑志》有傳。有向南小觀音堂，西岡讀上聲。上房俱是私科賃住。

口西，有修補角燈[二八四]小鋪。再西，有靜一打銀店，專一打龍鳳、花草、山水、人物，瓮嵌纍絲，乾帖真金，管化十成。迤西，是楊宅[二八五]，原任三邊總鎮，三賜玉帶。再西，是上洛府角。向南，上洛王[二八六]府 即今城隍廟西街，今街以西，猶名洛府街，俗訛為羅府街。西是順慶王[二八七]府，後改為安鄉王[二八八]府，北通大爪隅頭。今西門內，關廟西牌坊前十字口。

路西，"城市丹邱"乃上洛府山莊，其中山景非凡，猶如仙山，雅趣異常。文墨詩贊更多，纂書一部，二册，名曰《好我篇》。路東，是宏文書院。上洛府西，仁義胡同在今西門內，向南，仍舊名。南口，往西數步，折而[二八九]南，即弓箭胡同，今其地猶名弓箭街。燒酒胡同南口，西抵大城，南通夷山郡止。

宏文書院南，魁星樓；西，朝南是縣學宮即宋雲老寺故址，見明劉昌《修學宮碑記》。內有天順六年重修學宮碑，提學道劉昌[二九〇]撰[二九一]；又有嘉靖三十七年重修碑，巡撫章焕[二九二]撰。碑俱[二九三]無存。南有印池、石橋，四面皆水，有泮池、石欄杆、殿宇、廊廡，與府學宮同。學署前，有接骨龐家，安牙骨、上胯骨，跌打損傷，藥到病痊，只此一家。西是縣學西角，北通小爪隅頭。在今西門內，仁義胡同北口。南通席店街。今仍舊名。

又，丁家角在今按察司署西，仍舊名。往南，馬軍橋，東通靜安街。今仍舊名。南是大道宮角，大道宮鐵鐘。明正德己巳年鑄，今尚存。往東，是呂御史街，今誤傳爲玉石街。街中，南小巷，有海潮庵；路北，是三官廟。西頭路南，有關帝廟，廟後是河波。往西，路北，是提學道署。西鄰勅賜大道宮，內有《關帝畫像贊碑》[二九四]，左國璣撰並書；背面，張平山畫真武像，亦左國璣題贊，嘉靖癸巳劉佩立石。碑移在今館驛街關廟。三月三日大會，北直、山東朝武當[二九五]，此爲第一宫。修醮、打齋，香火不斷。西是許真君祠、八蠟廟[二九六]，兩傍俱是篦子鋪，做毛竹篦子馳名，進香者多在此買篦子。正西，朝東，是洪山廟。今名洪山廟街。廟後墙迤南，大井南，有靈官廟。城根一帶，婦人俱鎖雲頭，做各樣名鞋。宮前俱糊金銀、打絨線、賣紙馬、吃食，大小生意不斷。三官廟左近，抵河波。方圓[二九七]人家，俱做布韉、紡線、結殼兒、捏狄髻，其大街小巷，不記其數，俱是小生意。

再自大街，貢院迤西，此西門大街。內鄉王[二九八]府，是上十王[二九九]府。有四門，九釘九帶。門前是廚役市[三〇〇]，凡有酒席，來此招顧。西是安昌王[三〇一]府，今爲安昌府街。有各樣鋪面、小機布店、染房、漂白粉房，做餹火，打銀罐；西鄰京山王[三〇二]府，府前通是六陳行，賣買日夕不斷。

關王廟前菜市，肉菜俱全。往南，酒飯店、紙紮匠、陰陽局、當鋪、上洛府角；西，小爪隅頭[三〇三]；南，仁義胡同，弓箭胡同，臨門大小生意，擁擠不動。官廳南，打造盔甲、什物、槍刀、劍戟諸樣兵械。南，夷山郡，直抵西門止。

又，自西角樓往北，東是蕭墻，至西華門[三〇四]，有汗巾，齊家香鋪，各品沈檀、素香，各省馳名；閻儀賓府，王戚、內相外宅[三〇五]，和尚心燈，香鋪，千佛堂。北是西華門，貿易不亞大隅首。買辦妝盒進上，皆在此。爲東華門不開，西華門熱鬧。北是八府園、五道街：第一道有觀音堂、關王廟、北頭淨土庵、鹽神廟，東通後宰門，盡是鹽地[三〇六]；第二道街內，是機房，所織花素生繡、烏綾包頭、秋羅、長絹、護領等貨，有三皇廟一座；迤西三街，都有廟宇，大小生意，亦有皮局，回子居住，有禮拜寺。西鄰玉陽觀[三〇七]，即楊六郎[三〇八]宅址。再西，是五瘟廟，廟西水坑內有古鐘，僅露鐘鈕，掘之不能出，俗傳爲楊府聚將鐘。西鄰孝嚴寺，宋太尉楊業故宅。業死節朔方，其子彥昭，請改建爲寺，追薦其父，太宗賜名爲"孝嚴寺"[三〇九]。內有《萬曆乙丑年重修碑記》[三一〇]，周藩國王[三一一]撰，許時中書。道光二十一年，黃河圍汴，因拋磚護城，毀碎，幸未投之於水，近僧人復用石灰粘合爲一。寺前俱是醋作房，各樣醬菜發行。西抵石井河，河西城墻。

大街小巷，王府、鄉紳牌坊，魚鱗相次。滿城街市，不可計數，勢若兩京。

[注釋]

〔一〕賈儀賓胡同：今稱徐府坑街，東西走向，東通北書店街，西通中山路北段。

〔二〕曲江王：弘治二年（一四八九）封周惠王庶十一子安葉爲曲江王，共傳四世四王。

〔三〕單鳳巷：現已無該巷遺蹟。地在今龍亭區醫院南。

〔四〕奶奶廟：孔憲易注："今徐府街小學分校校址。"其時小學低年級在該處上課，高年級在山陝甘會館內上課。二十世紀八十年代末，小學搬離會館，兩處合併，走徐府街門。二十一世紀初，徐府街小學撤銷，其地賣給立洋學校，奶奶廟故址即該校北部地區。

〔五〕寫真方家畫館：方姓人開設的畫像館。寫真即畫像。關漢卿《山神廟裴度還帶》："我記着先生這個模樣，請個良工，寫像傳真，侍奉終日，燒香供養先生也。"

〔六〕汗巾：亦曰汗巾子，即褲腰帶。

〔七〕茶葉胡同：即今徐府街西部路北，原開封地委招待所西側的八府倉街。該街南起徐府街，北通徐府坑街，西南東北走向。

〔八〕徐府：明代周定王第二女蘭陽郡主及儀賓徐茂先的府第。徐茂先是中山王徐達之後，明末黃水入城，府第毀。清初，其址爲山陝商人購得，建成會館。清末，甘肅商人加入。今之山陝甘會館爲全國重點文物保護單位。

〔九〕大山貨店街：即今三民胡同北口以西至北書店街南口，南書店街北口至徐府街一段。清代統稱爲徐府街，今仍舊名。大山貨店街已成歷史街名。

〔一〇〕喬三府胡同：今山陝甘會館東側，立洋外國語藝術幼兒園西側之小巷，現屬徐府街。

〔一一〕傾銷：專門熔化碎、整金銀，使其成爲金、銀錠或元寶等的手工業鋪。也從事由整變爲碎的業務。

〔一二〕黑墨胡同：今仍稱黑墨胡同，是一多口巷，它南通徐府街，東通北書店街，北通徐府坑街。

〔一三〕華亭王府：正德十四年（一五一九），封周恭王庶四子勤煃爲華亭王，嘉靖三十一年（一五五二）薨，謚榮安；嘉靖三十四年，榮安嫡長子朝垣襲封，萬曆二十四年（一五九六）薨；王朝垣庶長子，萬曆十二年封長子，二十七年襲封，天啓六年（一六二六）薨；王庶長子肅溥，萬曆三十年封長子，四十年卒。

〔一四〕大店街角：清時，該街已分別稱北書店街、南書店街。常注："即今南書店街北口。"不妥。應爲北書店街南口，南書店街北口。

〔一五〕草三亭：地名。又名鳳凰巷。傳說曹操曾在此歇馬，蓋了三座草亭，故有曹三亭或草三亭之名。又由於該街南、北兩口互不對照，中間有一很大轉彎空間較大，形似一隻鳳凰（兩端爲首尾，中部爲腹），故又名鳳凰巷。今稱三民胡同。北通徐府街，南通寺後街。二〇〇二年，因建鼓樓新天地商業區，該胡同北部及路東大部分房屋被拆除，變爲停車場和樓房，幸好路西清真寺尚存。

〔一六〕輔：寫夢盦本作"捕"，誤。

〔一七〕三街六市：孔憲易注云："此處傳抄時恐有奪誤。應'向南，有竹貨、漆店、奇異菜蔬、飯店、皮鮓、素麵店、羊肉車、雞、鴨、鵝（店），三街六市，密稠不斷，直至大隅首'，文始通妥。"

〔一八〕大隅首：今中山路與省府前街、寺後街交會處，清以後稱行宮角至今。

〔一九〕響糖：紅白事、年節所用之糖供。有人物、鳥獸、果類等，數品爲一桌，論桌出售。

〔二〇〕是：省圖本、三怡堂本無，據寫夢盦本補。

〔二一〕房：文中"房""坊"不分，爲保持原貌，不改。

〔二二〕禮拜寺：此指回民之清真寺。

〔二三〕大緞店三座：綢緞在明代屬高檔商品，文中多處出現緞店，且較集中，反映出開封購買力的旺盛、經濟的繁榮。

〔二四〕小山貨店：清代以後稱山貨店街。街北口通徐府街，南口通寺後街，街中部路東，明代有醋張家胡同與南書店街通（清代不通）。開封第一樓小籠包子鋪即開張於該街南部路東。二〇〇二年開始拆遷，建爲鼓樓新天地，現已無此街。

〔二五〕拆：三怡堂本作"折"，誤。

〔二六〕馬道街：宋代爲大相國寺的組成部分，北宋以後與寺院分離，逐漸成爲街道。該街一直是開封重要的商業街，一九四九年前有同豐百貨公司（今北口路東人民百貨大樓處）、元隆綢緞莊、王麻子刀剪鋪、義豐厚綢緞莊、太和大藥房等店鋪。

〔二七〕臨清：州名，元爲臨清縣，屬濮州。明洪武二年（一三六九）七月，改屬東昌府，徙治臨清閘。宣德四年（一四二九），置鈔關於此。景泰元年（一四五〇），又於閘東北三里築城，又徙治於此，即今之山東臨清。弘治二年（一四八九），升爲州，領縣二：邱縣、館陶縣（二縣今屬河北省）。會通河在城南，有衛河自西來匯，至天津入海，爲北運河。臨清水陸交通便利，工商業發達，是明代北方的一座重要城市。

〔二八〕折：三怡堂本作"拆"，誤。

〔二九〕鐵佛寺：在今相國寺東，馬道街中部路東之鐵佛寺街路北，即北宋時大相國寺的慧林禪院。因禪院大殿內供奉一尊大鐵佛，故百姓稱其爲鐵佛寺。明末河患，寺毀。清代時，在其舊址上復建。民國初年，尚存大殿及五間東配殿。大殿高約七米，內供一尊高約六米的鐵佛，佛頭幾近殿頂，兩側供多尊銅佛（高尺許）。馮玉祥主豫時，廢寺逐僧，鐵佛被毀，殿房充公。

〔三〇〕西羢貨：羢，同絨。指羢毛，也指毛織物，是一種織物名。宋西羢貨，指當時陝、甘一帶的絨貨。

〔三一〕麵店：原作"麯店"，抄本作"曲店"，批注稱"曲店或是麵店"。據改。

〔三二〕清唱：演唱時，或無伴奏，或僅配以簫管，或配以弦索，樂器少而簡，適合在清唱局、酒店等公共場合演出，也可供來往客商及家庭堂會演出，既方便、快捷，又省財。

〔三三〕藥鋪：孔憲易本於此前補"往南"二字。

〔三四〕總聖庵：在今縣後街西口北，中山路路東。

〔三五〕火燒、燒餅：今開封極爲普通的食品，二者製作方法不同，所用烤爐也不同。明代做法不知與今同否。

〔三六〕飯食：孔憲易本作"飲食"。

〔三七〕縣角：即今自由路西段，大紙坊街與中山路交會的十字街口處，時開封縣署在今自由路西段路北，距十字街口不遠處。現開封百姓仍稱該處爲縣角。

〔三八〕州橋：位於今中山路中段三毛時代廣場前（原開封市皮鞋廠門前）。"唐建中年間，節度使李勉建，以在州之南門，故名。"（明成化《河南總志》）唐代稱汴州橋，簡稱州橋；五代時，稱汴橋；北宋易名升平橋，又稱迎真橋，因時人將汴河比作天河，故天聖初又易名天漢橋，亦名御橋；金代名天津橋，又稱周橋；明代曰州橋。宋代在州橋南街東頭曾建明月樓，供人憑眺。因該橋正對大内御街，故橋面低平，不能過舟船。明代變棚梁式爲拱券式，以利通航。"州橋明月"爲汴京八景之一。明末黄水入城，橋遭破壞。一九八四年八月，在市政建設施工中發現了州橋，經初步考察與《東京夢華録》所述不盡相符，可見金、元、明時期均有所改建。

〔三九〕金龍四大王廟：金龍四大王姓謝名緒，排行四，浙江會稽人。元軍南侵時，他避居錢塘安溪。南宋亡，憤而投江。據傳朱元璋在一次與元軍的作戰中，元軍水師沿黄河急流而下，朱元璋形勢危急，突見空中一神人，披甲執鞭，驅濤逐浪，元軍水師全軍覆没。事後，朱元璋經過查訪印證，認定神人乃謝緒。建國後特下詔封謝緒爲"金龍四大王"，爲黄河諸河神中之主祀。金龍（山）是謝緒的葬地，廟已無。

〔四〇〕官醫生在此調理病症，有嘉靖三十九年施藥亭：孔憲易本脱此十九字。

〔四一〕周炙：字易夫，號衍齋。明四川宜賓人，嘉靖甲辰（一五四四）進士，曾任開封知府。

〔四二〕李濂（一四八八—一五六六）：字川父。明河南祥符（今開封市）人。正德八年（一五一三）河南鄉試第一，次年甲戌中進士。歷官沔陽知州、寧波同知、山西按察司僉事等職，嘉靖間免歸。居里四十餘年，以古文名於時。一生著述頗豐，計有《汴京遺蹟志》二十四卷，《祥符文獻志》十七卷，《汴京句異志》八卷，《嵩渚集》一百卷、續集外集若干卷，《祥符鄉賢傳》，《朱仙鎮岳廟集》十二卷、附録一卷，《觀政集》一卷，《醫史》十卷，《李氏居室記》等。濂，原作"謙"，形訛。

〔四三〕汴梁八景：又稱汴京八勝、開封八景。它的出現估計在金、元時，首見於明代著作。汴梁八景，就今所見記載，有下列數種説法。一據明成化《河南總志》卷四所載爲：黄河春漲、大隗秋容、沁巴合流、滎孟通津、齊晉盟臺、楚漢戰壘、隋堤霜柳、宋宮煙花。由內容看，此八景似不專指開封一城而言。二據明前期周憲王朱有燉《誠齋新録》所載爲：艮岳晴雲、大河春浪、開寶晨鐘、夷山夕照、金梁曉月、資聖薰風、百岡冬雪、吹臺秋雨。三據李濂《汴京遺蹟志》卷十三《雜志》所載有二説：其一爲鐵塔行雲、金池過雨、州橋明月、大河濤聲、繁臺春曉、汴水秋風、隋堤煙柳、相國霜鐘；其二爲艮岳春雲、夷山夕照、金梁曉月、資聖薰風、百岡冬雪、吹臺秋雨、宴臺瑞靄、牧苑新晴。四據清乾隆《祥符縣志》所載爲：繁臺春色、隋堤煙柳、鐵塔行雲、金池夜雨、汴水秋聲、州橋明月、相國霜鐘、梁園雪霽。此外，清末、民國時期還流傳有：鐵塔行雲、繁塔春色、龍亭遠眺、禹臺碑林、相國古寺、周橋明月、蕭墻夜雨、鼓樓鐘聲八景。可見，開封八景隨着時間的推移、社會的發展多有變化，此與開封自然、人文景觀的變遷有着密切的關係。

〔四四〕《東京考》：即《宋東京考》，隋周城著。

〔四五〕天漢橋：省圖本、三怡堂本均作"大漢橋"，誤。又《宋東京考》原文爲："明月樓在城內天漢橋。"

〔四六〕六陳：米、大麥、小麥、大豆、小豆、芝麻都可以久藏，所以稱六陳。舊時的糧食行也叫六陳鋪。

〔四七〕原武王府：第一代原武王朱子墲是周簡王有爝庶三子，正統六年（一四四一）始封。傳七世七王。

〔四八〕原封祥符王：祥符王，朱有爝，周定王庶四子，永樂初封祥符王。因兄皆無子，遵循有嫡立嫡、無嫡立長及兄終弟及等王位繼承制原則，正統四年進封祥符王爲周王，郡封例不襲。此處"原封祥符王"，與所述內容不連貫，恐文字有缺佚。

〔四九〕周藩缺嗣，取原武兄襲封，後以其弟改封爲原武王：朱子堅，周簡王庶二子，初封通許王，天順元年（一四五七）進封周王，循例郡爵不再襲。簡王庶三子子墲，正統六年（一四四一）始封原武王，成化八年（一四七二）薨，諡安懿。可知《如夢録》所述有不當之處。其一，原武次兄子堅由通許郡王進封周王，作"進封"較妥；其二，子墲正統六年封原武王，事在其次兄通許王子堅進封周王前，更何況子墲也未始封"××王"，而後改封原武王。故"後以其弟改封爲原武王"

一説不妥。

〔五〇〕舞旋：古代的一種技藝，爲一種表現個人較高技藝的表演形式。文中"舞旋"與"大戲"並列，可見舞旋的獨立性。

〔五一〕尺：清代裁衣尺三十五點五厘米，一量地尺三十四點五厘米，一營造尺三十二厘米。

〔五二〕梓潼廟：禮梓潼神的廟。張亞子或云張亞、張堊、張堊子，對母親極爲孝順，在晉朝做官，不幸戰死。死後，百姓給他立了一座廟，最初被當作雷神祭祀，以後逐漸成了梓橦（四川省梓潼縣）地方的重要神——梓潼神。由於唐朝帝王的大力推崇，梓潼神的地位大大提高，從一個地方神而成爲全國的大神。唐宋時，屢封爲英顯王。元仁宗封梓潼神爲"輔文開化文昌司禄宏仁帝君"，官稱"文昌帝君"。在一些地方的文昌祠中，在主神文昌帝君的兩側，常塑二童子像，一爲天聾，一爲地啞。

〔五三〕曹忭：字子誠，別號紀山，明江陵人。嘉靖進士。著有《翰林集》。

〔五四〕高仲嗣：明祥符人。嘉靖五年進士，官廣西知府。

〔五五〕五龍宮：孔憲易注云："即卧龍宫，開街時已拆除，在今無綫電二廠附近。後其地改爲卧龍宫街，北伐後改爲務農工街，今仍舊名。"二十一世紀初舊城改造，工廠已無，該處已新建樓宇，舊蹟難尋。現該地段爲解放路的一段。

〔五六〕宋藝祖：指宋代開國皇帝趙匡胤。"藝祖"語出《書·堯典》，指堯的太廟。後世用以指開國皇帝。

〔五七〕瑞金王：朱勤焕，周恭王睦㰒嫡七子，嘉靖二年（一五二三）始封瑞金王，三十二年薨，謚榮簡。

〔五八〕鎮平王：朱有爌，周定王庶八子，永樂初始封鎮平王，成化七年（一四七一）薨，謚恭靖，共傳四世四王。

〔五九〕西亭：周王府鎮國中尉朱睦㮮（一五一八—一五八六），字灌甫，號西亭、東坡居士。周定王六世孫，爲鎮平王諸孫。嘉靖十年（一五三一）封鎮國中尉，築萬卷樓，讀書其中。萬曆五年（一五七七），以文行卓異爲周藩宗正，領宗學。著有《陂上集》《中州人物志》《忠臣烈女傳》《中州文獻志》《五經稽疑》《周國世系表》《開封郡志》等書。

〔六〇〕宗正：官名。明初，中央設宗人府，府設宗人令一人，左、右宗正各一人，左、右宗人各一人，並正一品，以親王領之。秦王爲令，晉王、燕王爲左、右宗正，周王、楚王爲左、右宗人。"掌皇九族之屬籍，以時修其玉牒，書宗室子女嫡庶、名封、嗣襲、生卒、婚嫁、謚葬之事。"（《明史》）永樂後制設實缺，所領亦盡移禮部。萬曆間，周府設宗正一人，掌王室宗族事務。

〔六一〕崑崙公：名安河，奉國將軍。

〔六二〕萬曆：諸本作"萬歷"，避諱改字，以下尚有多處，不再出校。

〔六三〕勤美：周府宗正，編有《王國典禮》等。

〔六四〕芙：三怡堂本作"羹"，寫夢盦本、底本、孔憲易本均作"芙"，清劉喜海藏抄本《授經圖義例》，署"勤羹跋"，日本東洋文庫藏《授經圖義例》明刻本殘卷，跋署"子勤芙撰"，文淵閣四庫本《授經圖義例》，提要注"案，芙字原本誤作羹，今改正"。羹爲芙羹字異體。

〔六五〕《授經圖》：即《授經圖義例》，明朱睦㮮撰。

〔六六〕機房：以機械織絲、棉、毛等織物的手工作坊。此機房可織包頭、素縑、首帕、裱綾、畫絹、羅底等。由書中屢見機房，説明當時開封機織手工業的發達和商業的繁盛。由於機房生產的品種較多，技藝較高，使得機户家庭成員無法勝任所有的工作，僱傭專業機工成爲必然。"計日授值"也好，"計工給資"也好，機工與機户的關係出現了新的變化。而機户對機工所生產的產品質量要求也更加嚴格，對機工勞動時間的控制也更爲苛刻，勞動強度也有所增強。明代中後期（《如夢錄》主要描述的時間），開封出現了機房，特別是西華門外還有一條"機房"街——第二道街，説明中原地區此時也出現了資本主義萌芽。

〔六七〕各樣南北果：諸本同。孔憲易本作"各樣南北鮮果"，加一"鮮"字。

〔六八〕張皇親家牌坊：光緒《祥符縣志》載："奉世榮坊，爲張國紀立，在舊大隅首西。"此曰："上書'倡義捐輸'四字。"是兩坊還是一坊，待考。

〔六九〕偶戲飛綫：偶戲，即今之木偶戲。中國木偶戲傳説出於漢代，唐宋時期已很發達，當時多稱爲傀儡戲。《東京夢華録·京瓦伎藝》載："杖頭傀儡任小三，每日五更頭回小雜劇，差晚看不及矣。懸絲傀儡張金綫，李外寧藥發傀儡。"此所謂"懸絲傀儡"，一般認爲即提綫木偶。"偶戲飛綫"即提綫木偶所用之吊綫。

元雜劇《西遊記·村姑演説》中就有："那的喚做甚傀儡，黑墨綫兒提着紅白粉兒，妝着人樣東西。"

〔七〇〕雨傘：寫夢盦本脱"傘"。

〔七一〕鞍轡鋪：出售鞍轡的商店。也有的有作坊（前店後作）。"鞍"，底本作"安"，據他本改。

〔七二〕梭：寫夢盦本作"榎"。

〔七三〕周府：原作"周店"，孔憲易注稱"店字疑爲府字之刻誤"，抄本正作"周府"，據改。

〔七四〕狄髻布：狄，寫夢盦本及以後諸本均作"扺"，抄本作"鬏"。孔憲易注："扺係狄之刻誤。亦作髻，後文有狄髻。乃婦人之束髮冠，用此布製成。富貴人家用金銀絲編成。汴中四十年前仍存此物，外用黑色稀布，内實馬尾，又名狄狄、假殻，女子成人後方戴。"孔憲易注中"亦作髻"當爲"亦作鬏"之誤。

〔七五〕箍桶：古代多用木桶盛水等，箍桶這一環節極爲重要。陳鐸《滑稽餘韻·紅繡鞋·箍桶》："新板片刮削成器，舊規模絣輳相宜，勝桔橰抱甕灌春畦，盛水漿無滲漏，檐斤兩不疎失，虧俺圈兒箍定你！"書中指箍桶店。

〔七六〕館驛街：今仍舊名。位於市區中部，東西走向，東口在中山路，西口通勝利街。開封市教育幼兒園在西部路北，其址原爲館驛街小學。

〔七七〕奉新王：朱睦㮮，周悼王庶六子，正德六年（一五一一）始封奉新王，嘉靖十五年（一五三六）薨，謚榮憲。

〔七八〕馬鳴王廟：抄本"鳴"作"明"。裴雋注稱："馬明王，應作鳴。"

〔七九〕大梁驛：在今館驛街西部路北教育幼兒園東。唐爲上源驛，後晉天福五年（九四〇）九月改爲都亭驛，明爲大梁驛。又，宋繼郊《東京志略》引《明詩綜》卷十六程本立《巽隱集·使浙江發大梁水驛》："蔡河雪消春水生，使者發舡將遠行。得遇鄉里雖慰意，却念妻子難爲情。草埋金谷樓前路，潮打錢塘江上城。南北登臨統懷古，舡中有酒且須傾。"按曰："大梁水驛，未詳所在。或者明初蔡河未塞，沿河有水驛耶。"此水驛恐非城内之大梁驛。北宋都亭驛也不在館驛街。

〔八〇〕李師師：宋東京（今河南開封）人。本姓王，染局匠之女，四歲時父卒，遂入娼籍李家。日後成爲名妓，色藝雙絶，慷慨有俠名，號"飛將軍"。徽宗微行，屢至其家。徽宗禪位後,她曾獻資助餉抗金,並乞爲女冠。傳奇小説《李師師外傳》説她於開封淪陷後,在宴席上怒斥張邦昌,以金簪刺喉而卒。而子翬《汴京紀事》則説:"輦轂繁華事堪傷,師師垂老過湖湘。"事見《貴耳集》《浩然齋雅談》《汴都平康記》《宣和遺事》諸書。

〔八一〕李世德:明祥符人。嘉靖四年(一五二五)舉人,官主事。

〔八二〕小紙坊街:今仍名小紙坊街。東西走向,東口通中山路。

〔八三〕浦江王:朱安泾,周惠王周鐮庶二十四子,弘治十六年(一五〇三)始封浦江王,嘉靖六年(一五二七)薨,謚懷隱。

〔八四〕寧鄉王:朱恭樣,周端王肅溱庶九子,萬曆四十七年(一六一九)始封寧鄉王。

〔八五〕封邱府角:今封吉府街及其周邊地段已成爲朱雀苑的一部分或爲其他建築。封邱府角,當爲原封吉府街東口地段。

〔八六〕封邱王:朱有熅,周定王朱橚庶十一子,宣德二年(一四二七)始封。共傳六世六王。

〔八七〕封邱:孔憲易本在"封邱"後加"王"。

〔八八〕拆:三怡堂本作"折",誤。

〔八九〕曹履吉:字元甫,明當塗人。萬曆進士,官河南提學僉事。著有《博望山集》。

〔九〇〕稱病不去拜:寫夢盦本作"稱病去不拜"。

〔九一〕脊:寫夢盦本作"眷",誤。

〔九二〕老鴰扇子:一種用羽毛製成的扇子。中間有一横木板,綴羽毛於其上。因製作粗糙,所用羽毛多爲黑色,故名。

〔九三〕商城王:朱勤烒,周恭王睦橞庶九子,嘉靖三年(一五二四)始封。共傳三世三王。

〔九四〕熊家胡同:熊爵家居此。爵,字獻子。明祥符人。正德十六年(一五二一)進士,曾爲周府長史。著有《平真外史》《熊乾州集》。二十一世紀初城市改造,已無此胡同,其地歸人民醫院。

〔九五〕小弔:抄本作"小弟",裴雋注:"應是小弔。""弟"爲"弔"字形訛。

〔九六〕大店街：明代大店街即今之北書店南部和南書店街。而當時則將今北書店街北部（今徐府坑街東口以南，杏花園街西口以北）稱鏇匠胡同。

〔九七〕秋露白酒：孔憲易注云："周亮工《因樹屋書影》云：汴中以中牟之梨花春爲第一，邑中張未一、邊道見兩家，及予姻王昆良使君皆善釀此。味淡、色清，品在惠泉上，視汴之秋露白不止有仙凡隔。"

〔九八〕綿油：孔憲易本作"棉油"，較妥。

〔九九〕定：諸本同，定通"錠"，《爾雅·釋器》："斫劚謂之定。"

〔一〇〇〕大緑獨行：言其爲獨行生意。

〔一〇一〕醋張家胡同：明代小山貨店街（後名山貨店街）路東胡同，直通大店街（後名南書店街）。後來變爲單口胡同，位於南書店街路西，稱醬醋胡同。二十一世紀初，建鼓樓新天地，山貨店街、醬醋胡同消失。

〔一〇二〕老鴰宅：孔憲易注曰："疑爲用陰陽巫覡之術，療治各種病症者。"

〔一〇三〕臨汝王：朱子埄，周簡王有燫庶十三子，天順三年（一四五九）始封。共傳四世四王。

〔一〇四〕眼科：諸本同，疑有脱誤。

〔一〇五〕紅河沿：今名作洪河沿街。位於市區中部，是條多口街（東口一、西口一、南口二），街道曲折分支較多。

〔一〇六〕板：三怡堂本作"木"，其他諸本均作"板"。

〔一〇七〕劉鄉宦住宅：劉昌宅。今南劉府胡同亦爲劉昌府第所在，胡同南口舊有"四世宮保"牌坊。

〔一〇八〕高家住宅：兵科給事中高節住宅。

〔一〇九〕東十字口：三怡堂本作"東十街口"；拆，諸本作"折"，誤。寫夢盦本作"拆"。

〔一一〇〕廣東人事：孔憲易注曰："俗名角先生，乃淫器，人事，指房事。《金瓶梅詞話》作'景東人事'。按，景東乃緬甸之孟良。《六十種曲》中有記云：'景東人事八寸長。'亦指此。"孔説欠全面。《儒林外史》第二十五回寫道："他自己收拾行李衣服，又買了幾件南京的人事——頭繩、肥皂之類，帶與衙門裏各位管家。"可見，"人事"是指可以當作禮品贈送人的某些日用生活品等，當時也可能包括"淫器",並非專指某一物品。

〔一一一〕許贊（一四七三—一五四八）：字廷美，號松皋。明陝州靈寶（今河南靈寶）人。弘治進士，授大名府推官，以善辯疑案著名。嘉靖中累官至吏部尚書、文淵閣大學士。政事秉承嚴嵩，加少傅。後因忤帝意，革職閒住。著有《五經臆說》《三曹奏議》《松皋集》等。

〔一一二〕許進：許贊之父。成化進士，官至兵部尚書。爲官清正，明人話本、筆記中多述其吏績。著有《平番始末》諸書。

〔一一三〕俺答香：明文震亨《長物志》作"唵叭香"，即龍涎香，源自阿拉伯語。

〔一一四〕外夷：寫夢盦本作"外邑"。

〔一一五〕壁：諸本作"璧"，孔憲易本作"壁"，是。

〔一一六〕如：抄本作"若"，寫夢盦本作"茹"，當爲"若"之形訛。

〔一一七〕扁食：中國傳統食品之一種，又名餃子，有的地方稱爲小包，明宮中稱作水點心等。

〔一一八〕奪魁：孔憲易注云："疑是今之鍋魁。"

〔一一九〕皿：三怡堂本作"血"，形訛。

〔一二〇〕鐵鞋幌：幌子，爲舊時商店門外表明所賣商品的標志，以吸引路人之關注。此指鞋鋪門外擺放的鐵製鞋樣子。今開封仍存有此風。

〔一二一〕三鑲卓履：諸本同。孔憲易注云："卓字疑是皂字之誤。"是。

〔一二二〕檀鞋：孔憲易注云："檀疑爲氈字之誤。"是。抄本批注稱："檀，疑是氈之訛。"氈，同氈。

〔一二三〕葛羯子：孔憲易注云："疑爲綽號，羯子，即口吃。如今日的趙麻子剪刀店，亦似取義。"

〔一二四〕麯：三怡堂本作"麵"，形訛。

〔一二五〕扶乩：民間一種迷信活動。扶，指扶起架子。乩，謂卜以問疑。

〔一二六〕再自鐘樓東往南：該街南北走向，曾名機神廟街，後改稱勝利街，今爲勝利市場所在，主要經營蔬菜、生熟肉、禽蛋、日用雜貨及熟食等。

〔一二七〕豬肉湯：今開封城內牛肉湯、羊肉湯飯館、攤點隨處可見，唯獨無豬肉湯館。此種飲食退出市場不知在什麼時間，原因是什麼，今南方百姓家中仍喜歡喝猪排骨肉湯。

〔一二八〕香鋪：經營香的商店。中國的香，歷史久遠，其種類也繁多，如按形態特徵劃分，固態香品就有線香、簽香、盤香、印香、塔香、香錐、香丸、瓣香等等。

〔一二九〕合香：按原料的品種數量劃分，香品可分爲單品香、合香。合香是以多種香料配製的香品。

〔一三〇〕天主堂：開封天主教堂始建於天啓、崇禎間，爲費樂德在汴之時，地址在半截街南頭。

〔一三一〕劉猛將軍：《祥符縣志》謂"乃元指揮劉承忠"。《續河南通志》謂："乃宋名將劉錡之弟劉銳。"而《清嘉錄》引《怡庵雜錄》《王鏊姑蘇志》《常熟志》皆以爲劉武穆錡。又引爲宋端平間劉銳，死元難。開封劉猛將軍廟所祀何人，待考。

〔一三二〕田文鏡（一六六二—一七三二）：清奉天人。初隸正藍旗，後抬入正黃旗。康熙二十二年（一六八三）以監生任長樂縣丞，五十六年官內閣侍讀學士。雍正二年（一七二四）授河南巡撫，實施攤丁入畝，推行耗羨歸公，整飭河工及漕政，嚴行保甲，吏治嚴厲，被清世宗稱爲"巡撫中第一人"。六年，特晉河南、山東總督，尋加太子太保。八年，兼北河總督。十年，復以病乞休，允之。旋卒。諡端肅，命河南省城立專祠。著有《撫豫宣化錄》，與李衛合纂《欽頒州縣事宜》。

〔一三三〕于少保祠：一作于謙祠。大約在成化以後，開封爲其建祠。"舊在城東北數里南神岡"，曰庇民祠。後又於"省城西南隅馬軍衙橋西復立一祠以便香火，蓋即公巡撫時公廨舊址也，汴人呼爲少保祠云"。（《汴京遺蹟志》）"經始于成化丁未春二月，僅五閱月告成。中爲屋六楹，肖公像其內，左右翼兩廂楹各如之，前竪中門、大門各四楹，周繚崇墉，扁仍舊曰'庇民之祠'，從民意也。"（胡謐《庇民祠記》）明末大水，祠毀。清代又建於今西棚板街路南。

〔一三四〕馬軍橋：抄本作"馬金橋"。

〔一三五〕延慶觀：前稱重陽觀，是道教全真派創始人王喆傳道與逝世的地方。金代南京（今河南開封市）歸元後，全真教徒受丘處機遺命，到開封主持重陽觀，並興工擴建，歷時近三十年。元世祖賜名"朝元宮"。元末，朝元宮毀於兵燹。明洪武六年（一三七三），恢復道觀，更名延慶觀。与北京的白雲觀同享盛名，現爲全國重點文物保護單位、開封市重要旅遊景區。

〔一三六〕張三丰：元明之際人。遼東懿州（治今遼寧阜新東北）人，一説陝西寶鷄人。名全一，又名君寶，號玄玄子、元元子等，明太祖賜號三丰。著有《三丰全集》。曾寓開封延慶觀。

〔一三七〕王惟儉：明祥符（今開封市）人。萬曆三十三年（一六〇五）進士。歷官兵部職方主事，坐事削籍。光宗立，入朝，累官工部右侍郎，魏忠賢黨劾之，落職閑住。惟儉資敏嗜學，肆力經史百家，好書畫古玩，天啓間與董其昌並稱博物君子。

〔一三八〕廠房：糧倉。此廠房"棋盤蓋造，六十間，俱是九檁，中有曬穀場"，可見其規模及設計之科學、合理。

〔一三九〕孟子遊梁祠：相傳宋代於西南隅修建。經過兵燹水火，到了明代，孟子遊梁祠已殘破不堪，面目全非。萬曆三十一年（一六〇三），河南巡撫方大美在宋孟子遊梁祠舊址上重建新祠，並創辦了一所書院。大殿六楹，中祀孟子，左右侍立萬章、公孫丑諸弟子，殿北建講堂六楹，題額爲"性善"，東西各建齋舍十八間。崇禎末年，祠被黄水淹没。清順治十二年（一六五五），開封知府朱之瑶將遊梁祠移建在新府學明倫堂之後,名遊梁書院。康熙二十八年（一六八九），河南巡撫閻興邦將遊梁書院改爲名撫祠，又在府文廟北、貢院東守道街之西（今遊梁祠街）重新修建了遊梁祠和書院。"重門通道，堂廡巍然"，規模大體與明祠相仿。康熙三十三年，康熙帝御書"昌明仁義"匾額，並懸置正殿。乾隆四年（一七三九），又增新正殿五楹，以及房舍、門宇、坊表、墙垣等。三十四年，河南巡撫阿思哈又重修。道光二十一年（一八四一）黄水圍城，祠與書院漸廢。同治十三年（一八七四），巡撫錢鼎於祠東鄰重建書院。民國時，改爲縣立師範學校。新中國建立後，曾爲中共河南省委招待所，後爲鼓樓鋼窗廠。現後院存有康熙二十八年、嘉慶年間碑各一通，一九八二年建碑樓加以保護。

〔一四〇〕邵陵王：朱安瀾，周惠王同鑣庶十九子，弘治十年（一四九七）始封。共傳五世四王。

〔一四一〕鄭繼元：名燿，字繼元。開封名醫鄭鎰之孫，鄭河（號星源）之子。

〔一四二〕封：明鄭燿之子，號大野。崇禎七年（一六三四）進士，官廣西巡按，永曆時卒於任。

〔一四三〕安吉王：朱勤烷，周恭王睦㰒庶十三子，嘉靖十三年（一五三四）始封。共傳三世三王。

〔一四四〕走京李家：李，諸印本作"字"，抄本作"李"，是。本章另一處記"南是柘城王宗舉、走京李家"可證。

〔一四五〕藥家姓彭：孔憲易注稱"疑有脱誤"，抄本後有"彭祖後"三字。

〔一四六〕東角樓：周王府蕭墻西角有樓各一。東角樓應在今南京巷南口路西與東大街交會處。因東大街拓寬，南京巷路西改建，故應在今巷口東南。又：常茂徠注作"今南京巷北口"，誤，應爲南口。

〔一四七〕李工河：寫夢盦本、底本均作"李工河"，考慮下文有"李二河宅"（抄本亦同），疑"李工河"本"李二河"之誤，三怡堂本又以"工河"難解，倒而作"河工"。

〔一四八〕堵陽王：朱同鈇，周懿王子埅庶六子，成化十年（一四七四）始封。共傳六世四王。

〔一四九〕令：寫夢盦本作"今"，誤。

〔一五〇〕安吉王：應爲安吉莊憲王勤烷。

〔一五一〕會長：周府無會長王。誤。

〔一五二〕㔷羅：抄本作"楷榴"，均爲借字，當作"笞籮"。

〔一五三〕會王：明代郡王均爲兩字，此有闕佚。周府有東會王、新會王。此應是其中之一。

〔一五四〕汝寧王：朱勤然，周恭王睦㰒嫡十四子，嘉靖十四年（一五三五）始封。共傳三世三王。

〔一五五〕仁和王：《明史·諸王表》無。《明史·諸王一》載有："九月，賊決河灌城，城圮。恭枵從後山登城樓，率宮妃及寧鄉、安鄉、永壽、仁和諸王露棲雨中數日。"可知周府確有仁和王。詳情待考。

〔一五六〕短工市：由這一城内人力市場可知，當時開封臨時工的需求可觀，短工的報酬應是"計日授值"或"以工論酬"，其人身也是自由的，中國資本主義萌芽在明代開封也是有所表露的。

〔一五七〕遂寧王：朱在鈺，周莊王朝堈庶四子，嘉靖三十七年（一五五八）始封。共傳二世二王。

〔一五八〕魯陽王：朱同鈮，周懿王子垔庶四子，成化三年（一四六七）始封。共傳七世五王。

〔一五九〕會吉王：周王一支，未曾有人封爲會吉王。常茂徠注：會吉"疑當作會稽"。是。會稽王朱安㴋，惠王同鑣庶二十三子，弘治十六年（一五〇三）始封。共傳四世四王。

〔一六〇〕酒烙：温酒的器具。亦稱"酒川""酒溜子"。圓錐形，上大下尖，置酒於中，然後插入熱水中，使酒升温後飲用。一般爲銅、錫製。

〔一六一〕艾文所藥局：開封猶太人後裔艾文所開設之藥店。陳垣《開封一賜樂業教考》有此人。

〔一六二〕彰德王：朱勤焞，周恭王睦㮮庶十五子，嘉靖二十一年（一五四二）始封。共傳三世二王。

〔一六三〕宗學：明代學校名目之一，爲宗室子弟而設。《明史·選舉志一》："宗學之設，世子、長子、衆子、將軍、中尉未弱冠者俱與焉。其師，於王府長史、紀善、伴讀、教授等官擇學行優長除授。萬曆中，定宗室子十歲以上，俱入宗學。若宗子衆多，分置數師，或於宗室中推舉一人爲宗正，領其事。令學生誦習《皇明祖訓》《孝順事實》《爲善陰騭》諸書，而《四書》《五經》《通鑑》《性理》亦相兼誦讀。尋復增宗副二人。子弟入學者，每歲就提學官考試，衣冠一如生員。已復令一體鄉試，許得中式。其後宗學寖多，頗有致身兩榜、起家翰林者。"

〔一六四〕雙龍巷：今仍舊名。其東口接内環路，西口與北興街北口、右司官口街南口相連，隔街與文廟街東口相通。路南有南劉府胡同北口、白衣閣街北口和侯家胡同北口；路北有北劉府胡同南口、聚奎巷南口。相傳北宋建國前趙匡胤、趙光義曾居住該巷，二人日後登極爲帝。因是"真龍天子"居地，故名。

〔一六五〕轆轤灣：非今東棚板街北、延壽寺街南之轆轤灣街。

〔一六六〕疏：諸本同，孔憲易改作"蔬"，非是。疏，古同"蔬"。

〔一六七〕三官廟：三官廟所供奉的神明是三位一體，即天官、地官、水官，合稱三官或三元。三官信仰大概源於原始宗教對天、地、水的自然崇拜。在道教中，三官也是非常顯要的神明。對於三官的來歷，説法不一：或謂三官原是周幽王的三位諫臣唐宏、葛雍、周武，死後成神，爲三官；或曰龍王的三個公主同時看上了美男子陳子檮，一起做了他的夫人，並各生一子，後來三個兒子被封爲三官大帝。道書上又説，元始天尊分別在正月十五日（上元）、七月十五日（中元）和十月十五日（下元）各吐出一嬰兒，他們長大後就是堯、舜、禹，因三人有天大之功，成爲"萬世君師"，後被稱爲三官大帝。三官大帝生於三元日，又稱三元大帝。由於三官的功能是：天官賜福、地官救罪、水官解厄，與人們的福禍榮辱關係密切，故備受歡迎。天官賜福，民間常與員外郎（表官祿）、南極仙翁（表長壽）一起合稱福祿壽三星。

〔一六八〕火神廟：中國的火神有祝融、炎帝、回祿（吳回）和閼伯。《漢書·五行志上》："帝嚳則有祝融，堯時則有閼伯，民賴其德，死則以爲火祖，配祭火星。"《左傳·昭公十八年》："郊人助祝史除於國北，禳火於玄冥、回祿，祈於四鄘。"注："玄冥，水神；回祿，火神。"疏："吳回爲祝融，或云回祿即吳回也。"火神塑像一般爲紅臉，三隻眼（兩眉中間上方一豎眼）。

〔一六九〕遭水波：孔憲易本"波"作"沖"，"遭水沖"三字誤排爲夾注。

〔一七〇〕周府香火院：疑即今之古觀音寺（俗呼爲白衣閣）。今寺院規模擴大，開闢北大門，上仍懸"古觀音寺"匾額。

〔一七一〕把門：孔憲易本作"把守"。

〔一七二〕付：孔憲易本作"副"。

〔一七三〕鐵塔寺：北齊文宣帝高洋天保十年（五五九），在今鐵塔一帶創建獨居寺。唐開元十七年（七二九），玄宗李隆基東封泰山歸來，途經汴州，遂改名爲封禪寺。宋太祖趙匡胤開寶三年（九七〇），又改爲名開寶寺。北宋末年，開寶寺毀於兵燹。金代重修寺院時，改名爲光教寺。元代稱上方寺。明代改名爲祐國寺。清代改名爲大延壽甘露寺。寺内有鐵塔一座，故俗稱爲鐵塔寺。該塔的前身是一座木塔，八角十三層，高三百六十尺，是爲供奉佛舍利而建，始於宋太宗太平興國七年（九八二），竣工於端拱二年（九八九），負責建造這座木塔的是北宋有名的建築大師喻浩。歐陽修《歸田録》載："塔初成，望之不正，而勢傾西北，人怪而問之。浩曰：'京師地平無山，而多西北風，吹之不百年，當正也。'"可見喻浩設計之精密。因塔建在開寶寺福勝院，故賜名福勝塔。據傳，大中祥符六年（一〇一三），因塔頂放光，又被賜名靈感塔。這座華美絕倫的高大佛塔，於慶曆四年（一〇四四）被雷火焚毁，僅存世五十六年。皇祐元年（一〇四九），仁宗下詔重建開寶寺塔。重建時，塔址從福勝院移到上方院内，塔名仍稱靈感塔，亦稱上方寺塔。針對木塔易於失火和不耐風雨侵蝕的缺陷，新塔設計出各種仿木塔結構的琉璃構件，這樣既保持了木塔精巧秀麗的造型，又避免了易燃易腐的缺陷。塔外表的琉璃磚顔色似鐵，又距黄河較近，"金爲水之母"，取子不犯母的意思，故名鐵塔。清道光二十一年（一八四一），黄河水圍城，寺院的殿宇、齋舍、圍墻、碑石都拆毁護城，以後便没有再建。二十世紀末二十一世紀初，爲發展旅游，在鐵塔公園内又建起了多個寺院。

〔一七四〕四面門：孔憲易本作"四角門"。

〔一七五〕俞浩：各書具名有異，或作喻浩、喻皓、預浩等，宋浙江寧波人。宋代傑出的建築師。著有《木經》三卷。

〔一七六〕郭忠恕：字恕先，宋洛陽人，初仕周，入宋授國子監簿。著有《漢簡佩觿》。

〔一七七〕東書堂：第一代周王朱橚所建之書齋。其子憲王朱有燉常在此讀書、寫作，曾編刻有《東書堂法帖》諸書。

〔一七八〕金：三怡堂本作"今"。明李濂《汴京遺蹟志》記惠安寺元末時已毁，據此可知，"今"字誤。

〔一七九〕惠安寺：始建年月不詳，在上方寺西南，金稱惠安寺，因寺内有黄塔故址，俗名破塔寺。元末毁於兵燹。

〔一八〇〕三清觀：在安遠門内東南，其地在北宋爲延福宮，到元時毁成平坡，觀始創未詳。永樂三年（一四〇五）重建，天順五年（一四六一）淪於水，成化十四年（一四七八）重修。李濂説："余少遊是觀，見壁上有李獻吉詩云：'二十年前走馬地，三清臺殿肅清高。重來無限春風思，不似劉郎爲看桃。'"可知明代三清觀之名重。

〔一八一〕延福宮：北宋徽宗政和三年（一一一三）春，新作於大内北拱辰門外。因後苑西南舊有延福宮，故北曰新延福宮。元時毁成平坡，明改爲三清觀，風景已不再有。

〔一八二〕後宰門：周王府外城，即蕭墻之北門。

〔一八三〕焚修：焚香禮拜之義。

〔一八四〕張國紀：字憲章。明永城人，一説祥符（今開封市）人。熹宗皇后之父，封太康伯。

〔一八五〕吳炳：字彥輝，元代祥符（今開封市）人，隱士，工篆書，曾爲《玄明十子圖》寫傳。

〔一八六〕重修：孔憲易本作"重建"。

〔一八七〕潁川王：朱子墟，周簡王有燐庶九子，天順元年（一四五七）始封，共傳七世五王。

〔一八八〕應城王：朱睦桱，周悼王庶四子，正德六年（一五一一）始封，共傳五世五王。

〔一八九〕沈邱府：孔憲易本作"沈邱王府"。

〔一九〇〕沈邱王：朱同鏺，周懿王子堃庶二子，成化元年（一四六五）始封。

〔一九一〕五府街：訛爲五福街。今河道街第一人民醫院東之魚市口街，在明代稱五府街，且往北穿過今杏花園街直到東大街（今魚市口街與東大街不直通，其北口止於杏花園）。孔憲易先生聽一老銅匠説，光緒年間，今魚市口街北段稱五福街。但據《光緒二十四年繪祥符縣城圖》，今魚市口街北段當時仍稱魚市口街，南段爲五福街。

〔一九二〕汝陽王：朱有熼，周定王朱橚庶七子，永樂（一四〇三—一四二四）初始封，共傳七世七王。

〔一九三〕打：底本作"拍"，抄本作"打"。是，據改。

〔一九四〕柘城：寫夢盦本作"拓城"，形訛。

〔一九五〕李家：孔憲易本作"李京"，誤。

〔一九六〕五虎：一般民衆認爲五虎爲關羽、張飛、趙雲、馬超、黃忠五員大將。此處爲張飛、黃忠、趙雲、馬超、姜維。以姜維換關羽，與前説不同。估計是關羽已爲王，其他人已不可與之相比，且此廟爲關王廟，已在大殿塑像奉祀，故不與張、黃、趙、馬等同祀。

〔一九七〕柘城王：朱勤烁，嘉靖九年（一五三〇）始封，共傳四世三王。

〔一九八〕宴公：傳說人物，名晏戊子，臨江府靖江鎮人，本江西地方神仙，明代流行全國，與龍王類似，和曾任陳州知州的晏殊並非一人。宴，同晏。

〔一九九〕胙城王：胙城王朱有熽，周定王朱橚庶十四子，宣德二年（一四二七）始封，共傳七世七王。

〔二〇〇〕遂平王：遂平王朱有熲，周定王朱橚庶十子，宣德元年（一四二六）始封，共傳十世十王。

〔二〇一〕崇岡：孔憲易注："崇岡乃朱朝壇之號。"明宗室，祥符人。

〔二〇二〕《東京考》：即《宋東京考》。

〔二〇三〕挑筋教禮拜寺：禮拜寺現已無存。挑筋教即猶太教在中國的俗稱。據《舊約·創世紀》說，猶太人的祖先雅各（又名以色列）曾與天使摔跤取勝，但被天使傷其腿筋，教人爲紀念其祖先，凡食牛羊肉皆挑去筋。猶太教亦稱一賜樂業教。"一賜樂業"爲傳說中雅各的別名，"以色列"的另譯。其習俗與回教有相同之處，因其戴青色小帽，開封人又稱其爲青帽回回，以與戴白帽的回族人區別。該寺建於南宋孝宗隆興元年（金大定三年，一一六三），地址在今南、北教經胡同間，今開封市中醫院後部。寺建成後，在元至元十六年（一二七九），明永樂十九年（一四二一）、正統十年（一四四五）、天順五年（一四六一）、成化（一四六五—一四八七）年間、弘治二年（一四八九）、正德七年（一五一二）均有修葺。萬曆（一五七三—一六二〇）年間遭火。崇禎十五年（一六四二）又被水淹。清康熙二年（一六六三）至十八年進行了重修。至清代晚期，寺漸廢圮，部分教民將寺內磚瓦、木料拆下出賣。新中國成立後，在該處建立醫院。康熙六十一年（一七二二）法籍神甫多孟胥（孟正氣）來汴，曾繪該寺全圖。

〔二〇四〕義寧王：朱安㳦，周惠王同鑣庶四子，弘治二年（一四八九）始封，共傳五世四王。

〔二〇五〕塌房：亦稱塌坊。宋明以來城市中租給客商存放貨物的堆棧，從堆垛物衍化而來。塌房一詞在耐得翁《都城紀勝》一書中已出現。明初，在南京三山門外臨水處官設塌房，供商人存放貨物及六畜。當時，一般經濟發達的大都市都有塌房。

街市紀第六

〔二〇六〕東嶽廟：亦稱天齊廟。廟內供奉的主神爲東嶽大帝，其祖廟即在東嶽——泰山之岱廟。由於泰山神被說成是掌管人類貴賤高下、福祿和生死的大神，所以受到歷代最高統治者的崇拜。唐玄宗封其爲天齊王（意爲功與天齊）。宋真宗時，封其爲仁聖天齊王，後又加封爲東嶽天齊大生仁聖帝，成爲東嶽大帝。東嶽廟中塑仁聖帝、炳靈公、司命君、四丞相像。山東泰山岱廟始建於漢，爲歷代帝王封禪泰山舉行大典之廟，主殿天貺殿聳立於高大的露臺上，殿內有東嶽大帝像。此外，北京朝陽門外東嶽廟（元建）、山西晉城高都鎮東嶽廟（金建）、山西萬榮解店鎮東嶽廟（傳爲唐建）、陝西西安東嶽廟（宋建）等都很著名。

〔二〇七〕聖誕之長：傳說農曆三月二十八日爲東嶽大帝生日，常有盛大廟會活動。

〔二〇八〕崇易主人：孔憲易認爲是周端王朱肅溱，但朱肅溱萬曆十四年五月二十六日冊封周王，碑爲萬曆七年立，故應爲其父朱在鋌。在鋌嘉靖三十一年襲封，萬曆十一年薨。

〔二〇九〕牛恒：明陝西武功人。嘉靖十四年（一五三五）乙未科進士，曾官周府左長史。著有《周藩宮詞》。

〔二一〇〕趙普：字則平，宋幽州薊縣人，後遷河南洛陽。五代後周時爲趙匡胤幕僚，任掌書記，曾參與策劃"陳橋兵變"。入宋，以佐命功授右諫議大夫，充樞密直學士。建隆三年（九六二）任樞密使，檢校太保。乾德二年（九六四）代范質爲宰相。太宗時，兩次爲相。淳化三年（九九二）因病辭職，封魏國公，死後追封真定王，真宗時改韓王，諡忠獻。

〔二一一〕小山：明宗室朱睦㮮父。

〔二一二〕旌叔得仙，水遁而出：旌叔，姓許，傳爲道家人物。光緒《祥符縣志》和《開封府志》對其事有載。據稱，其性好飲酒，身多癩，晝乞於市，夜臥東嶽廟廊廡。一夕，見二鬼役掃地，云："有仙來拜。"俄而仙至，如畫中八仙像，嶽神盛飾出迎。許氏牽一仙衣，一仙與一卷。後歸家，晝出夜入，擁呼如王者像。父怪之，且恐禍及，用醇酒醉之，以石擊之，殮而葬。棺出門漸輕，開視之，止存敝帚戴氈帽，覆白衣，屍無存矣。

〔二一三〕河道角東街：孔憲易本作"河道街東角，東街"，衍"街東"二字。

〔二一四〕來：三怡堂本作"居"。

〔二一五〕河陰王：朱子墭，周簡王有爝庶五子。正統六年（一四四一）始封，共傳六世六王。

〔二一六〕萊陽王：朱安㵼，周惠王同鑣庶二十子，弘治十年（一四九七）始封，共傳五世五王。

〔二一七〕店：諸本皆同，按所述應爲今南土街，"店"應删去。

〔二一八〕南：三怡堂本作"西"，誤。

〔二一九〕張平山：名路，以字行。明祥符人。擅畫。

〔二二〇〕三井胡同：即今三眼井街。位於今鼓樓街西部路北，與路南鵓鴿市街北斜對。入街南口一直北走，達文殊寺南墻，向西約三十米即是文殊寺街。三眼井街東口往西舊有一井，井上石板有三孔供汲水。

〔二二一〕博平王：朱安㵵，周惠王同鑣庶十三子，弘治二年（一四八九）始封，共傳六世六王。

〔二二二〕富樂院：明代開封屬於周王管轄的妓院區。明代分封諸王，並賜樂人二十七户。這些人大抵爲官妓，也爲藩王舉辦的宴會及某些活動進行歌舞、音樂演出。

〔二二三〕圓：孔憲易本作"園"，當爲偶誤。

〔二二四〕白眉神：古代中國三百六十行，行行有神靈，正如紀昀《閱微草堂筆記》卷四所説："百工技藝，各祠一神爲祖。"白眉神便是妓女們歷代相傳的祖師爺、行業神。《萬曆野獲編》記白眉神的形象曰："長髯偉貌，騎馬持刀，與關像略肖，但眉白而眼赤。"《金歲時紀》説："六月十一日爲妓寮祀老郎神之期。或云，神爲管仲，蓋女閭三百之所由來也。"可知南京的娼妓神廟稱老郎廟。還有一種説法是：白眉神即春秋時的柳下跖。民國時期，開封城內一等妓女集中區第四巷內南側有一座妓業供奉祖師爺管仲的小廟，俗叫燕侯祠。

〔二二五〕猜枚：一作猜拳。酒席間的一種遊戲。唐詩中有"城頭擊鼓傳花枝，席上搏拳握松子"，可知酒席上猜枚爲戲很久遠。其法是將小果品如松子、瓜子、蓮子或黑白棋子等果粒及物品握手中，供人猜單雙、枚數或顏色等，凡三射而决勝負，中者勝，負者罰飲酒。

〔二二六〕賠嫁：抄本作"陪送"。

〔二二七〕艾虎：舊俗，端午節用艾作虎，或剪綵爲虎，粘艾葉以戴之，可以辟邪。

〔二二八〕府學宮：係金貞祐廟學之舊址。

〔二二九〕杆：寫夢盦本作"捍"，誤。

〔二三〇〕十哲：孔廟中將孔子的門徒顏淵、閔子騫、冉伯牛、仲弓、宰我、子貢、冉有、季路、子游、子夏十人列侍於孔子側，稱爲十哲，後顏淵配享，升補曾參；曾參配享，升補子張。

〔二三一〕七十二賢：《史記·孔子世家》："孔子以詩書禮樂教，弟子蓋三千焉，身通六藝者七十有二人。"故世間有孔子三千多弟子、七十二賢人之語。

〔二三二〕啓聖祠：祠孔子父叔梁紇。

〔二三三〕敬一亭：在明代開封府學宮明倫堂後，亭內有于謙撰碑記。

〔二三四〕門斗：官學中的僕役。

〔二三五〕宋殘石經碑：指北宋石經殘石。北宋石經，亦稱嘉祐石經。慶曆元年（一〇四一）開始刊刻，嘉祐六年（一〇六一）完成。所刻爲《周易》《詩經》《尚書》《周禮》《禮記》《春秋》《孝經》《論語》《孟子》九種儒家經典。由趙克繼、楊南仲、張次立、胡恢等書法家書寫。石經用楷篆二種文字刻成，故亦稱"二字石經"，以區別於漢熹平的"一字石經"和魏正始的"三字石經"。"二字石經"已毀佚，僅存部分拓片。中華人民共和國成立前後，曾在開封市發現石經殘石數塊，爲《孝經》《周易》《尚書》《禮記》等部分內容。

〔二三六〕儀封王：朱在鑾，周莊王朝堈庶一子，嘉靖三十年（一五五一）始封，共傳三世三王。

〔二三七〕爲盜李鄉宦事發回鳳陽：《明史》卷二百四十二《程紹傳》："天啓四年，歷右副都御史，巡撫河南。宗室居儀封者，爲盜竄。紹列上其狀，廢徙高牆。"

〔二三八〕都任（一五八〇—一六四三）：字弘若（常茂徠注曰"任字紅落"，可能是避清諱）。祥符人。萬曆四十一年（一六一三）進士。任性剛嚴，多忤物，數遭謫徙。後任右布政使兼副使，飭榆林兵備。一六四三年，李自成軍陷榆林，被執，不屈，死。《明史》有傳。

〔二三九〕鄢陵王：朱子壓，周簡王有燸庶四子，正統六年（一四四一）始封，共傳八世七王。

〔二四〇〕朱亥：戰國時魏大梁人。以屠爲業，有勇力。秦圍趙都邯鄲，魏遣晉鄙率兵救趙，因懼秦兵，不敢進。信陵君欲救趙，以計竊得兵符，但恐晉鄙不肯受代，侯生薦亥偕行。至軍，鄙疑有詐，亥使鐵椎擊殺鄙，奪其軍，遂解邯鄲之圍。

〔二四一〕朱之藩：字元介，號蘭嵎。金陵人。一作字元升，茌平人。萬曆二十三年（一五九五）乙未科進士第一。官至吏部侍郎。工書畫。著有《奉使朝鮮稿》《南還紀勝》等。《明史》作朱之蕃。

〔二四二〕孟男：即張孟男，字元嗣。中牟人。嘉靖四十四年（一五六五）乙丑科進士。官尚寶丞。姑爲高拱妻，孟男自公事外無私語，拱憾之，四歲不遷。張居正用事，擢太僕少卿，復不附。官至南京户部尚書。開封第五巷南口有張尚書宅。

〔二四三〕民表：即張民表（一五七〇—一六四二），字林宗，又字法幢，一字塞庵、武仲，自稱旃然漁隱，又號蕊淵道人。張孟男子。中牟人。萬曆十九年（一五九一）辛卯科舉人。任俠好客，藏書數萬卷，皆手自點定。善草書，醉後方書，人多難求。

〔二四四〕寺橋：即相國寺橋。位於相國寺東角前汴河上，與宋代相國寺橋類似。

〔二四五〕六畝三分大：底本、寫夢盦本、三怡堂本均作"大六畝三分"，抄本作"六畝三分大"，據改。

〔二四六〕不花丞相：熊伯履《相國寺考》曰："按《佩文齋傳》内所載元代書家，列有月魯不花、不花、別兒怯不花、康里不花等數人，就中惟別兒怯不花據《元史》本傳、《書畫譜》書至正年間拜中書左丞相，進右丞相。《書史會要》又載其善大字。所謂不花丞相，疑即指別兒怯不花而言。"孔憲易稱："疑爲至正間任河南行省左丞相之太不花。"

〔二四七〕積：寫夢盦本作"績"，誤。

〔二四八〕相國霜鐘：汴梁八景之一。相國寺原有鐘、鼓二樓，鐘樓内懸掛大鐘一口，據載，每日凌晨，寺僧即鳴鐘，人們聞聲而起，分別開始一天的工作，無論風雨霜雪，酷暑嚴寒，從不間斷。特別在菊黃霜落的日子，雄渾洪亮的鐘聲，在清冷寂靜的城市上空回蕩，更給人們以異樣的感受。相國寺的晨鐘也起到了報時的作用。清人張淑載《題相國霜鐘》詩："鐵鳳觚棱勢翼然，老僧蚤起喚枯禪；鐘聲也似寒山寺，月落烏啼霜滿天。"今寺內鐘、鼓二樓非明代建築，但寺內存有明清大鐘。

〔二四九〕某：抄本作"季寓庸"，諸印本均略其姓名，當爲常氏所隱去。順治《祥符縣志》卷三載："季寓庸，泰興人，進士。（天啓）五年任。"

〔二五〇〕中州三傑：三怡堂本脫"中州三"，據其他諸本補。

〔二五一〕一面：三怡堂本脫。

〔二五二〕綠：三怡堂本脫。

〔二五三〕首：三怡堂本脫。

〔二五四〕前：三怡堂本脫。

〔二五五〕峒文：三怡堂本脫。

〔二五六〕天涯：三怡堂本脫。

〔二五七〕無價：三怡堂本脫。

〔二五八〕康熙間，相國寺災……中原一寶也：此段文字三怡堂本均脫。

〔二五九〕《重修相國寺碑》：碑今無存。北京存碑拓片，開封市博物館有照片。《永樂大典》作《宋白銘》、嘉靖《河南通志》作《宋宋白碑》、順治《河南通志》作《宋宋白崇法寺碑記》、康熙《開封府志》作《宋宋白碑記》、《祥符縣志》作《宋宋白修相國寺碑記》、《弇州山人稿》作《大相國寺碑銘》、《鮚埼亭集題跋》作《宋重修大相國寺碑》。

〔二六〇〕宋問：應爲宋白。宋白，字太素。宋大名人。建隆進士，乾德初試拔萃高等，授著作佐郎，太宗擢爲左拾遺、權知兖州。雍熙（九八四—九八七）中與李昉等共同主持編纂《文苑英華》一千卷。卒謚文安。著有《文安集》等。此處作宋問，誤。抄本記爲王欽若碑記並親筆所書，當另有一碑。

〔二六一〕熗：孔憲易本作"今"。

〔二六二〕周王所建：康熙《開封府志·寺觀》、雍正《河南通志·寺觀》均記載嘉靖三十三年周王府重修並重建資聖閣，此曰："杰閣三間，高四丈。……上坐大慈悲菩薩。西側立楊和夫婦，即俗所謂相老、相婆也。"乃知爲另一建築。

〔二六三〕楊和夫婦：傳說中的相公、相婆。《西遊記》作"相良夫婦"。相國寺藏經樓下，有一對老夫婦的塑像，據說是相公、相婆。傳說，他們曾省吃儉用，購買金銀紙錁，在佛前燒化。唐太宗魂游地府，供其金銀，還陽後欲答謝，不料楊和夫婦已驚嚇自盡，於是敕建寺院，取名相公寺。後朝廷又出錢重修，才改名相國寺。

〔二六四〕卦：寫夢盦本作"掛"，誤。

〔二六五〕僧家：寫夢盦本、省圖本、三怡堂本皆作"僧人"，孔憲易注稱"疑僧舍之刻誤"，抄本作"僧家"，是，據改。

〔二六六〕洗漿：諸印本均作"洗槳"，抄本作"漿洗"，據改。

〔二六七〕保寧王：朱朝堵，周康王勤熄庶三子，嘉靖二十年（一五四一）始封，共傳五世五王。

〔二六八〕湯溪王：朱勤烶，周恭王睦橁嫡六子，嘉靖二十年（一五四一）始封，傳四世四王。

〔二六九〕金：諸本作"全"，誤。孔憲易本作"金"，是。

〔二七〇〕張仙廟：關於張仙有三說：其一，眉山人張遠霄。五代時遊青城山得道，曾有四目老人傳以弓彈，謂能避疫；其二，五代後蜀皇帝孟昶。據說宋太祖趙匡胤滅後蜀，孟昶的愛妃花蕊夫人被送到了東京皇宮。花蕊夫人不忘故主，時時懷念前夫恩愛，就畫了一張孟昶挾弓射獵的畫像掛於卧室。一日，趙匡胤見到此畫，詢問畫中人是誰，花蕊夫人詭稱是蜀中的"送子張仙神"。此事很快傳到民間，求子心切者，紛紛掛起張仙畫像來。畫中張仙身穿華麗的衣服，面如敷粉，唇若塗朱，五綹長鬚，左手張弓，右手持彈，作仰面直射狀。民間附會說：張仙所挾之"彈"，與"誕"同音，暗含"誕生"之意，故而張仙成了護子和送子之神。（見蘇洵《張仙贊》、郎瑛《七修類稿》、陸深《金臺紀聞》）後來兩事混而爲一。其三，越嶲人張惡子。晉末後秦姚萇曾遇於梓潼嶺，於是立廟嶺上。（朱彝尊《曝書亭集·重修張仙祠碑》）各說皆本傳聞。開封張仙廟疑爲一、二說中之一種，或二者之混一。

〔二七一〕如前：孔憲易本在"前"後補"殿"字。

〔二七二〕唐巾：明代讀書人所戴的頭巾，形如幞頭，兩角橢圓，上曲作雲頭形。

〔二七三〕玉：三怡堂本作"王"，誤。

〔二七四〕西角門：孔憲易本前加"二門"。

〔二七五〕疋：三怡堂本作"胥"，誤。

〔二七六〕色：底本作"樣"，其他各本均作"色"，據改。

〔二七七〕卦：寫夢盦本作"掛"，誤。

〔二七八〕篦頭：當時服務行業中之一種，即櫛工，現已不存。

〔二七九〕至：三怡堂本作"到"。

〔二八〇〕城隍：諸本同，孔憲易本作"城隍廟"。

〔二八一〕永寧王：朱有光，永樂（一四〇三—一四二二）始封，共傳八世八王。

〔二八二〕宋國公馮勝祠：馮勝（？—一三九五）初名國勝，後改宗異，洪武三年（一三七〇）大封功臣前後始名勝。定遠人。兄弟三人，國用最長，國勝最幼，二人"皆驍勇饒智略"（《續藏書》），喜讀書，尤通兵法。元末率衆歸朱元璋，極受信任，功勛卓著。大封功臣時，封公者六人，馮勝爲宋國公。馮勝女爲周定王妃，明初，開封城的建設，周王府的建造，均在其主持下進行。洪武二十八年卒。南明弘光時追贈勝特進光祿大夫、左柱國、寧陵王，謚武壯。明代馮勝祠在饗堂門口，明末毁於大水。清初，重建於西門內。中華民國時爲河南省立第九小學校校址。二十一世紀初歸佛寺，寺名普濟寺。"馮勝祠"，底本作"馮勝公祠"，誤。

〔二八三〕奉神岡：在今城西南。距城約四里，名奉聖寺岡，後曰鳳城岡，訛曰封神岡。李濂《汴京遺蹟志》：鳳城岡在城西南三里許，舊有奉聖寺，號奉聖寺岡。後金兵犯汴，毁其寺。金章宗時，有二鳳凰率諸鳥飛於此，人遂稱爲鳳城岡，亦曰鳳凰岡。

〔二八四〕燈：孔憲易本作"釘"，誤。

〔二八五〕楊宅：楊時寧宅。楊時寧，字子安。祥符人。隆慶二年（一五六八）戊辰科進士，曾爲西北巡撫。著有《大同鎮圖說》三卷、《大同分營地方圖》一卷諸書。

〔二八六〕上洛王：朱同鏷，周懿王子埕庶三子，成化三年（一四六七）始封，共傳五世五王。

〔二八七〕順慶王：原作"順發王"。有明一代，周王府共有七十多個郡王，但無順發王。抄本作"順慶王"，是。順慶莊惠王朱朝埴，嘉靖二十年（一五四一）始封。

〔二八八〕安鄉王：《明史·諸王世表》中周府無安鄉王，但《明史·諸王一》有"九月，賊決河灌城，城圮。恭枵從後山登城樓，率宮妃及寧鄉、安鄉、永壽、仁和諸王露棲雨中數日"，可知周府確有安鄉王。

〔二八九〕而：孔憲易本作"向"。

〔二九〇〕劉昌：字欽謨。長洲（一作吳縣）人。正統十年（一四四五）乙丑科進士。曾任河南按察副使，官至廣東參政。爲文贍麗，詩宗盛唐。著有《五臺集》二十卷、《兩鎮邊關圖説》二卷、《蘇州續志》一百卷、《南京詹事府志》二十卷、《中州名賢文表》等。

〔二九一〕撰：孔憲易本此字後衍"文"字。

〔二九二〕章焕：字懋憲，吳縣人。嘉靖進士。嘉靖三十六年（一五五七）四月戊申，由提督撫治鄖陽爲右僉都御史巡撫河南。三十八年四月丙寅升爲右副都御史總督漕運。政事文章，當時推重。

〔二九三〕俱：孔憲易本作"今"。

〔二九四〕《關帝畫像贊碑》：碑今存開封市博物館。贊文云："桓桓將軍，力扶漢皇；志翦吳魏，克還舊邦；昊天不祚，掎角兩方；忠魂直氣，盤搏穹蒼；神道妙應，無微不彰；於今千祀，赫然耿光。嘉靖癸巳秋中川子左國璣書。"

〔二九五〕武當：諸印本均誤作"武擔"，孔憲易本注稱"擔乃當字之刻誤"。抄本作"武當"，據改。

〔二九六〕八蜡廟：蜡，周代祭名。秦漢改稱臘，於每年建亥之月（十二月）農事完畢後舉行的祭祀。

〔二九七〕方圓：孔憲易本作"方園"，誤。

〔二九八〕内鄉王：朱有炯，周定王朱橚庶十三子，宣德二年（一四二七）始封，共傳八世七王。

〔二九九〕上十王：係指周定王諸子。按：周定王共十五子，除嫡一子、庶四子襲親王爵,及嫡二子封汝南王,以罪削爵,庶五子封新安王,以罪削爵,庶十五子早卒,追封固始王不計外,庶三子封順陽王,庶六子封永寧王,庶七子封汝陽王,庶八子封鎮平王,庶九子封宜陽王,庶十子封遂平王,庶十一子封丘王,庶十二子封羅山王,庶十三子封內鄉王,庶十四子封胙城王,共十王,時稱上十王。

〔三〇〇〕廚役市:當時具有廚師技藝的勞動者,爲了出賣勞動力,尋找雇主,在某一固定地點集聚,該處便被稱作"廚役市"。

〔三〇一〕安昌王:朱在鋠,周莊王朝堈嫡三子,嘉靖三十六年(一五五七)始封,共傳二世二王。

〔三〇二〕京山王:朱勤炫,周恭王睦櫤嫡三子,正德十二年(一五一七)始封,共傳五世四王。

〔三〇三〕小爪隅頭:寫夢盦本、三怡堂本作"小隅爪頭",誤。

〔三〇四〕至西華門:孔憲易本作"西至華門",誤。

〔三〇五〕內相外宅:周王府內設承奉司,掌王府諸事,由宦官任職。此指王宮內權勢較大太監的外宅。實爲太監外嬖之住宅。

〔三〇六〕鹽地:孔憲易本作"鹽池",形訛。

〔三〇七〕玉陽觀:即楊六郎宅址。李濂《汴京遺蹟志》:"玉陽觀。有二:一在大梁門內,即楊六郎宅址也;一在城隍廟後近西街北,乃金章宗時汴京之永豐倉也,金季兵毀。元世祖時,盤山棲雲道人王志謹於其處建觀,以居全真道人蛻塵子、陳志寶。元末改爲忠襄王察罕帖木兒祠堂。國朝洪武初,又改爲河南布政司巨盈庫。"此處所指乃其一。

〔三〇八〕楊六郎(九五八——一〇一四):北宋名將楊業第六子。本名延朗,改名延昭,太平興國中以蔭補供奉官。景德二年(一〇〇五)爲高陽關副都部署,官至英州防禦使。爲人沉默寡言,而智勇善戰;領軍號令嚴明,與士兵同甘苦,能身先士卒,而推功於下,故人樂爲用。守邊二十餘年,屢破契丹軍,契丹畏服,呼爲"楊六郎"。

〔三〇九〕孝嚴寺:楊業卒後,其子請改家廟爲寺,以追薦其父。宋太宗嘉其孝意,乃允請,並親題寺額爲"孝嚴"(嚴,對父親的尊稱)。宋金之戰毀於兵燹,直到明朝才重建。清道光二十一年(一八四一)大水圍城,寺遂被拆,用磚石護城。水後又稍加修整，只存孤寺一座，山門前有石獅一對，前院大殿三間，無廊房，後院大殿三間，東西廊房各四間。民國十六年（一九二七）寺被廢。

〔三一〇〕《萬曆乙丑年重修碑記》：萬曆元年爲癸酉，故萬曆四十八年中只有乙亥、乙酉、乙未、乙巳、乙卯，而無乙丑，疑爲己丑，萬曆十七年。

〔三一一〕周藩國王：應爲周端王朱肅溱。萬曆十四年五月二十六日册封爲周王，崇禎八年八月二十四日薨。

關廂紀第七

開封繁塔

（法國漢學家愛德華·沙畹攝，引自《北中國考古圖錄》，1907年）

汴梁五門，五關厢[一]。

麗景門外弔橋下，有過客店、竹竿行、羊毛行、皮店。東有朝西玄帝廟[二]；路南關王廟、社稷壇[三]；北有棗園，古井一眼，味甘且清。關南一帶俱是燒磚瓦窑，做磚瓦、獸頭、鴟尾、勾簷、滴水、獅子、巴磚[四]、琉璃等貨，東至正陽[五]門止。

南薰門外弔橋下，迤南，酒飯店、雜貨、紙張等鋪，過客店，排門挨户，生意不亞城内。東有應城府花園，内有荷花池，池中有亭，園中遊玩之處極多，名人詩贊牌匾無數。往南，路西有周王碗店，乃神垕[六]磁器碗盞，周王按節迎節在此治酒、更衣，即爲行宫。

路東，是校場西轅門，正東朝南演武廳[七]。左有將臺；南有大照壁；東有關王廟；廟後有營房百十餘間；南有千柳園，再南抵土城。

校場東，是國相寺[八]，俗名繁塔[九]寺。其塔最大，一磚一佛。明初拆毀，止遺三層，内空虛如天井，向南大洞内供佛像。前有大殿、兩禪室，僧衆居住。

西有白雲寺[一〇]，又有中山武寧王祠[一一]，祀徐達、常遇春、李善長、沐英、劉基、馮勝、湯和、胡大海、鄧愈、李文忠。

西南是保母墳，周府老死宫人葬此。

塔後，朝北，有玉泉[一二]書院，亦名九仙堂，係分守大梁道王珹[一三]所建。内祀兩程夫子。前有照壁、鹿角、閃墻、大門、甬道、二門、角門，内有大堂、臺榭、橋梁，自高而下，俱立磚爲細磴，勢落山嶺，清幽雅趣。後有高閣，上塑八仙並王公爲九位，故名九仙堂。塔後有井一眼，水極甘潔，名玉泉，故書院以玉泉爲名。

迤東，有古吹臺[一四]，昔師曠[一五]曾在此審音，故名吹臺。舊祀碧霞元君[一六]，呼爲二姑臺。後改祀禹王，爲禹王臺，祀碧霞於禹王宫後。

正德十一年，巡按毛公^(一七)至，謂祭非其鬼，撤去碧霞元君，改祀唐李白、杜甫、高適，爲三賢祠^(一八)，並自撰碑記其事。碑今無存。臺側，有李空同別墅舊址。每遇清明、端陽，城內王孫公子擔榼携酒，在此踏青遊玩，郭外一景也。

20 世紀 80 年代的古吹臺

仁和門外弔橋下，有井一眼，善煮豌豆餡，又有井泉，水味各不同。有棉花市、鮮果行。東有朝西關帝廟，後有琉璃饗堂，是陳留王^(一九)墳，內僧人焚修。東北抵山藥園止。

大梁門外西關，是建隆廂，乃義定坊。有城一座^(二〇)，亦有五門：南曰南門；又有小南門；西曰新鄭門^(二一)，通新鄭，故名。是水門；北曰迎恩門；東門對大梁門。東門內往南，順城小巷；往北是解寨。寨北，舊有萬人坑，因作祟，建小廟鎮之。北俱是菜園。

大街正西，路南是孝義巷，又名社學胡同。南通內官墳，柏樹極多。

每年正月十六日，居人多在此灸樹，謂之灸百病。有井一眼，專煠金子首飾，闔城銀鋪俱來此取水用。大街往西，路北，是竹竿巷，內有三靈侯廟，其神最靈，後俱是菜園。再西是延賢儀館，兩廂挨門俱是生意。五更時鮮菜成堆，擁擠不動，俱有販者來買，燈下交易。城門開時，塞門而進，分街貨賣。街北香燭紙馬、雜貨、糧食、酒肉館鋪，大鹽店數座。

西至丁字街，向南岳王廟；正南雜糧坊子，馬市街，早晨牛驢上市，午間騾馬上市，有過客買賣騾馬大店，顧寫脚力，此處是八省通衢之地。故大店有三五十座，內住妓女無數。兩邊生意挨門逐戶，按院決囚即在此地。

正南，路束石牌坊，東是井兒胡同，西邊盡是居民，內有細樂小優兒居住。東頭朝西奶奶廟，向南大王廟、關王廟，巷內白眉神廟，又，是雜糧坊子。

南是金梁橋[二二]，橋西是宋孟元老[二三]故宅遺址，南通小南門。街西是陝西街，路南是王百川胡同，西鄰養濟院，路北是豆芽胡同。

西，新鄭門外，朝東三娘娘廟，西直通土城止。

又，自丁字街往西，朝東三聖堂[二四]，祀觀音大士、義勇武安王、清源妙道真君[二五]；南有木炭廠；往西，路北是宋家胡同；正西，新大梁驛，西是寶相寺[二六]，俗呼大佛寺，有三清殿，西至土城。

再自三聖堂往北，向南二郎廟[二七]。廟門前，坐東朝西烈女祠三間，可間[二八]供几三張，上安可几長靈牌三架，五分大字書滿一省烈女節婦，春秋勅祭。此祠是隆慶三年巡撫栗公[二九]、巡按楊公[三〇]建，吳道直[三一]撰碑。碑今無存。往北，路西玄帝廟、關王廟，通迎恩門外。

往西，路北是孤魂壇，西是無梁廟、奶奶廟，北是三山坡，乃宋時教軍之場。俗傳下有地道，通城內，遇行兵時從地道出。

往北，俱是葦坡，直抵土城固子門〔三二〕、今其地猶名固門。蠍子門〔三三〕即萬勝門，通萬勝鎮。止。

又，自安遠門外弔橋下，兩廂俱是旅店、騾店。北頭坐北朝南關王廟，最靈。北有大墩，東北是天王寺〔三四〕，亦有僧衆焚修。《大梁野乘》：雲居，天王寺僧也。周定王出獵，僧坐不起，王怒，鞭其面，火出，王異之。歸設齋，遣官往請，僧曰："少候，洗面即行。"頃謂官曰："爲我謝王，我已赴齋矣！"官不信，僧袖出一蒸食爲驗。官報王，王視之，果席中物。再往召，莫知所向，因捐金廣其居。內有洪武二十二年《修□□塔碑》，又有嘉靖十二年《重修藏經閣碑》，左國璣書。道光二十一年，俱没於水。

土城角，有鐵犀〔三五〕一隻，于忠肅公製。犀背有忠肅公銘，在今城外東北鐵犀廟，俗呼爲鐵牛。石碑一通，上鐫"山水"二字，大約四尺，字畫深五寸〔三六〕許，坐南向北，取鎮壓黄河。碑今無存。

鎮河鐵犀（范奐璐攝）

又有各府鄉宦花園、書院，玩賞之處，不能枚舉。大劫已過，今又復興，略有起色，恐後人不知舊京之繁華，故略錄之。

[**注釋**]

〔一〕關廂：城門外大街和附近居民地區。

〔二〕玄帝廟：道教稱真武大帝爲玄天上帝，省稱玄帝。其形象爲披髮黑衣，手持寶劍，足踏龜蛇。衛將執黑旗，兩旁爲金童玉女、水火二將。歷代帝王封其爲真君、帝君、上帝。宋代皇帝因避其祖趙玄朗名諱，改玄帝爲真武。後世也有稱玄帝者。

〔三〕社稷壇：古代帝王、諸侯和州縣祭土神、穀神之所。有社、稷各爲一壇者，亦有合而爲一壇者。

〔四〕巴磚：一種形制較小的方磚，大多爲正方形或接近正方形，規格不一，一般用做鋪室內地面。

〔五〕正陽：他本均作"陽正"。按：正陽門爲北宋大門，《周藩紀第三》亦有提及。

〔六〕神垕：今河南省禹州市神垕鎮。是宋代鈞窰的所在地，今仍生產瓷器。諸印本均作"后"，據抄本改。

〔七〕演武廳：該處今仍稱演武廳，開封高中及周圍商店、民舍的用地，即其故地。

〔八〕國相寺：俗名繁塔寺。寺所在地原爲一自然形成的高臺，因附近多居繁姓人家，故名繁臺。五代後梁開平二年（九〇八），曾一度改名講武臺。後周顯德二年（九五五），建寺於臺上，因在世宗柴榮生日時建成，故顯德四年賜寺名曰天清寺（世宗生日爲天清節），作爲世宗的功德院，北宋太平興國二年（九七七）重修。元末寺毀。洪武十七年（一三八四），僧人在前樓廢址建佛殿，取名國相寺。十九年，就寺的中部天清殿廢址重行修建，仍名天清寺。同年，僧勝安在寺西北白雲閣廢址重建佛殿，取名白雲寺。明代的繁臺上同時存在三個寺院，且屬講僧、禪僧、瑜珈僧三個不同宗派。明季河決，三寺皆圮。清順治六年（一六四七），僧桂山雲遊來汴，見繁塔奇特，發願重修，先募化修建後殿、中殿。康熙七年（一六六八），重修山門等，仍題爲國相寺。民國十六年（一九二七），寺遭毀棄。

〔九〕繁塔：原名興慈塔，又名天清寺塔，俗稱繁塔。創建於北宋開寶七年（九七四），約於淳化元年（九九〇）後竣工。它是一座主要由民間和少數權貴集資修建的塔，爲六角形空心造樓閣式磚木結構。繁塔也是我國佛塔造型由傳統的四角形向更爲複雜的八角形過渡中的六角形佛塔的典型代表。現爲全國重點文物保護單位。

〔一〇〕白雲寺：明洪武十九年（一三八六）僧勝安、圓真在繁臺天清寺西北，即原天清寺白雲閣廢址上重建殿宇佛像，仍名白雲寺。

〔一一〕中山武寧王祠：即徐達祠。徐達（一三三二——一三八五），字天德，濠州（治今安徽鳳陽東北）人。元至正十二年（一三五二）投郭子興軍，從朱元璋取定遠，渡長江，下集慶，在建立大明王朝的過程中屢建戰功。洪武三年（一三七〇），授中書右丞相，封魏國公，爲開國第一功臣。卒後追封中山王，諡武寧。

〔一二〕玉泉：抄本作"玉臺"。

〔一三〕王瑊：明湖廣人。天啓初，由進士陞任開封知府，陞守大梁道。天啓五年（一六二五）以右僉都御史代撫貴州。抄本作王賢。

〔一四〕古吹臺：在開封舊城東南大約三里處，有一個寬闊高大的土臺子，據傳春秋時期，晉國盲人音樂家師曠曾在此吹奏，故而人們便將此臺命名爲吹臺。戰國時期，魏國建都大梁後，惠王曾對吹臺進行了修築。到了漢代，梁孝王劉武曾在這一帶修築梁園（一名梁苑、兔園）。吹臺在晉代曾整修爲二層，臺的左側有方圓十五里的牧澤，俗稱蒲關澤。吹臺環境優美，曾經吸引歷代許多名人來此遊玩。曹魏時的文學家阮籍，唐代詩人李白、杜甫、高適等人均到此。宋人在吹臺上建二姑廟。明成化十八年（一四八二），河南參政吳節在臺上建碧霞元君祠。由於黃河逼近開封，人們想起了治理洪水的大禹，正德年間（一五〇六——一五二一），改碧霞元君祠爲禹廟，吹臺也就稱禹王臺了。臺上古建築，明清兩代屢加修葺。現存有牌坊、御書樓、禹王殿、左右兩祠（三賢祠、水德祠）和御碑亭等建築，以布局嚴謹、小巧玲瓏而著稱。木牌坊創建於乾隆二十七年（一七六二），道光二十九年（一八四九）重建。"古吹臺"三字爲河南巡撫何煟所題。

臺上碑石衆多。現爲公園。

〔一五〕師曠：字子野。春秋時晉國樂師。

〔一六〕碧霞元君：傳說中東嶽大帝的女兒，也稱泰山娘娘，全稱爲天仙聖母碧霞元君。"元君"是道教對女仙的尊稱。一說這位女神滋生萬物，主生，故民間視其爲"送子娘娘"。

〔一七〕毛公（一四八二—一五四五）：字汝厲，號東塘。江西吉水人。正德三年（一五〇八）進士，授紹興府推官，擢御史，巡按福建、河南。嘉靖初，遷大理寺丞，擢右僉都御史，巡撫寧夏。十六年（一五三七）遷工部尚書，次年遷兵部尚書。後忤帝意，奪職歸。穆宗立，復官賜恤。天啓初，追諡襄懋。著有《毛襄懋集》等。

〔一八〕三賢祠：原在禹王殿後，道光十年（一八三〇），移建於禹王殿之東，唐天寶三載（七四四），李白被解除了翰林的職務，東下洛陽，並結交杜甫，二人來汴，又遇高適，三人一見如故，情同手足，同登吹臺，開懷暢飲，談古論今，並留下詩篇。現祠內塑有三人像。

〔一九〕陳留王：明周王府無陳留王。此王詳情待考。

〔二〇〕有城一座：有關明代開封的著作，對該小城很少提及，本書對該小城的情況作了一些介紹，極可貴。

〔二一〕新鄭門：諸印本同，抄本作"新正門"，下同。

〔二二〕金梁橋：宋京汴河上的一座橋，位於太師府橋與西浮橋之間。到了明代，金梁橋仍爲一重要橋梁，且爲汴城人民遊玩之處。周憲王《金梁曉月》詩曰："西關南去是金梁，明月橋頭踏曉光。野店五更雞唱早，通衢千里客途長。"李夢陽《汴中元夕》七絕詩曰："中山孺子倚新妝，鄭女燕姬各擅場；齊唱憲王新樂府，金梁橋外月如霜。""金梁曉月"爲汴京八景之一。後汴河河道淤塞，金梁橋也廢棄。

〔二三〕孟元老：號幽蘭居士，寓居北宋東京，晚年避地江左，著有《東京夢華錄》。其人生平不詳，或爲孟姓貴胄子弟，或爲浪跡京城出上入下書會先生，記錄風土，以使人追憶故都之樂。

〔二四〕三聖堂：位於大梁門外小城丁字街往西，朝東。祀觀音大士、義勇武安王、清源妙道真君。一九七三年該地小學掘地基，挖出三聖堂遺址，出土明弘治十一年（一四九八）碑一通，據碑知三聖堂爲宋都亭西驛舊址。碑存開封市博物館。該堂在道光二十一年（一八四一）爲黄水淹没。

〔二五〕清源妙道真君：談遷《棗林雜俎·二郎山》載："二郎神爲清源妙道真君，即嘉州守趙昱斬蛟者也。"未詳何代所封，古代二郎神爲多人。

〔二六〕寳相寺：在大梁門外，後唐長興元年（九三〇）創建。後晉天福三年（九三八）賜額，内有慈尊閣與彌勒佛大像，俗呼爲大佛寺。寺内又有羅漢洞及羅漢塑像五百尊。"五百羅漢塑像，甚奇古，又噀水石龍鐫刻甚精，皆故宫物也。"（周密《癸辛雜識》）元末爲兵毁。洪武二十年（一三八七），都綱善春因故址重建。今不存。

〔二七〕二郎廟：《汴京遺蹟志》未載城西之二郎廟，而記城南之二郎廟文曰："二郎廟，在城南之奉神岡，即灌口二郎神也。正統十三年戊辰四月，汴旱祈雨有感，祥符知縣米榮，縣丞朱瑾重修殿宇，焕然一新。開封府儒學教授三衢吾用溥撰碣記，今尚存。"城西二郎廟詳情現不可知。

〔二八〕可間：可，方言，滿、充之意。此處"可間"即"滿間"也。

〔二九〕栗公：名永禄，號健齋，今山西長治人。隆慶四年（一五七〇）十月己亥，由提督防護陵寢兵馬都察院右副都御史以原官巡撫河南。本書稱巡撫栗公等隆慶三年建烈女祠。三年，誤。"栗公"，寫夢盦本作"票公"，誤。

〔三〇〕楊公：名茂承，號方湖，隆慶時爲河南巡按。其時與巡撫栗永禄建烈女祠。

〔三一〕吴道直：明北直定州人。進士。隆慶五年（一五七一）正月戊子，由河南布政司左參政升爲河南按察使；十月丁巳升爲河南右布政使；六年九月甲申升爲左布政使；萬曆元年（一五七三）九月庚寅升爲太僕寺卿。隆慶時，建烈女祠，吴道直撰碑。

〔三二〕固子門：一作堌子門。北宋東京新城西墻門之一，在開遠門北，後周時曰肅政門，北宋太平興國四年（九七九）九月改名金耀門，俗名固子門。李濂《汴京遺蹟志》引和維《愚見紀志》曰："汴之外城，門名各有意義。如云鄭門，以其通鄭州也；如云酸棗門，以其通往延津，即舊酸棗縣也。其固子門，未知其義。

近閱《宣和遺事》，内載上清寶籙宫成，浚濠水深三丈，東則景龍門橋，西則天波門橋，二橋之下，壘石爲固，引舟相通，而橋上人物往來不覺。……歐陽公《歸田録》亦云：'飲於固子橋。'然則以壘石爲固而名其橋，因以名其門也。《周禮》：掌固之職，掌修城郭橋渠之固。以爲固所依阻，故曰固。或曰：'固作顧，視也。汴城卧牛之形，北視黄河爲子，而子不敢來害其母。'此臆度之説，無所據。"門現已無存，應在今西郊固門村一帶。

〔三三〕蠍子門：北宋東京新城西墻門之一，在固子門南。太平興國四年（九七九）賜名通遠，天聖（一〇二三——一〇三一）初改名開遠，以期通萬勝鎮，俗稱萬勝門。《續東京夢華録》作蠍兹門。現已無存。

〔三四〕天王寺：在安遠門外，創建年月不可考。洪武二十年（一三八七），僧勝安重建。有"洪武二十二年《修□□塔碑》"，又有"嘉靖十二年（一五三三）《重修藏經閣碑》"，左國璣書，後殿畫壁乃張世禄筆，極奇絶，歲久剥落盡矣。道光二十一年（一八四一）没於水。

〔三五〕鐵犀：正統十一年（一四四六），河南、山西巡撫于謙一面領導修治開封黄河大堤和護城堤，一面順應民間習俗，在河堤鑄了鎮河鐵犀，置於今北郊鐵牛村回龍廟。明末河決，廟毀，犀牛被埋。清順治年間，將鐵犀挖出。康熙三十年（一六九一），巡撫閻興邦重建廟宇，改名鐵犀鎮河廟。清末廟毀犀存。日寇占領開封期間，曾將鐵犀移入府文廟，因村民反對，又送回原處。一九八二年，有關部門修建了四邊各長十二米的正方形須彌座月臺，臺高一米，鐵犀被置於月臺正中高約一米的青石墩上。一九九八年，又修建了鐵犀亭、圍墻、大門，完善了景觀。鐵犀高二點零四米，坐南向北，呈蹲坐姿態，由翻模工藝鑄造而成。獨角朝天，雙目炯炯，兩肢前撐，犀體魁偉，有擒妖縛怪之力，面容端莊，呈永鎮波濤之勢。造型渾厚，神態逼真，威武雄壯。背上鑄有陽文《鎮河鐵犀銘》。

〔三六〕五寸：碑上"字畫深五寸許"於情理不合，五寸恐誤。

小市紀第八

朱仙鎮木版年畫門神

五門所進柴草、灰煤、石炭、木炭、諸色菜疏〔一〕、大小米、綠豆等擔，大小水車、土車、膠泥〔二〕。又，各口有貨郎，賣白布、花素、生縑、青藍布、小機包葛豺羯、氈毯、各色夏布、綿紬、山縑。又有驚閨，二寸餘長方鐵板八片，綴以皮條，手提搖之，聲聯絡作響，所以驚閨中婦女也。驚繡〔三〕、形如小播鼗鼓，賣花線所執者。洗鏡、定剪、磨刀、補鍋、定盤、定碗〔四〕、定秤、張羅、劈柴、鍘草、鞝鞋、拴紮鞍架等，扯絡鞭子。

　　又有炒栗、蜜果、十香茯苓糕、燒雞、鴿雛、皮鮓、雞鮓、瓜子、鹹豆、猪頭熟貨，牛、羊、驢肉車，各色果品，諸樣瓜瓠。

　　上元之時，百般花燈、燈人、元宵。小娃春間來賣諸色野味。穀雨時，賣穀帖。

　　天中〔五〕時，賣天師〔六〕、艾虎、硃砂、雄黄、鮮艾、菖蒲、油徹〔七〕、粽子、百鎖〔八〕、排線〔九〕。

　　五六月，賣老鴰扇、響竹、涼枕、蒲席、各處暑扇、葛巾、西瓜、甜瓜、山藥、蓮藕。

　　中元節〔一○〕，賣燒紙、金銀。

　　中秋節，賣石榴、毛栗、梨、桃各樣鮮果，祭品等物。

　　九月，重陽節，賣菊花花糕〔一一〕。

　　十月朔旦，經盤寒衣〔一二〕。

　　臘月，請竈神〔一三〕，黄錢、弔麻〔一四〕、百事大吉、葫蘆匙兒、門神、對子、青松、石竹、香、蝦蟆、蠟簽、瓦香爐、蠟臺、發麵酵子、綿紙、毛紙、大鹽、小鹽、芥末、薑、蒜、各品乾果、茶食盤餞、綿布手巾、綿線帶子、通草花兒、五彩絨花兒、剪裁零碎、故衣竿子、跨護領箭、綾羅緞絹、頭條牙子、綾紗護領、挽袖、眉柱、焠燈盤、香羊油燭、百草疼痛膏藥。

平時，又有占課、相面、算卦瞎子、女先彈唱、僧道遊食、筆墨書客、遊學，述之不盡。

[注釋]

〔一〕疏：諸本同。"疏"，同"蔬"。

〔二〕膠泥：一種有黏性的黃土，因用於與煤摻合使用，汴人稱之爲煤土，至今仍然。

〔三〕驚繡：即撥浪鼓。往昔遊街貨郎及賣市小販多用其招徠顧客。

〔四〕定盤、定碗：亦稱鋦盤、鋦碗。鋦匠們從事的工作，在當時是一個獨立的手工作業。現已無專業鋦匠。

〔五〕天中：農曆五月五日爲天中節，也稱端午節、端陽節、重五節、重午節等。該節來源，各地說法不一，有說紀念介子推、伍子胥、曹娥等，今多以爲紀念愛國詩人屈原。

〔六〕天師：東漢順帝漢安元年（一四二），張道陵在四川創立五斗米道（入道者須出五斗米，故名）。因教徒尊張道陵爲天師，故又稱天師道。據載，端午日，道士折紅黃紙畫天師像，爲辟惡靈符，分送檀越。吳曼雲《江鄉節物詞》小序說：杭俗，道家於端五送符，必署"天師"二字，以見其神，受者皆以錢米酬。明代開封則直接以商品形式出售。

〔七〕油馓：一種油炸的面食，古稱寒具，也叫環餅，今作柵形，現市中仍有賣者。由此觀之，汴中"麻葉"一詞，恐在清代才有。今柵子、麻葉形狀不同，口感相當。

〔八〕百鎖：孔憲易先生注謂："汴中舊俗，索百家之錢，繩之，戴兒童項前，謂之百家鎖，成人。"有人則認爲應是"百索"，是用百家之五色絲線來編結的索狀飾物，亦名長命縷。亦有人說，"百索"，就是人們繫於頸、手腕、脚脖的用以辟邪的五彩線。五彩線也寄託了人們美好的願望。

〔九〕排線：孔憲易先生注謂："結五色絲線，繫小兒臂，男左女右，謂之長壽線。"

〔一〇〕中元節：道家以農曆七月十五日爲中元節。舊時，道觀於此日作齋醮；僧寺作盂蘭盆齋。民間亦稱爲鬼節。

〔一一〕菊花花糕：開封今已無此食品，該食品是一種黃色糕，是以菊花爲原料之一製作的糕，還是菊花形狀的糕，不得而知。今日開封有名爲"鮮花餅"的食品，是在玫瑰花開花的時節，糕點鋪以其爲原料之一，製作點心，是一種時令食品。

〔一二〕寒衣：農曆十月初一日，汴城民衆曰"十月一"，爲鬼節、燒衣節。是日要爲死者燒紙質衣，曰送寒衣。

〔一三〕請竈神：舊俗，農曆臘月祭竈前後，各家即於商店購買竈神（竈王爺）像於家，曰"請竈神"。全國各地大抵如此，開封也不例外。

〔一四〕弔麻：舊曆春節，北方民家在檐楹插芝麻秸、柏葉等等，謂之弔麻。明代開封亦有此俗，今已無。

試院紀第九

清代雍正年間的貢院大門

周府西角樓西，路北牌⁽一⁾坊一座，上書"貢院"⁽二⁾二字，東、西有過街坊：東坊書"虞門四闢"，西坊書"周俊同登"。大門三間三開，匾曰"開科取士"。門內有搜檢房⁽三⁾，二門東、西兩角門，三門三開，北有木坊，上書"龍門"二字。東、西文場號房三千六百間，後不敷用，每號頭增添板號二間。院中有明遠樓⁽四⁾，四角有瞭望樓。

北是至公堂⁽五⁾，東有皂隸各役房及內供給房，西是厨房，鍋爐不可計數，水池俱是錫鑲。

至公堂後，東是監臨察院，西是提調官廨，後是受卷所⁽六⁾、彌封所⁽七⁾、謄錄所⁽八⁾、對讀所⁽九⁾。

正北是文衡門，聯語云："場列東西，兩道文光直射斗；簾分內外，一毫關節不通風。"大學士楊士奇⁽一〇⁾書。門內俱是經房，後，正、副主考住房，是五星聚處。

每科修葺畢，驗號一遍，有酒席。臨考前一日，先放老軍四千，各認其號。

至日，按院在三門上坐點名，士子入場散題。

次日，辰時放飯，大米飯、細粉湯，竹籮⁽一一⁾盛飯，木桶盛湯。飯旗二面前走，湯飯隨後，自西過東，由至公堂前抬走。正行之際，曉事吏稟老爺抽飯、嘗湯，遂各盛一碗，按院親嘗可用，始令放行。

至月臺下，一旗入西文場，一旗入東文場。至三門，二旗交過，堂上⁽一二⁾一聲梆子響，各飯入號，散與士子食用。次放老軍飯，俱是小米飯、冬瓜湯，一樣散法，按院不復嘗。午間散餅果，向晚散臘燭。

三場⁽一三⁾畢，揭曉。榜張布政司署前，新舉人八十六名⁽一四⁾，齊集府城隍廟，同至貢院前領衣帽，進至公堂簪花披紅，鼓樂送至府學，謁文廟畢，同至布政司二門外東棚下，赴鹿鳴宴⁽一五⁾，高結彩棚，內懸

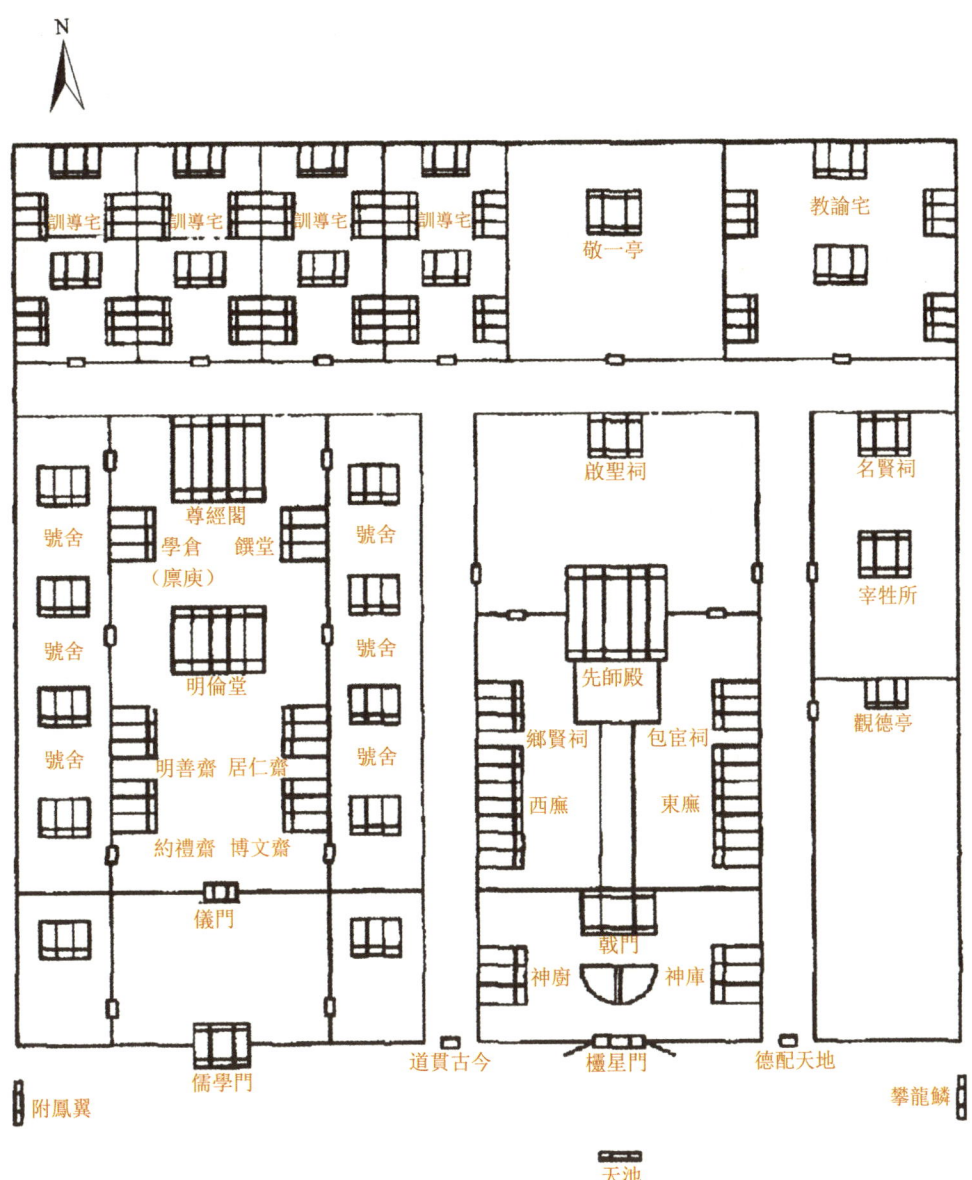

明代開封府學平面格局示意圖

（引自：周瑛《明代開封府、州、縣廟學建築平面與規制探析》，王貴祥主編：《中國建築史論彙刊（第三輯）》，清華大學出版社，2010年，第369—406頁）

現存於河南大學校園內的貢院碑、碑額、碑文

一軸宴圖，依次歸坐。

開宴，正、副主考，按院俱是連十，司道、舉人俱是連五，其餘小官俱是連三。

宴畢，官馬鼓樂彩旗四面，彩樓一座，捷報牌一面，文魁牌一面，紅絹綠邊金字文元軟牌一面，青絹傘一柄，朱紅匣一個，銅鎖，內銀八十兩，杯盤席面，遣人分送至寓所。

衆舉人復約分資送至祥符縣，令代辦酒席，於九月九日齊至鐵塔寺，登高會同年，畢，送主考回京[一六]。

武科[一七]，在都司署前張榜。武舉六十名，取齊，領衣帽，謁武廟，至都司堂行禮，赴鷹揚宴[一八]，席是連三，給銀二十七兩。

文、武兩科，並鹿鳴、鷹揚等宴，共煩四百三十行，總行頭趙世讀，有册可證[一九]。

[注釋]

〔一〕牌：底本、寫夢盦本、孔憲易本作"碑"，誤。抄本及三怡堂本作"牌"。

〔二〕貢院：中國的貢院始置於唐代，爲科舉時代考試貢士的場所。開封是北宋的首都，但在仁宗（一〇二二—一〇六三年在位）以前，禮部還未專門建造貢院，考試時，臨時借用太常寺、國子監或武成王廟爲試場。到徽宗時期，禮部與各州才有了貢院。明初，河南貢院在開封城內的浚儀街，即元朝平章竺貞故宅。後因地方狹隘，難以容納日趨增多的考生，乃於宣宗宣德九年（一四三四）徙城之西南隅，其地雖然較前寬廣，然而地勢卑下，英宗天順六年（一四六二），河溢，貢院遂爲河水瀦。弘治十一年（一四九八）戊午科鄉試前又大加修葺，面目一新，躋身全國貢院前列。到明末，河南貢院已十分壯觀。崇禎十五年（一六四二），黃水入城，一座宏偉的貢院也毀於一旦。清代貢院的形制與明代貢院大同小異。

〔三〕搜檢房：科舉爲掄才大典，是國家選拔官吏的重要途徑，爲防止士子作弊，保證公平、公正，專門設立搜檢房。

〔四〕明遠樓：明清時期貢院的主要建築，居於至公堂的前面，考試時，巡察官應時登樓眺望，居高臨下，監視考場，防止士子作弊。

〔五〕至公堂：明清時期貢院大堂，又名至公樓，"至公"作"極公正"，亦可作"考場"解。此處兩種含義皆有。

〔六〕受卷所：鄉、會試所設機構之一，有專門官吏掌管，受卷後交彌封所。

〔七〕彌封所：鄉、會試所設機構之一。彌封，一稱糊名，是科場防止作弊的措施之一，始於唐代，明代仍沿前制。鄉、會試皆有彌封所，設有專門官吏掌管，先將試卷上的考生姓名、年齡、籍貫三代等內容封閉，然後編成字號，加以鈐記保管。當今各種考試仍用彌封卷。

〔八〕謄錄所：鄉、會試所設機構之一。謄錄是科場防止作弊的措施之一，始於宋代，明代仍沿前制。鄉、會試皆有謄錄所，設專門官吏掌管。考生試卷原用墨筆書寫（稱墨卷），謄錄所人員用紅筆謄寫後（即稱爲朱卷），送對讀所。謄寫遺落、舛誤，治以罪。

〔九〕對讀所：鄉、會試所設機構之一。有專門官吏掌管。考生試卷由紅筆謄錄後，即送對讀所。對讀所人員一人對墨卷，一人對朱卷，對讀無誤，再以朱卷交閱卷官評閱，對讀不清者，治以罪。

〔一〇〕楊士奇（一三六五——一四四四）：名寓，字士奇，號東里，以字行。江西泰和人。幼貧力學，曾在湖廣江夏（今湖北武昌）等地授徒自給。建文初，以王叔薦入翰林。永樂初，與解縉等入內閣。仁宗即位，升禮部左侍郎兼華蓋殿大學士，歷兵部尚書。英宗初年，長期主持內閣，與楊榮、楊溥同心輔政，並稱"三楊"，又以居地在西，稱西楊。卒諡文貞。著有《東里文集》《文淵閣書目》，輯有《三朝聖諭錄》、《歷代名臣奏議》等。

〔一一〕籬：諸本作"蘿"，孔憲易本作"籬"，是。抄本作"羅"，批注稱"應作籬"。

〔一二〕一旗入西文場，一旗入東文場。至三門，二旗交過，堂上：孔憲易本脫此二十一字。又抄本、寫夢盦本作"一旗入西文場，一入東文場。旗至三門，二旗交過，堂上"。

〔一三〕三場：明清兩朝鄉試爲三場，以八月"初九日爲第一場，又三日爲第二場，又三日爲第三場"（《明史·選舉二》）。

〔一四〕新舉人八十六名：鄉試取士皆有定額，此指河南取士定額。就河南而言，不同時期亦不同，但八十六名之額不知起於何時。

〔一五〕鹿鳴宴：中國封建社會科舉制度中規定的一種宴會，因在宴會上歌《詩·小雅·鹿鳴》，故謂之鹿鳴宴。《詩序》："鹿鳴，燕群臣嘉賓也。"《新唐書·選舉志上》："每歲仲冬……試已，長吏以鄉飲酒禮，會屬僚、設賓主、陳俎豆、備管絃，牲用少牢，歌《鹿鳴》之詩。"明清時期仍沿用此習，於鄉試放榜後，地方長官宴請新科舉人和内、外簾官等。

〔一六〕送主考回京：明代，順天府、應天府及各省鄉試，均由中央任命京官二人爲主考官。此指鄉試完畢，送主考官回京。

〔一七〕武科：中國科舉時代選士分文、武兩科。唐武后長安二年（七〇二）置武舉，爲武科之始。明成化十四年（一四七八）始設武科鄉、會試。武舉六年一次，後改三年一試，崇禎四年（一六三一）始舉行武科殿試。

〔一八〕鷹揚宴：武科鄉試放榜後（一般在揭曉之翌日），考官與中武舉者一起參加的宴會。明代河南鷹揚宴在河南都指揮使司署大堂舉行。"鷹揚"即鷹之奮揚，乃威武或大展雄才之意。

〔一九〕證：三怡堂本作"説"。

節令禮儀紀第十

年時,有天地神棚、家堂神聖、供養祖先[一]、門神[二]、春聯、黃錢、帛麻、百事大吉、鍾馗[三]、富炭、擋栾木[四]、在房門外。千斤石、在天地棚前。蒼朮熰歲圪塔、避瘟丹、芝麻秆撒歲、散置院中。火炮驚瘟、蒸食、肉菜、果品等儀。

正旦,國王率諸王、宗人、儀賓、文武官員,於承運門[五]拜萬歲牌[六]。禮畢,轉存信殿受朝,朝畢賜宴。

此後,諸王、貴戚輪流治酒宴會,月無虛日。

民間亦相與賀節、交拜、筵宴。

又,自初一日後,赴相國寺、蕭墻街,聽談古、說因果、遊樂,兒童又有投核桃、擲錢之戲。

初八日,赴東岳廟進香、遊玩。俗以此日爲五閻羅誕辰,竟日人煙繁盛。

初九日以後,俱赴上方寺,携榼擔酒,或在樹陰,或在禪室,或五柳亭,或塔左右,暢飲謳歌、打謎、猜枚、行令、拆牌道字[七]、頂針續蔴[八],絲竹管絃聲盈耳。或於臺下走馬射箭。亦有酒飯茶湯鋪,

節令禮儀紀第十

明代開封寺廟空間分布圖

（引自：吳朋飛《明代開封城復原研究》，科學出版社，2019年，第144頁）

注：1. 靈官廟；2. 鐵塔寺；3. 小關王廟；4. 破塔寺；5. 三官廟；6. 泰山娘娘行宮；7. 古三皇廟；8. 香山寺；9. 鹽神廟；10. 二仙奶奶廟；11. 三清觀；12 淨土庵；13 觀音堂；14. 祖師廟；15. 小關王廟；16. 三清殿；17. 小關帝廟；18. 觀音寺；19. 三皇廟；20 白衣庵；21. 大關王廟；22. 關王廟；23. 孝亞寺；24. 五瘟廟；25. 玉陽觀；26. 禮拜寺；27. 觀音堂；28. 宴公廟；29. 十二祖母廟；30. 關王廟；31. 三皇廟；32. 打瓦廟；33. 觀音堂；34. 三官廟；35. 火神廟；36. 許公；37. 關帝廟；38. 挑筋教禮拜寺；39. 奶奶廟；40. 張公祠；41. 奶奶廟；42. 小觀音堂；43. 濟瀆廟；44. 縣城隍廟；45. 府城隍廟；46. 張仙廟；47. 二徐祠堂；48. 伍公祠；49. 關帝廟；50. 奶奶廟；51. 東嶽廟；52. 宋國公馮勝祠；53. 皮局禮拜寺；54. 大祖師廟；55. 大王廟；56. 文殊寺；57. 三官廟；58. 姜太公廟；59. 賢大嫂廟；60. 草三亭清真寺；61. 祖師廟；62. 東大寺；63. 關王廟；64. 大王廟；65. 雷神廟；66. 日光廟；67. 火星廟；68. 關王廟；69. 馬鳴王廟；70. 總聖庵；71. 星君廟；72. 鐵佛寺；73. 皮場公廟；74. 金龍四大王廟；75. 相國寺；76. 老君堂；77. 于少保祠；78. 西亭祠；79. 天主堂；80. 包公祠；81. 延慶觀；82. 金龍四大王廟；83. 白眉神廟；84. 開天廟；85. 關王廟；86. 孟子游梁祠；87. 八蠟廟；88. 許真君祠；89. 大道宮；90. 三官廟；91. 梓橦廟；92. 洪山廟；93. 靈官廟；94. 海潮庵；95. 五龍宮；96. 關帝廟；97. 觀音堂

亦有戲棚雜耍。又有雜貨、耍貨，終日遊樂，至暮方散。

至迎春日，内官、宮眷，俱著錦衣繡裳，簇擁王駕上[九]紫禁城閱春。春臺、春樓如一片花繡。從麗景門進，每巷口三炮，莊農、毛女，百二十行，扮作各色雜劇。府官押春至周府門，由東空而進，春牛由中門進，俱至紫禁城下，自東過西，各獻技能討賞。城上隨駕宮眷，柳綠花紅，絢滿城頭，亦有拋擲花枝，令下邊人搶奪、上邊嬉笑者。閱畢，春牛[一〇]復由西空而出，宮眷歸內。府官及各廳進朝領宴。宴畢，簪花而出，復押春向撫院、兩司、各署，閱畢，置春牛於府儀門外東棚下，牛頭向西，前設香案。至立春時，闔府屬官齊至，拜畢，官轉三遭，各擊三杖，然後廝役亂打。

又，迎春日，男女看春，各戴春花、春雞、蝴蝶之類，充衢溢巷，擁擠不動，王府、軍門俱延客賞春。

至十五日，上元佳節，又名元宵節，周府菜園内，紮架鰲山[一一]，高結彩棚，遍張奇巧花燈，不啻萬盞，輝煌炫目，有如白晝，下依松柏、栽[一二]就竹竿，紮成九曲黃河。王駕遊河，細樂滾燈導引，提爐香盒，王乘小輦遊出宮門，諸王、國戚隨後，遊畢登山，鋪氈結彩，迎接諸王、國戚登山，陪王宴飲，轉番遞酒，鼓樂喧天。周府舊有勑撥御樂，男女皆有色長，其下俱演吹彈、七奏、舞旋、大戲、雜記。女樂亦彈唱官戲。宮中有席，女樂伺候，朝殿有席，只扮雜記，吹彈七奏，不敢做戲，宮中女子也學演戲。是夕，絲弦競奏、舞旋、扮戲、弔對、倒喇、胡樂，熱鬧非常。又，烟火架上，安設極巧故事，縱放走線兔子，有火盆、火傘、火馬、火盆、砲打襄陽[一三]、五龍取水、牌坊等名，花炮聲震耳。

諸王府、鄉紳家俱放花燈[一四]，宴飲。各家共有大梨園七八十班，小吹打二三十班，各街廟宇俱有燈棚，各家俱放花燈，門前俱點門燈，争放花砲。

鐵塔上遍點燈盞，一次用油五十餘斤，遠望有如火龍。

兩學宮前，俱有高照花燈、花砲、起火，水兔子入水穿波，隨風趕人，有賽月明、高處響炮、下垂拘攣、九條龍取水、九轉高升，各樣奇巧。

遊人或携酒鼓吹，施放花礮；或團聚歌飲，打虎、裝象、琵琶隨唱、胡抱倒喇，街中男婦成群逐隊[一五]。

至二更，巨室大家宅眷出遊，僮僕執燈，侍婢、妾媵，冉冉追隨。徘徊星月之下，盤桓燈輝之中，低言悄語，嬉笑嘤嘤，閃閃灼灼，遊走百病，相將過橋[一六]，俗云"過橋不腰疼"，如此三夜，金吾不禁[一七]，任意遊樂。有捕官鎮守，差役[一八]巡邏，直待殘月西沉，夜闌人散，方各自歸家。

節禮，追望内用元宵一品，即湯圓也。南北果品、表裏[一九]，貧富任用。王府、鄉紳、士庶人家，各設酒款客，玩賞元宵。

各街俱有燈市，自初十日開市[二〇]，出賣各樣奇巧花燈，亦有紗人、耍貨，鋪面鋪設至一二里。花賞蠟梅、蘭花、香藍、水仙。

二十五日，天倉小節[二一]。

二月初一日，中和節[二二]，祭日光。

次日，俗爲[二三]龍抬頭[二四]之時，延客吃龍鬚麵。節禮送面及果品、肉菜之類。

十五日，花朝節[二五]。花賞碧桃、紅梅、瑞香、月季、薔薇、荼蘼、迎春、丁香、紫荆等花。

三月初三日[二六]，大道宮大會，説已見前。

至清明之日，王宗、鄉紳、士庶人家，各備香燭、紙錠、祭品，上墳拜掃添土。轎馬車輛載道，男婦携幼盈野，亦有提壺偕友郊外踏青，至晚方折柳攀花。桃紅柳綠，街如軟繡。

至二十八日，東岳廟大會，出賣貨物與城隍廟同。送禮用酥餅、饅頭[二七]、南北果品、五色糖礶、薄荷扇兒、歡喜團兒、北到板糖、甘蔗、荸薺、金扇、香囊、排草、零陵各品合香、堆紗人物、紙做粉盒，上坐粉貓、仙女、紗羅，貧富任用。

至四月初八日，浴佛節[二八]，施米打齋，僧尼領去煮粥齋衆。花賞櫻桃、芍藥、牡丹、玫瑰、海棠、萱草、木槿。

至五月初五日，端陽節，地臘[二九]之辰，門懸艾虎，插彩艾、菖蒲，供雄黃酒、茱萸蒲酒，用硃砂、雄黃點小兒耳及口鼻，以避五毒。吃角黍與油饊、臘肉、雞、魚、開罈豆頭、備瓮菜馨。送禮用角黍、油饊、南北果品、糟魚、時魚、麻姑瓶酒。追望女家紗羅，小户用紅黃夏布、紗扇、汗巾，巧做各樣戴器：皮金小符、五毒大符、小兒百鎖陶、線絨纏背牌、五色綵線綑手及膝，戴五毒花，飲雄黃酒。

官員公宴，玩賞荷花。

校場結彩棚，請二司；演武廳設筵，中三路高結彩牌，上書"穿楊奪錦"，下懸籠鴿，走馬飛射。中者鴿子騰空，任人逞能，俱有賞號。

亦有携酒赴繁塔寺、禹王臺、九仙堂各處遊宴。花賞芰菱、荷花、玉蘭、榴花、茉莉、玉簪、水紅、木香、鐵角海棠、翠鵝眉、百日紅諸花名。

至六月初六日，乃天貺節[三〇]，吃炒麵，免病目。

七月七日，道德臘之辰，俗以此爲織女會牽牛，婦女望空禱祝，穿針乞巧。

中元節，上墳祭祖，追薦先靈，放河燈，救拔溺死鬼魂。

花賞：秋海棠、紅茉莉等花。

至八月十五日，中秋佳節，祭月光，家家虔設清供月餅、西瓜、素餚、果品、毛豆等類，請客飲酒，名曰"西瓜會"。婦女賞月、觀星、朝天禮拜，焚化金錢、寶馬、楮信凡儀，祈懇年年此日雙清。節禮用月餅、西瓜、鮮果、鵝、鴨、肉肘，追望閨女家，紗羅，貧富不一。

花賞：芙蓉、月季、水紅茉莉。

至九月初九日，重陽佳節，各家俱蒸發麵花糕，登高宴客，玩賞叢菊，禮物隨時備辦。

至十月初一日〔三一〕，民間歲臘之辰，家家上墳，脩紙錢、金錠、寒

開封菊花

（李肖勝拍攝於 2012 年）

衣、祭品等物。花賞荼蘼、虎蹄梅花。

至十一月，冬至節，一陽生時，食扁食，朝賀、送禮與年節同。花賞凍菊、梅花。

後逢三戌，是王侯臘。

以上各臘，俱天赦之期，理宜祭祖。

十二月初八日，俗呼"臘八"，乃[三二]佛誕之期，施米打齋，與前同。大小人家，俱煮果粥，謂之"臘八粥"，以應節氣。至年近送禮，薄厚不等。

二十三日[三三]，竈神奏天之期，禮[三四]宜祭祀，王用猪羊，遣典膳官祭；鄉紳、士庶用三牲[三五]或刀頭供獻。猪肋肉[三六]，重三斤，俗名刀頭。祈訴祝禱，以後俱辦年設供，待度新歲。

又，清明、中元、十月朔，俱是鬼節。預先請城隍行神至孤魂壇，請府城隍西門外孤魂壇，請縣城隍宋門外孤魂壇。僧道發文設壇禮懺，誦經薦拔一切孤魂，伏乞顯聖尊神，傳諭遠近地方枉死冤魂，至期赴壇聽宣法言，早登净土，免墮幽冥。施食畢，各官回衙。衆會預修旗旛、法駕、文武儀杖、勅印等物，提爐、香盒、龍燈高照，擺列隊伍，傳鑼清道，大吹大擂，細樂喧天，送神歸廟。三年會滿，將燈、旛、旗號焚燒，歸家治酒，酬謝香頭。縣城隍亦如之。

又，城內各廟會場，搭臺演戲，建醮、修齋，大街小巷，按時不斷。

如此繁華，被水衝頽，無復形迹。周府宮闕一旦拆毀，俱爲瓦礫之場，荆棘叢生，蘆葦滿地，百花園俱爲牧場。松柏果木，任人戕伐，令人見之，無不仰天長嘆，潸然[三七]淚下，目不忍睹。大木梁檁、解上琉璃磚瓦、小木入官變價，暗地侵漁，一物無存，止遺紫禁城一座、石獅、鐘鼓二樓閣。

廟現存者，寺有：祐國寺即上方寺、香山寺、相國寺、卧佛寺、觀音寺、龍華寺、清風寺、國相寺即繁塔寺、白雲寺、鐵佛寺、華嚴寺、寶相寺、孝嚴寺、大佛寺、天王寺、綻梅寺、在南門外，今訛爲寨門寺。千佛寺、回靈寺⁽³⁸⁾、禮拜寺。

廟有：三皇廟、玉皇廟、日光廟、星君廟、府城隍廟、縣城隍廟、泰山廟、玄帝廟、濟瀆廟、關聖廟、二仙廟、梓潼廟、三靈侯廟、武廟、旗纛廟、東岳廟、五瘟、天仙、回龍、大聖、文武二廟、閻王、八蜡、三官、姜太公、皮場公、大王、洪山、玄壇、岳王等廟。土神、三神、鹽神、獄神、院中白眉神、宮中窂神⁽³⁹⁾、庫神、財神、禄神⁽⁴⁰⁾、機神等廟。

觀有：三清、延慶、玉陽等觀。

宮有：大道、五龍等宮，泰山行宮、玄帝行宮。

堂有：觀音、呂公、延壽、慶安、白衣、老君、三聖、安樂、萬壽等堂。

閣有：玉皇、觀音、梓潼等閣。

樓有：鐘、鼓、魁星、明遠、瞭望、既濟、避水、廣嗣等樓。

庵有：呂祖、水月、海潮、開天、總聖等庵。

其書院有：玉泉、東坡、樂義、西亭、南浦、宏文等院。

祠有：土地、張仙、十賢、包公、少保、信陵、許公、張公、五公、烈女等祠。

壇有：天地、社稷、孤魂等壇。

如此光景，豈可泯沒？是以造成一册，不辭瑣碎，詳細開載，使後人見之，如睹當日風景也。

[注釋]

〔一〕供養祖先：指過年時，家中懸掛祖先畫像，陳設供品，家中衆人肅衣冠，依次跪拜等活動。顧禄《清嘉禄》卷一《正月·掛喜神》：比户懸掛祖先畫像，具香蠟、茶果、粉丸、糍糕。肅衣冠，率妻孥以次拜。或三日、五日、十日，上元夜始祭而收者。至戚相賀，或有展拜遺像者，謂之"拜喜神"。

〔二〕門神：我國民間最流行的神祇之一。門神的來歷可追溯到上古時期的祀門和掛桃人習俗，其產生還與古人的鬼魂崇拜有關。由朱仙鎮木版門神畫可知，開封門神有秦瓊、尉遲恭等。

〔三〕鍾馗：傳說唐玄宗病，夢見一大鬼，頭戴破帽，身着藍袍，束角帶，穿朝靴，捉鬼唉之。自稱是終南山士鍾馗，因應舉不捷，觸階而亡。卒後成爲鬼王，誓除天下惡鬼妖孽。玄宗醒而痊癒，詔吳道子繪其像懸於後宰門。其說自唐已盛行。時翰林例於歲暮進鍾馗像，並以賜大臣，民間亦貼鍾馗像於門。宋、元、明時亦然。後改懸其像於端午。歷史上並無鍾馗其人。

〔四〕擋衆木：孔憲易本注曰："舊日汴中除夕，居民皆用擋衆木把門，據《昆新合志》《閩中志》云，多用長炭擋門，曰'將軍炭'。杭州多用甘蔗擋門，取其漸入佳境之意。"開封用一長木置於房門外，故謂擋衆木。現已無此俗。

〔五〕承運門：明太祖於洪武七年（一三七四）正月"定親王國中所居，前殿曰承運，中曰圓殿，後曰存心"。承運殿爲王國正殿，殿前有承運門，與今北京故宫太和殿前有太和門的格局相仿。

〔六〕拜萬歲牌：此指周王府人員在承運門面對萬歲牌望闕遥拜。"萬歲牌"疑爲刻有"大明皇帝萬歲"字樣的牌。

〔七〕拆牌道字：一作"拆白道字"。爲宋元以來較爲盛行的一種文字遊戲。就是將要講的詞語，用拆字法説出來。如宋黄庭堅《兩同心》詞云："你共人、女邊著子，争知我、門裏挑心。"即是拆的"好""悶"二字。《金瓶梅》第五十六回："哥哥不知道，這正是拆白道字，尤人所難。"

〔八〕頂針續蔴：一作"頂真續蔴"。爲宋以來較爲流行的一種文字遊戲，即下句詩語的第一個字，必須是上句詩語的最後一個字。也爲酒令的一種。行令時，第一人念一句古詩，第二人把這句詩的末一字作爲第一字接念一句古詩，第三人又把第二人所續詩句的末一字作爲第一字再接念一句古詩……如此連貫而下，念不出的人，罰酒一杯。宋人喬夢符《小桃紅·效聯珠格》："落花飛絮隔珠簾，簾靜重門掩，掩鏡羞看臉兒𡟎，𡟎眉尖，眉尖指屈將歸期念，念他拋閃。閃咱少欠，欠你病厭厭。"即爲一首"頂針續蔴"體的典型作品。

〔九〕上：底本作"三"，誤。據抄本及其他印本改。

〔一〇〕牛：諸本脱，孔憲易本補，可從。

〔一一〕鰲山：鰲，傳説中的大魚。宋朝時，元宵節夜，放花燈慶祝。堆疊彩燈爲山形，稱爲鰲山。

〔一二〕裁：寫夢盦本作"栽"，誤。

〔一三〕砲打襄陽：本爲朱元璋軍攻打襄陽一事，此處指煙火的一種名色。

〔一四〕花燈：用花彩裝飾的燈，也特指元宵節供觀賞的燈。

〔一五〕逐隊：孔憲易本作"遂隊"。

〔一六〕過橋：此俗相沿久，且流播地域廣。開封有此俗，荆楚有此俗，北京也有此俗。《帝京歲時紀勝》載："元夕婦女群遊，祈免災咎。前一人持香辟人，曰走百病。凡有橋處，三五相率以過，謂之度厄，俗傳曰走橋。"

〔一七〕金吾不禁：指弛禁。古代城市中於夜間一定時辰後，禁止通行，但元宵節前後幾日開禁。金吾，都城的警衛官。《西京雜記》云："西都京城街衢，有金吾曉暝傳呼，以禁夜行。惟正月十五日夜，勅許金吾弛禁，前後各一日。"可知，元宵節夜弛禁由來已久。

〔一八〕役：孔憲易本作"官"。

〔一九〕表裏：衣料，多指禮品。

〔二〇〕初十日開市：由行文看，此指燈市自初十日開市，非市肆諸工商者的開市。據一些風俗志記載，正月初五日，俗稱破五，"而闤闠諸商亦漸次開張貿易矣"。（《燕京歲時記》）開封以往也多在初五，但也有些大商號是在初十或十五日以後開市。

〔二一〕天倉小節：天倉節亦曰填倉節。節在農曆正月二十五日，祭倉神。《燕京歲時記》："每至二十五日，糧商米販致祭倉神，鞭炮最盛。居民不僅致祭，然必烹治飲食以勞家人，謂之填倉。

〔二二〕中和節：始於唐。《辭源》云："唐德宗貞元五年（七八九），根據李泌建議，下詔廢止正月晦日之節，以二月初一日爲中和節，與上巳、九月爲三令節，休假一日，民間以青囊盛百穀果實，互相贈送。"

〔二三〕爲：孔憲易本作"謂"。

〔二四〕龍抬頭：二月初二日謂之龍抬頭。當今開封百姓仍有於此日食涼粉、龍鬚麵之俗。

〔二五〕花朝節：二月十五日爲花朝節，居民外出賞花。開封現已無此俗。有的地方作十二日。"十二日傳爲花王誕日，曰花朝。幽人韻士賦詩唱和，春早時賞牡丹，惟天壇南北廊、永定門內張園及房山僧舍最勝。除姚黄、魏紫之外，有夭紅、淺綠、金邊各種。江南所無也。"（《帝京歲時紀勝》）

〔二六〕三月初三日：三月初三日活動的來歷、活動的内容多有所不同。明時，開封爲大道宫會。入清，此日爲汴中"鬥風箏之期，又名風箏會、鬥豪會，舊在三官廟前"（孔憲易先生注）。

〔二七〕饅頭：抄本、寫夢盦本作"饅首"。

〔二八〕浴佛節：農曆四月初八日，傳爲佛的生日，故稱佛誕節，亦稱浴佛節。《事林廣記》四月八日條引《歲華紀麗》云，佛以四月八日生於母之右脇。年十九歲，於四月八日夜半逾城，往雪山入道。六年思道不食。又四月八日成佛。節日當天，佛院舉行誦經法會，並根據"佛生時龍噴香雨浴佛身"的傳說，以名香浸水澆洗佛像，舉行拜佛祭祖、施舍僧侣等一系列活動。

〔二九〕地臘：道教稱正月一日爲天臘，五月五日爲地臘。臘，祭名。

〔三〇〕天貺節：天貺，天賜也。宋真宗大中祥符四年（一〇一一）正月丙申"詔以六月六日天書再降日爲天貺節"（《宋史·真宗紀三》）。是日，開封人食炒麵，免病目。時至今日，汴中人家尚存此習。

〔三一〕十月初一日：爲祭掃之日，俗謂之送寒衣。《北京歲華記》云："十月朔上冢，如中元祭。"

〔三二〕乃：底本作"及"，誤，據抄本改。

〔三三〕二十三日：農曆十二月二十三日爲竈神上天之日，户户祭祀。汴中諺曰："糖瓜祭竈，年來到。"俗謂"小年下"。意即從此時開始準備所有過年的物品，做與過節有關的活動。祖國土地廣袤，民族衆多，民俗也多有不同，祀竈君之期也有爲二十四日者。

〔三四〕禮：寫夢盦本作"理"。

〔三五〕三牲：即牛、羊、猪。

〔三六〕猪肋肉：三怡堂本作"猪肋羊"，誤。

〔三七〕潸然：寫夢盦本、省圖本、三怡堂本均作"潛"，孔憲易本作"潸然"，是。抄本正作"潸然"。

〔三八〕寺：底本作"孝"，形訛，據抄本改。

〔三九〕罕神：孔憲易本注引孫楷第先生來信云："周藩宫中所祀罕神，似是元國語之答拉罕。記得元人筆記中記世祖嘗渡河，有一人指引之，得渡處，世祖因封爲答拉罕。答拉罕者，華語也。"爲何一明代藩王宫中祀元封之罕神，疑點重重。

〔四〇〕禄神：禄神來自禄星。文昌宫的第六星就是司禄之禄星。《史記·天官書》曰："文昌宫……六曰司禄。"隨着由星辰崇拜而漸入神化，禄星也被賦予人格，且附會爲張仙。一説張仙即四川的張遠霄，五代時在青城山成道；一説送子張仙是後蜀皇帝孟昶。

附　錄

一、國家圖書館藏清抄本
　　《如夢錄》

　　《如夢錄》所紀者，汴梁鼎盛之時也。恐後人未見，不知有此光景而失其傳焉，故此紀之以便後人觀鑒，閱校者注：方框内文字原文漫漶，今據其他版本補正。下同。之者瞭然在目，即見繁華之盛也。所載者，城池風水、周府故基、諸王封號、文武衙門、庵觀寺院、佛堂廟宇、街衢貿易、會塲節令、牌坊字宗、古人故里、追望禮儀、樂月賞花、花園景緻，景緻，應作致。——校者注：以下注釋，皆原抄本頁眉處簽批文字，年久而位置多有變動，整理時據文意移正。一一開載，統畧纂造一册，傳之於後，儼然如見，則不負梁園之富厚，而忘其淳朴之風景也。遺此一筆，可定千萬年一覽之頃。

　　按汴梁城，乃豫州之分野，天地之中樞，八方之衝要，□□之重地。□□曰□□，□□□曰大梁，歷代更改不一。漢爲陳留郡，□建

附 錄

□□□□，明稱爲汴城。

有土城一座，有基，有門不修，以土填塞，□掩河患。內有磚城一座，高五丈，敵樓五座，俱有箭砲眼，三方四正，十六邪。

大城樓五座，角樓四座，星樓二十四座，乃按二十八宿。樣鋪十座，窩鋪五十四座，砲樓十座，周圍四千七百零二丈，垛口七千三百二十二個，城兵一百五十名。

東門乃是仁和門，內匾"迓祥"。月城一座，有門三重，北南二水門，俗呼曹門。小東門乃是麗景門，內匾"宜春"。月城一座，有門三重，北東二水門，俗呼宋門。南門乃是南薰門，內匾"中原勝概"。月城一座，有門四重，東西一水門，俗呼南門。西門乃是大梁門，內匾"永豐"。月城一座，有門二重，南北二水門，俗呼西門。北門乃是安遠門，內匾"拱宸"。月城一座，有門四重，東水門一座，俗呼北門。

五處共鐵裏門五十扇，海濠一道，口五丈，底三丈，深二丈。靠門有活吊橋。內有土街，乃是一山，爪兒隅頭亦是一山，夷山也是一山，謂之三山不顯。東門偏北，宋門偏南，南門偏西，西門正，北門偏東，謂之五門不對。曹門通蘭陽，宋門通陳留，南門通尉氏、通許，西門通中牟，北門通延津，謂之五門六路、八省通衢。此相牛名曰臥牛城，可爲鞏固金湯億萬年不拔之基，趙太□□□。

無如天運循環，大劫已定，天使其然。□有闖賊，於崇禎十四年二月十三日，賊到，攻西門。攻至第六日，屯兵在西關北孤魂壇沒梁殿。親自指揮，被城上箭中李自成左目。第七日，副將陳永福統兵殺敗闖賊。第八日，退去。周王疏保副將陞爲總兵，護守城池。

至十二月二十三日，闖賊又至，攻東城，砲箭雲梯，搭敵臺，刨城地道，晝夜攻打。二十日傷賊無數，不能取勝。至壬午年正月十三日，賊乃退走。

於五月初二日，又復至。不敢近城，四面軟困。河北數營兵馬不能過，無數糧不能運，轉議欲狼城崗放水湆賊。賊見放水，何不正北刷應作掘。河湆城？至九月十七日，黃水傾城。此何意也？即有奸讒用計，所以暗劃陰謀，假以爲拒敵之策，實爲破城之術。惧中彼奸，墮爾彀中，國主、郡宗筬 筬，字書無之，應作箝。口不言，諸王、上臺、鄉紳隱默不語，非黃大王在傍袖手旁觀。此何意也？天意也！致使馮夷振怒，揚波興浪，洪水潑天，兇湧泛漲，陷城頹屋傾產，人亡溺死八九，救援不及一二，叫苦連天，呼救滿河，如魚投之於沸鼎，若餛飩擲之於滾湯，可憐無數生靈，無辜葬於魚腹之内。終年逐月打堤埽，費朝廷無紀銀兩，以防河患，反開堤埽引水衝城，此何奇計良謀乎？當時王宗上臺、鄉紳士子，肯吐一言諫阻，不致有此傾城大禍。嗟嗟長歎，可痛惜哉！錦綉中原一旦付於東流，繁華勝概至此絕矣！

且言省會之中，豈無高明遠達之士？恐不留心，以致遺落無所考也。予心不忍淪沒失傳于後，故此不辭俚言，纂造成册，直言少文，便於賢愚易覽。其景物舖面，雖有無見所賣者何物，是以不辭瑣碎，一一開載，知汴梁一物不少。無邊光景，徒爲一場話柄，恐予見昔之後，更無二筆，必失其傳，恍然一夢，因而取名《如夢錄》，故紀之留傳於後好事者覽焉。

一紀

周府故基乃宋建都宮闕舊基，坐北朝南，正衝南門，乃宋正陽門也。北有大門五間三開，乃宋之大宋門也。週圍九里十三步有蕭墻，可高二丈許，娛蚣木鎮壓，上蓋琉璃瓦，下有臺基，可高五丈，上安

附　錄

欄杆，黑夜其聲如雨，故曰"蕭墻夜雨"。街寬五丈方許，民居週圍有井七十二眼，爲之 爲之，應作謂之，以下俱同。七十二位兇神。

南即是午門、東華門、西華門、後宰門，層層門上殿宇俱銅絲網罩着枅科，名爲飄衣 枅科，應是枅枓之訛。枅音牽，枓音斗，俱柱上方木。飄字不見字書，當是俗字。按：應作風。下有白石一塊，名四足石，借此爲豐衣足食。極大宏廠，碧瓦朱門，九釘九帶。

門內東西承奉司，承奉內官掌管闔府事務，傳遞本章，即如在京東廠、司禮監一同。往北有直房百餘間，中有東西二過門，乃宋時科道衙門也。故明斷間一二三間，各官逢公事進內停息，更衣候朝，各有迴避。東過門往南通宗廟，西過門往西通天地壇。東有馬厩，直房東西二庫，罪宗所禁之處。

北有紫金城一座，高五丈，上花垜口，內有欄馬墻。東是體仁門，西是尊義門，南是端禮門，北是承智門，殿是存信殿，此謂五常也。其府內外不全，原因都城欽天監觀星，周藩氣旺，將有異心，命下將周王貶在蒙花，後察其實跡原無，取回復職。風水奏上，將銀安殿拆毀，以去其心；將唱更樓去了，以去其眼；東華門不許開，爲之文官閉口；尊義門樓拆去，爲之武將去頭；四角石上用釘定，即是釘住龍爪，不能飛騰；門前堆土一臺，龍得水騰雲駕霧，以土治，不能行動，此土乃取鄭州土炒過，寸草不生，所以擺治周王。

其善如佛，端禮門上供朱太祖影像，有道釋二教藏經。外有海濠一道，與大海子同貼城。海內地基寬闊，俱是內官居住。東亭後有內書堂，內外典寶官二員，候上奏章用寶。端禮門三瓮三門，金釘朱户，紅花塗墻，立磚鋪地。進內東西二掖門，門傍有四扣磨角，臺高五尺，乃宋時羽林軍跐班護衛之臺。明朝有護衛軍三千跐臺候朝，羣牧所指揮統管，永樂時削除，臺基猶在。直北下有板房四間八所，各官伺候，自此門有校尉把守，諸人不敢擅入。傍有雲板，門東西兩月兒門，小紅門使穿宮腳門也。

前有正門一座，五間三開，週圍石欄杆，臺高八尺，名曰承運門，即宋承天門也。安龍亭勅詔，王宗官員拜舞之地。兩耳有便門二座，王宗官員進內入朝，便門即角門。

正北向南，前殿九間，穿殿五間，雖是奉旨拆毀，柱頂、螭頭、四角尚在。後有存信殿七間，內安寶座，上有兩邊長枕二箇，名曰威權；後有圓綉靠背三元，名曰倚勢之說。兩廂配殿十間，四扣，朝房棋盤蓋造，東西兩耳，宋之內閣議政之處。兩邊，朝見各跕班之所。東廂是墨刻作，西廂是印書、裱背，直房盛法駕等物。東耳改為典服所、典膳所，西耳王子王孫習讀之處。朝房宗儀候朝殿。後有一字門，名曰麒麟門，五間。

北有大宮門，五空三開，金釘朱戶，青石欄杆，臺高八尺，外斷稍間，承奉候朝。北有寢殿七間，月臺、踊道踊道，應作甬道，以下俱同。皆白玉石欄杆，四扣磨角，廊下名曰棋盤宮。兩廂俱是年老宮眷，某奶稱呼大管事，各有執事掌管，并年幼宮婢，有名上牌伺候，上宿洒埽者住居。

後有養老宮，一樣蓋造，一樣三層，後殿供養神像，後山懷有青石匣一箇，見方五尺，有鎖鎖着，內有鎮府之寶。北有白虎殿五間，王薨停喪之所，遺妃請入後宮，內使、宮婢照舊跟隨伺候。

宮後有一煤山，高五丈許。上有石碣，上書"八仙聚處"，昔日憲王請下七位神仙在此相會，故立此石。內蓄煤炭，以備有警、府中供爨。上長松柏成林，下邊有滘池，滘，應是窪之誤，以下同。山坎安插諷經女，善敲打吉魚，以驚飛禽、鳥類、鹿羊等類。有湍水一池，內放二

附　錄

毬，急水衝動，上下交懸，名曰海日拋毬。若岸上蓋水亭、各樣遊樂之處，奇石異花，重巒疊嶂，觀之不盡。尼善就山依洞，敲動木魚有聲。鹿羊抵鬪，禽鳥展翅，猛虎作威，鶴舞鶯鳴。不駕短棹輕舟遍觀山水，瞻之在前，忽然在後，頗有蘇子遊赤壁之風，真山明水秀之景。東滋又有慶安宮之景，不能盡言。此乃宮内光景。宮外俱是老幼宮眷住居，掖門住掖門住，掖，平聲，汴中土語，猶言挨宮門住者有三二百家也。後有"掖門排戶"可証。按此字應作挨。可有三二百家，亦有街道，與市井相同。

再言宮門外東邊朝南，有家廟一座，逢時祭祀。麒麟門外有東西二街，東頭拐角直通正南，名曰東夾道，有典膳所外廚，專供賞賜。

往東有世子府，乃宋時儲太子之宮。再往南春宮，凡遇二、八月初旬戊日，理宜天壇祭銅人，向南；地壇祭銅人，向北。未祭之前三日，齋戒沐浴，下殿，娘娘有送行一席酒，日差小官問安數次；祭完回宮，娘娘又有接風酒一席。小殿乃是宋時樞密府宋奸相王欽若所坐衙門，俗傳王樞密，即此人也。東有呂公堂，南有七星台，逢七拜斗。南通東過門，有內草場、鹿圈，有刻絲洒線作房、書堂作寫柬本之類。

體仁東是過門，仁字下宜有門字。通東華門。

再從麒麟門外，西夾道東掖門西，有世孫府。西隣安樂堂，但凡年老宮眷病危，送安樂堂調治；如故，發送去西華門，殯葬婆婆，應作繁。塔寺保母墳。此堂西有菜園門，有名没菜，每月二十日放人看望宮內親戚，進內有大門一間，外人至此不能擅入，有把門官校攔阻，傳信呼名，方許進內送禮物，候回，酒飯管待。是日，正菜園門三間大開，老幼宮眷、婕婢，濃粧艷抹，俱在門下等候親戚看望，擁塞滿門，雖王妃夫人、官宦娘子，到此下轎步入，至日暮方散。

南有世孫小花園，亦有花草池塘、無數小景，西通尊義門，北龍袍作冰窖内賞賞，疑當是藏。蘋果、蒜苔等物。北有鹽池、菜園、白衣庵一座，通西過門，正西是西華門。

體仁門東北乃是百花園，其名壽春園，是周端王世子恭梟號龍亭創建。此園原係宋徽宗御花園故基，宋徽宗遊幸之地，始則不知，後刨出石碣方知也。其園宏廠寬大，內有大門，以裏二門、兩廂。後殿西廂後有山洞，乃名石澄磚所砌，實與真山無異。上有漢唐宋古怪奇石，錦川、太湖墨石、洒金等石，嶙嵯鬼岌，懸崖、峭壁、岩嵎、陵澗、麓峪俱全，無所不備，儼然一座高山。三層上蓋高樓五間，金碧輝煌，名曰靈虛閣。下分子母九洞，四面皆同，各有門窗，名曰九如洞。洞內各有曲灣盤旋，至二層名曰元囂洞。洞前有方亭二座，上安仰塵，刻成星宿部位，晚間安燈仕上，照明星之部，仰觀有席，仰觀有度。遊玩通宵，不能盡觀，俱有題讚。東滾有一高臺，上蓋亭，高二丈，上亭可觀各宮眷住處。此內宮之景，止可自觀。

再言大洞東西西路，東路直東，南蓋小山，有活水，下有水閣、涼亭三間，兩棚附簷、欄杆，四面楅榍，字書無楅字，應作扇。五彩窩金，華麗無比。週圍羣墻，便於凭依觀蓮。內設盆景、花草，茉莉等花百盆，對過高架飛橋，下有蓮池，池內有採蓮龍舟遊玩。圍遶是栽菡萏、芰菱、水紅、菖蒲，赤綠芬芳，金魚躍浪，錦鴛戲波，鷗鴨浮沉，水鳥飛鳴。池畔遍栽芙蓉等樹，花開如錦，若有秋江之景。採蓮擷花，摘蓬取藕，捕魚作鮓，碧筲勸酒，活魚當時承獻。如此勝景，真是人間天上，又是一壺洞天。

傳言龍窩園內盡是木香、木樨、松柏、月季、寶相等花札成墻垣，茨松扎成樓宇，荼蘼、木香搭就亭棚。塔松森天，稔柏滿園，松獅、柏鶴，如遇風吹，張口展翅，活潑如生。異世奇苑，萬紫千紅；山林

附　録

　　果木，種種不缺，真有四時不卸之花，八節長春之景。常言"天上神仙府，人間帝王家"，雖俗鄙，觀此斯言則不謬矣。

　　洞後有車井一眼，泉水湧旺，足供園中澆灌。又後有水簾洞，不用木植，止於磚砌雙層，內安白衣菩薩。亭後栽植修竹，名曰"紫竹仙境"。週圍挑成溝渠如龍蛇盤旋，灣灣曲曲，外有四門，門上三字"紫陀崖"。後有三清殿，兩邊道院俱是全真道院、戒僧禪室。後有數層，不能全載。杏花村、黃河九曲、菊花園、曲水流觴。

　　傍有小山別亭，擺設玩器，述之不盡。有司官員到此遊樂，各有題咏詩賦，稍類羣賢畢集、濂溪倡和之地。有雲樓仙橋，團標原本團摽，未詳。上安板，橋東西相通，上有扶手，坦平行走，可高二丈許，凭高瞻眺，遍觀園中之景。後有穿樓，連絡不絕。外有海濠，緊靠蕭墙。

　　後宰門裏有土山，名曰停輦莊，亦有殿宇。麥熟觀農，麥稔觀農。使子孫知農辛苦，恐子孫自驕之意，高皇用心至此。

　　再言羣王門第，亦是金釘朱户，琉璃殿宇。宮中也有内景，郊外亦有花園，外景最爲可樂。

　　再從正門外起，大門外石獅子一對，連座可高丈五，其勢崢嶸古怪，宋之鎮門。兩傍南北跨墻紅鹿角排柵，四路之道：中道迎勅詔，王出由此；東西二道，官員人等行走。東西立有下馬牌，上書"官員人等，至此下馬"。

　　以南街中，有欽賜牌坊三座，一高二低，四角小坊，共七坊，攢成一大坊。夾角石龍，週圍石座俱是須彌雕龍彩雲，上下雕刻金龍彩鳳，精巧無比。上懸竪牌一面，金書"玉音"二字，下橫額書"節孝兩全"，是賜周端王母妃袁氏。又一坊一樣蓋造，亦是"玉音"，橫書"忠孝賢明"，欽賜周端王之坊。

正門往南五丈遠，臺堦下，東邊有一磚臺，名曰"拜臺"，接勅詔龍亭至此臺上跪接。

正中路有木三根，長三尺，鐵練，名曰"扭骨別捧"。坊下有杉木一根，東西放，名爲當衝木，俱是朝廷制度。

一紀

爵祿：朝廷次子封爲國王。國王世子日後支國，次子皆封郡王。郡王長子襲王，次子俱封爲鎮國將軍。鎮國將軍之子皆封爲輔國將軍。輔國將軍之子皆封爲奉國將軍。奉國將軍之子皆封爲鎮國中尉。鎮國中尉之子皆封爲輔國中尉。輔國中尉之子以下皆封爲奉國中尉。國王之女封爲郡君，郡王之女封爲縣君，鎮國將軍之女封爲鄉君。

俱有祿糧，在布政司關領。春、夏二季五月，可放祿銀十萬有餘；秋、冬二季十一月，可放祿銀十萬餘兩。國王祿麥、祿米、海鹽、籽粒。皇莊民校三百六十名，每名工食銀一十二兩；郡王民校二十四名，每名工食同上；厨役二名，每名工食十兩。以上俱是雇人代役。放銀之時，各項生意洪和，亦有現買現賣，也有算還前賬，前賑，應作帳。所以國富民豐。

原設國王長史二員，一左一右，審理一員。

八所，乃是典膳所、奉祀所、典杖所、典儀所、良醫所、紀善所、工正所，以上是八所之官，典簿廳一員，乃是長史司首領。保駕指揮一員。內官有承奉司五，一管年，一典膳，一典寶，其餘輪流管事，伴讀不拘數，俱大帽衣襒。大帽襒衣。以下者平巾，再以下散官車載斗量，其餘伴當、校尉俱有口粮。

郡王每一府有教授官一員，典膳官一員，每一員一年俸銀五十兩，在布政司領。

國王有勅，撥御樂，男女皆有，色長其下俱演，吹彈七奏、武旋大戲、雜記女樂，亦彈唱官戲。宮中有席，女樂伺候。朝殿有席，只扮雜記，吹彈七奏，不敢做戲。宮中女子也學戲，外面王府鄉紳家共有大梨園七八十班，小吹打二三十班，遇節逢席，喧嘩熱鬧。

一紀

衙門在城原有額設官員布政司，在鐘樓西路北。牌坊一座，上書"方岳"二字。往北有過客店、飯店、成衣鋪七八家，兼賣屯絹。街西守道衙門，東照壁後賣醬菜、百樣、醬油、鹽、醋，北有燒酒、術士，至東坊"保釐"，西坊"旬宣"。大門五間，上有竪牌一面，上書"河南等處承宣布政使司"。五門一開，原宋建都之基，對門就是南衙開封府可証。進門，東寅賓館，上號吏官房，正北西邊有直房六七十，東房五間，上宿用住。北是正理所，後有監，有司獄司。西有五間承差官房。北有大門三間，是巨盈庫，後借爲歷日局。北東西是府州縣衛廳，北東西二馬道，北有東西告示房六間。儀門三間，東西兩角門。進內，大堂五間，是端表堂。稍間是庫，左有經歷司，右有照磨所，週遭六房十四科。東西兩通吏房。堂後，一字門三開，後堂五間，乃是紫微堂。東西兩廂，堂官之所。堂前有星星石二塊。東是茶房、廚房，西是書柬房。

後有三間關王廟，西東小屋盛酒席家匙。盛酒席家匙，應作家什。從二門外東，土地祠正東拐北，俱是公廨，有百五十家書吏住。

前口往北，路東守道住宅。北首都事廳，往北經歷司，再北左布政住宅，堂後口往西路北，右布政住宅。往南路西是架閣庫，狄青得寶之處。迤南，檢校衙、照磨衙、庫官衙。南是督糧道住宅，再南副理問住宅、案牘廨。其餘俱是吏承住居。

前街往西路北，牌坊一座，上書"總憲"二字。往北，路東管河道，路西兵備道。

北有府縣廳，大門三間，上書"河南等處提刑按察使司"。左邊牌書"拏問貪酷官吏"，右邊書"伸理冤枉軍民"。進内東西二馬道，大堂後堂按察司住宅。儀門内往東，有兵備道住宅、經歷知事巡道住宅，西有河道、照磨、檢校、司獄司。西角裏往南，朝西敬畏堂，即是點風亭，獄神廟，有男監、女監、官監，外有寅賓館。

鐘樓東街北有一坊，上有"專閫"二字。往北有官房四五十間，軍民襍居。北有朝南大門，五間一開，上書"河南都指揮使司"。其門兩節，上節丈餘，下節七尺，門砿有七尺高、三尺厚，簷杜裏外俱有大木栅欄。

進裏東邊通是都察院，西是斷事司，有正副二斷事。北是寅賓館，北是獄，有司獄司。北是知事廨、經歷司。中四箇上馬石，台俱有四尺方、三尺高。北有儀門三間，東西二角門，東西二馬道。進裏，左右俱是六房。正北大堂五間，昔朱温建都焦蘭焦蘭，應作椒蘭。殿故基，三弑焦蘭殿也。帝王大基宏廠，明改爲都司三員：一員掌印，一員領班、巡捕。本地城操，協同遊擊行事。大堂有鼓一面，丈二圍圓，係酸棗木，土城酸棗門之樹，造成三箇鼓：鼓樓一箇，朱仙鎮、岳王廟一箇，都司一箇，上刻嘉靖年號，此物海内罕有，并記於此。

後有二堂，後住宅。東是班司住宅，西是捕司住宅，後有旗纛廟三楹，東有關帝廟一間，西有張、岳二神廟。西隣武廟，大門三間，稍間是子胥、趙雲，大殿正坐武成王、姜太公，左立孫武子，右立張良，兩邊十哲俱是歷代軍師；兩廊俱是歷代功臣。

武庫備藏各樣軍器，前是箭道，南有射捕廳。

附　錄

　　朝西武廟門，即都司後門。此門原是楊太太家門，爛釘不爛木。每科武舉，在此堂上赴鷹揚宴，前張榜文，武弁由此出身。

　　西有小巷，通總鋪。有坊，上書"肅寮"二字。西路北縣廳、府廳、中察院、粮道、清軍道，當作清軍廳，見後。布政司、都司。

　　東是都察院。先是太府，明朝差太監一員河南鎮守，不循正法，縱弟劉二橫騙殃民，被論殺，除，改爲都察院。東坊"撫綏中夏"，西坊"貞肅兩河"，正坊"中原重鎮"。前照壁，東西轅門。外有軍門、旗杆、黑鹿角。鋪户內有大門三間，東有中軍廳、買辦房；西有旗鼓廳、圍長、承差、報事等各色人役房。

　　進内，寅賓館，儀門內竹苞茂盛，兩邊皂隸房，大堂五間，二堂五間，月生館、來鶴堂、寢樓、後樂亭，門下健兵、圍宿兵、各色人役，管轄八府、十二州、九十六縣、十三衛所軍民人等，總制兩河，撫安八郡，掌生殺之權，森森森森，應作森嚴。之地。

　　雷家橋西，按院衙門，原是宋時南清宫，八大王府故基，明改爲察院。左坊"振綱肅紀"，右坊"激濁揚清"，正坊"太獄執法"。大門兩傍，各色人役房。在言不在言，汴中土語也。大門內寅賓館、儀門、大堂、二堂、寢樓，各處房屋修理華麗，恰似月宫一般，其美極矣。

　　延慶觀迤西向南開封府，左有過街坊，上書"承流"二字；右坊"宣化"二字。照壁頭二小坊，左"包嚴"，右"歐寬"，東有包孝肅公祠。

　　陰陽學西，有醫學。正北儀門三間，東西角門。內有木牌坊一座，上書"古南衙"，原是包公倒坐衙門。大堂五間，大堂東倉頡廟，有銅壺滴漏一架，上有木人一箇，名婁耿先生，懷抱時辰牌一面，上有十二時辰、百刻。如遇交刻，毫無差錯，真爲中國一寶。前有門樓、既濟樓，匾曰"中原首郡"。堂上定更起鼓，門樓接鼓，延慶觀角聽更火夫聞聲一喊，東報縣；鐘樓口聽聲，東報察院，西報布按二司，一齊起鼓，分毫不錯。交更亦然。

正堂所轄三十六州縣、六廳，并首領府內居住。西南有監，甚嚴，內有司獄官，有更樓、巡更夫，上呼下應。大門南路東三間，匾曰"開封分署"。大門門裏朝南，清軍廳、南河廳、巡捕廳、理刑廳、管粮廳衙門并倉，重者下監，輕者送倉。

相國寺迤西，街北祥符縣，大門三間，左有過街坊，上書"節用"二字；右坊書"愛人"二字。大門匾曰"中原首邑"。左有旌善亭，右有申明亭，又有各色衙役官房。門裏土地祠、寅賓館、收粮銀十六櫃、上號房。儀門三間，東西兩角門，踊道中立石碣，上書聖諭六言，背面上書："爾俸爾禄，民膏民脂；下民易虐，上天難欺。"

兩廂六房，大堂五間，名戴星堂。稍間是庫，西南是監，清軍、東河、管粮巡捕等衙，俱在縣內住，河衙另居大堂後。二堂東是內宅，匾曰"敬事後食"。後樓、書房，管理一百五十八里，豐厚。有遞運所，大使一員，管跕車一百五十八輛，轉運使用。其事重者下監，輕者送所，乃古制之法也。

一紀

考試生童，學道搭柵，科舉通舉場。周府西角樓西，路北牌坊一座，上書"貢院"二字，東有過街坊，上書"虞門四闢"；西坊"周俊同登"。大門三間，匾曰"開科取士"。門內有搜檢房，二門東西二角門，三門三開，北有木坊，上書"龍門"二字。東西文場號房三千六百間，後不足用，每一號頭添板號二間。中有明遠樓，四角瞭望樓。

北是至公堂，東皂隸各役房，內供給，西廚房，鍋爐不記其數，

附　錄

水池俱是錫鑲。

堂後，東是監臨察院，西是提調官衙，望北受卷所、彌封所、謄録所、封讀所。

北門内俱是經房。後正副主考住，是五星聚處，修蓋完全。

演號一遍，有酒席。臨考之日，先放老軍四千，各認其號。

次日，按院在三門上坐點名，秀才入塲散題。至辰時辦飯，大米飯、細粉湯，竹羅羅，應作籮。盛飯，木桶盛湯。飯旗二面前走，湯飯隨後，自西往東，堂前抬走。正行之間，曉事吏稟老爺抽飯、嘗湯，後各盛一碗，按院親嘗可用，放行。

至臺下，一旗入西文塲，一入東文塲。旗至三門，二旗交過，堂上一聲梆子響，各飯入號，各生食用。次是老軍飯，却是小米飯、冬瓜湯，一樣散法，不嘗。午間餅果，晚上散蠟燭。

三塲已完，揭曉。榜掛布政司前，新舉人八十六名，城隍廟取齊，至貢院前領衣帽，進至公堂簪花披紅，鼓樂迎至府學，謁神，回至布政司二門外，東棚下掛一軸宴圖，照次認坐。正副主考、按院俱是連十，司道、舉人俱是連五，其餘小官俱是連三。

宴畢，官馬鼓樂彩旗四面，彩樓捷報牌一面，文魁牌一面，紅絹緑邊金字文元軟牌一面，青絹傘一柄，硃紅匣一箇，銅鎖，内銀八十兩，鍾盤席面，着人送至住處。

衆約分資送至縣上，替辦席面，在鐵塔寺。至九月初九日齊至登高，會了同年，送了主考回家。

武科，在都司門前張榜。武舉六十名，取齊，領衣帽，謁武廟，至都司堂行禮入席，席連三，給銀二十七兩。

文武兩科，并鹿鳴、鷹揚等宴，共煩煩應作凡。四百三十行，總行頭趙世讀，有册可証。

此段本不該寫，今看光景大不相同，故載一筆使後人知。

一紀

汴梁風水，原自西來，故西門直通，四門皆旋遶，怕走洩氣。鐘鼓樓、鐵塔大寺，皆鎮城旺氣，下壓諸凶。在城八方，八方，應作八坊。乃大寧、永安、宣平、安業、永昌、崇仁、惠和、廣福。又有五隅四鎮，乃是汴橋隅、鼓樓隅、鐘樓隅、土街隅、西關隅，東埽頭、西瓦子坡、北金恒鎮，金恒，疑是荆隆。南朱仙鎮。

又爲五所并關廂八十四地方。五所者，前、左、中、右、後，每一地方設鄉約二員，俱有巾帶，本縣委帖一張，照帖理事。地方一名，每年工食六兩，每方火夫四名，每名每年工食五兩，此銀是門差所出。門差乃是上街鋪面住宅，編成金、銀、銅房三等九則。上金房每年出銀三錢，中金房出銀二錢五分，下金房出銀二錢。以下各有數目，中銅以下免出。宗室、鄉宦只免住宅。地方、火夫，本縣各人給帖一張，上填數目，照帖支取。白日有官事應用，夜間打更下夜，所以不累民間一夫，又無別項差使，真乃國泰民安。

一紀

街市貿易。自東下馬牌往南路東，故唱更樓下，灣橋一座，上是引禮官房。南八所衙門。往東是賈儀賓衚衕，是周王三女府。東通徐府後坑。大街往南，審理所、染房、磨房、接骨李家、油房、曲江王府。東單鳳巷，有關帝廟，向西。後通徐府後坑，南崖奶奶廟一座，向北。大街往南，飯店、興龍橋、寫真方家面鋪、西亭牌坊、帶子、手巾、

附　錄

大小鞋襪、松串、簪棒、白貨。

往東路北，五彩頭條、牙子、汗巾、鑄銅簪扣、酒店、銅匠、整理琵琶絃子。往北茶葉衚衕。東成衣、燒酒、皮金、襪貨、南平藥鋪、木耳店、酒館。

徐府，朱太祖孫婿居住之府，奉勅修建，故名徐府街。大門金釘綠戶，正匾"大功坊"；門對："春王正朔頒千宰，開國元勳第一家。"是是字上疑有脫文，當是南字。大山貨店、襪貨店、當店、柬帖、打金鋪。往北，喬三府衚衕，黃丹、傾銷、打金、正升字號店。北是黑墨衚衕，燒餅、冷酒、襪貨。華亭王府，大店街角兒回來，往西路南，襪菜、襪貨，如松字號店，俱是襪貨、扇兒。北門店內俱是樓房，百餘間，內大祖師廟、大王廟，內有京、杭、青、揚等處運來粗細暑扇、僧帽、頭箆、葛巾、白蠟等貨。小山貨店口，地方鋪戶西，襪貨、過客店。草三亭北口，羊皮金、打飛金、皮金、頭條、牙子、銅錫簪扣。

至大街往南，飯店、刷子、刻字、成衣、造玉牒冊、刊竺板。長史司前牌坊，書"名藩弼充"，內設長史二員，皆五品，即王者首臣輔弼，教讀王之子孫，導王行事。以上官員，俱出部選。

往南竹貨、漆店，三街六市，奇異菜蔬，密稠不斷，飯店、皮鮓、素麵店、羊肉車、雞、鴨、鵝。

大隅頭往南，打銀鋪、緞店、估衣鋪、羊肉、響糖，北是草三亭熟皮，又名鳳凰巷，俱回子住，有禮拜寺。

巷口東，估衣店，內有南酒店、諸樣美酒。東，估衣、大緞店三座，當店、軸丈鋪、孝帽、傾銷、襪貨。此小山貨店南頭。往北，揭裱書畫、冊頁、手卷。往北通是字號店、紅紙店、京文紙、傾銷、合森字號、生熟藥材。北頭路東，老莊家茶葉店，各品芽茶。南俱接連不絕，盡是藥鋪、扇兒。西，張時天店、古連紙、醋張家衚衕西口、張應奉酒飯店，各色奇饌，傾番絲銀鋪、南北香料、藥材店、羊皮、磁器店。往南，打金又皮金鋪，迤南通是生熟藥鋪，到南口。

往東，襪貨、磁器、當店、紙馬鋪，各品名香，五頂神馬奉神等物俱全。當店、南果、海菜，就是大店街南頭，鐵貨鋪。祖師廟緊靠鼓樓，拆毀。

路南是馬道街。定戲有名，皮匣大箱、冠帶帽盒、文具簪匣、七寸枕箱等貨，皆是重銅事件，事件，應作飾件，下同。刷牙报子、舌篦、眉掠，灌香精雅。京城、臨清、南貢、太安、濟寧、兗府各處客來，販買不斷。眼藥。星君廟向南，鐵佛寺，即慧林禪院。南第五巷，通宋門街。

鼓樓西路南，鐵貨、江米店，西羢貨、曲店口。羢貨曲店，曲店或是麯店。再往西，西來有薰雞、鵝、鴨、豆腐、雞子、紙店、書束、毛邊等貨。

此市有天下客商，堆放襪貨等物，每日擁塞不斷。生意如此茂盛，皆因八方衝要，易為運轉，水路水路，應作水陸。通衢，且三府鄉紳不惜其費，是以貨物賣利且厚，故此諸凡不缺。每街酒館，眾客滿座，清唱取樂，二更方散。西軸丈、氈貨、緞店、廣福鋪、糖店、緞店、廣福店、南酒店、清唱局，各色海菜、六安芽茶，余芳緞店、南酒店、諸樣美酒、乾菜、糖果、鮮魚、鰍鱔、團魚、鮮蝦、螃蟹、細片粉、油子粉，至大隅首。

往南街東，乾菜、糖果等物。南是盧家，綽號雷公，宅舍寬大，內有大菜園，一切菜蔬俱全，祥符百姓也數第一家，於王家於王家，應作與王家。爭上上户。省城雖無大財主，也可算第一家。藥鋪、羊油、蠟、成衣、染坊、茜氈、紙、總聖庵，周府建立，曹伴讀看管。

附　錄

往南迤東，藍家衚衕。東通縣後，鮮果、乾果、菜蔬俱有，亦是三街六市：酒肆、油房、麵店、錢鋪、竹貨、箍桶、打錫、切麵、染房、藥鋪、燒黃二酒、火燒、燒餅、牛驢肉車、飯食粗饌，南到縣角。四面皆賣布、故衣，有老婦人替人縫補衣裳。

東通祥符縣。南飯店、大米店，有鄭州、輝縣、光州、固始等處販來大米，乃是獨行，其斗大似褋粮斗。南是周橋，下是汴河，其橋腳北過縣角，南至小紙坊街口。橋上東頭，金龍四大王廟；西頭有勅建石碑，上有碑樓蓋罩，傍有開封府施藥亭，令醫生在此時常調療病症。橋下水深，舟過不免樟，樟，應是桅。時常夜間明亮，傳爲"周橋明月"。此乃歷來古跡。

南是稅課司，東是木廠街。因有僧人在省山村"山村"上應有"去"字。處，置綠黃藍白赤紫酸香不知"不知"二字衍文，宜刪。木料，臨江河湖海，將木放下水去，隨到木廠街，井市 井市撈出，應作井中。撈出，堆集如山，取名木廠街。後蓋相國寺，東通遞運，"遞運"下疑脱"所"字。北隣稅課司，南六陳雜粮，堆囤如山，官斗五十四支。五十四支，應作隻。

往南路東，董家圈衚衕、南柴市，各色柴薪、褋木等物。南小石橋，亦是汴河別支。橋南有乾魚店，所有糟物、海菜俱全，述之不了。各色生意，牽連不斷。

南是原武府西牌坊，往東朝南原武王府，大門五間，朱户金釘，四門皆有伴當看守。其府殿宇一片琉璃，比別府不同。原封爲祥符王，係周國主近支。周缺嗣，取原武兄冊封周王，後將弟改封爲原武。此府寬大，殿宇巍峨，金碧映精。山洞樓閣、亭臺池塘、花草樹木、活水山子、黃河九曲、燈殿、大山，前後兩廂舞旋、大戲數班。西有桂樹百株，隔墻香味撲鼻。滿池金魚有二尺多長，有席，通宵不能遊遍，其景世間罕有。布政區曰："人間天上。"前有青龍背，直抵城墻。大街往南，飯店、酒店、鐵匠、木匠、繩匠、磨房、紙馬等貨，各鋪熱鬧無比。往南，直抵南門止。

青龍背東有梓潼廟，東有小教場。此是東路，至南門。

再從西下馬牌往南，路西灣橋一座，上有紗帽鋪，專做王侯、大小文武官員冠帽巾，金、玉、犀、瑪瑙角帶，并女冠等類。南有代書、張指揮、醫獸、瓜子坊子、瑞金王府。南鎮平府衙衕，內向南鎮平王府，出了多少文宗。口南銅匠鋪、絨線、梨店、乾菜店、絲店、裸皮匣、翻刻經書、竹匠、榻匠。

西亭府前有牌坊，上書"宗正府"三字，內大門三間，內向南，二門三間，前後屋宇，不記其數。正南對過，水山花草，亭洞極奇，雖勢頗狹，精巧雅致。內坐宗正一員，號西亭，係崑崙之子，是鎮平王宗室。其人天生才子，無書不覽，家有活字板、古書幾房，珍寶玩器不記其數。其才有先見之明，觀宗黨亦有文通大道，遂上疏設宗學，謀選宗正之始，各有司無不敬重宗生，果有發科。西亭故，其子御，諱勤美，號竹居，其才過西亭。設五書院、天毯館、五柳亭、禮賢館，別館有數十處，結交天下官員。北京會試之時，遣人代禮代禮，應是帶禮。進京，新進士每位送禮一分。那進士來河南做官，到任行香朝王畢，先來拜望。所以天下官員無不欽敬，來就席面，誰不相厚，過往官員，連絡不斷，俗言"竹居林山，連日有酒"。其子履坦，爲人不肖，幼亡；孫永芝，受欽命大宗正文執事，下學講書，與祖一樣行事。

南竹貨鋪、機房，所織者包頭、首帕、縑、裱綾、畫絹、羅底等貨。明醫明醫，應作名。羅家，獎匾無算。生豬肉架、各樣南北果、乾菜，三街六市，熱鬧第一。

附 錄

往西拐，過街路北石牌坊是張皇親，上書"倡義捐輸"。西，襪貨、鐵貨、鐵條、口條、白線冠髻、布花柯兒、首帕、汗巾、雨傘、絲帶、余大緞店、前截鋪、前截，疑是剪裁。余濟緞店、零剪鋪、余鴻緞店。李璉衕衕；修補門牙、青銅時鏡、程家鞋鋪、布店、當店、絲線帶子、成衣。察院東鋪户，大旗照壁前所賣大米粥、粽子、油粉、銅貨灘子；灘，應作攤，以下俱同。西大旗杆西鋪户，成并快鞋鋪。西都司，西綿線市，茜紅纓傘鋪，銷金曲柄綉傘、方傘，俱曲柄，黃、青、藍捉影雨絹鬧龍傘、片金扇、打扇。西有梳子店，三巷，每巷有三二十家，俱四川黃楊、福建荔枝、松根净齒精緻梳櫳、偶戲飛線。西，當店、賣襪，西抵鐘樓，網巾、繩、錢鋪，曹金牌坊，胭脂、宮粉、香袋等物。

往東路南，高燒酒、臨清首帕、汗巾、雨傘、葛布。東，皮襖、襪、褲，上京發賣鞍轡鋪，針、粉、胭脂、梭布店、酒園，諸樣美酒，各色美味佳餚，高朋滿座，且有清唱妓女伺候，任意取樂。東有絨線、臨清首帕店、銀花青絲汗巾、帳子、圍裙、余深緞店。東有首帕鋪、周府潞油店、關家傾銷鋪、陳漢章南鞋店、青銅鏡鋪、起磨古鑑、鬏髻布、鬏，不見字書，應作狄。花束帖、紙張，至大隅首。

往南，乾鮮果、錢桌、酒飯店、箍桶、鞔鼓。往西拐，是館驛街、奉新王府，有馬明王廟、馬明王，應作鳴。大梁驛，原是宋時小御巷，風鈴寺故基，乃宋徽宗行倖倖，應作幸，下同。李師師處，僭稱師師府，下有地道，直通宫院，帝從此倖師師府，明改爲大梁驛。西有小關王廟一間，□靈，因修蓋募化布施，在櫃下作，頓得時盜去銀一封，□南門走，□見一紅手，有五尺大，有神風阻面；回往北來，却復至廟中獻出，免究一顆，蓋成大廟，香火鼎盛，求籤即應，不分明夜，香火不斷。

西有牌坊，上書"皇華"二字。止還從東頭大街往南，生意掖門不斷。至縣角布故衣，又往西眼藥鋪，各色襪生意。路南有李鄉宦宅，并立二門牌，人呼爲紗帽李家。西頭皂靴鋪，定做選材通襯文武官樣、四縫恰恰，應作掐。金男女朝靴。西抵延慶觀止。

再從縣角往南，周橋南染房。小紙坊街東口往南，襪粮大坊子、浦江王府。向西，寧鄉王府、遊擊府、豆腐衕衕。東口迤南柴市，逐户生意，只只字疑誤。小石橋南，封邱府角。迤西封邱王府，絕後，蓋魏忠賢祠堂，忠賢勢敗，火急拆毁。酒飯各樣生意，排門都是。至順城街、營子街，直抵南門止。

又從鏃匠衕衕往南，鏃各樣巾帽盔，各色器用，紙扎鋪、賣老卦扇的。東是商城工府、熊家衕衕，磨房、酒店、紙馬鋪、賃喪輿、綾旛、旗傘、魂亭、明旌架、吹手、小弟、大馬，小弟大馬，應是小厈。油燭、紙張鋪、飯店、北到大店角。路東，傾銷鋪、果子鋪、薑店，内賣鮮薑、甘蔗、荸薺、栗子、白果、土茯苓。南，飯酒鋪、燒酒、秋露白酒。西是大山貨店。西，路北華亭王府，大門改大襪貨鋪。南，柘城小店，專住妓女，過客酒店。南，又新店，俱住貨客，妓女甚多，飯店、酒店、襪貨等鋪。南是油店，住者香油、菜油、綿芝麻、菜子、吉陽夏布、毛紙等客，稍有妓者止三四家。店門南鐵匠專打鎖、定牲口蹄子。南，扎彩匠，做顯道神頭身，其頭模有五尺高、六尺圍圓。王府出殯，纔用此物。南臨板廠衕衕。南細色是都司官店，細色不解。内有官機官機官機官機，有誤。乾布，建寧熱水中長紅黄夏布，却無妓女。路西，酒館、飯鋪、臨清店，專住妓女。南，草料鋪、麵房、成衣、雜粮、紙燭、糖店、杉板廠、裁縫鋪、做大綠獨行。臨醋張家衕衕東口，古董、粗磁盆礶、炊箒、笤箒、桿面杖、蒜臼、笊籬、杓瓢之類，磨房、傾銷。緊靠樓，

附 録

樓下通是小爐，打擺錫事件。老鴉宅方脉、荼弓箭。荼弓箭，荼字不見字書，或是荼，音蛇，姓也。

路南，是鵓鴿市所，賣鵝、鴨、雞、猫。南是爛麵衚衕。迤東，齊陰陽衚衕。西向東，路北臨汝王府，南博平王府醫官、第四巷。南通宋門大街。

市口路北，三井衚衕，眼科，定稱衚衕，做風箱，箱字不見字書，應作匣。方斗諸小樣活。北織負版，做孝帽，東有炒黃丹，通紅河沿，西通板廠衚衕。

南口迤東，高、張、劉鄉宦住宅。路南往東，兵科給事中高家住宅。東是皮店。再是西藥材店、再是西藥材店，應是"再往西"。齊陰陽家衚衕。東是五勝角，止到南頭，爲之左龍鬚。

又齊武廟街往南，染房、布政司更道。路西俱是布政司東墻，東一直是都司官房，武廟門過街坊，書曰"成武坊"。迤南路西，宣武衛官房，南大門三間，上匾"宣武衛"，內有掌印指揮一員、巡捕指揮一員、鎮撫司指揮使指揮，同指揮□□□十四員、千户三十六、百户七十二，俱世襲，有獄經歷司，司是開封府管。南許公祠、張公祠、五公祠，俱春秋二祭。總鋪南，燒餅、染房、藥鋪、打銅、過客店、酒店、客店、飯店；又客店、湮店。湮店，疑是煙字。又客店、成衣鋪；又滛店、滛店，《周禮·考工記》：慌人涷帛，滛之以蜃。注：滛當爲涅。傾銷、銀鋪。路東，磨房、雜貨、賣石器、冷酒、雜貨、成衣鋪、過客行臺、樓口，以上各店俱妓者。又成衣、南貨、客店，却無妓者，雜粮、草料，東一小巷，通梳子店。南，紙馬、傾銷、醋鋪、切麵、草料、繩包、雜物、飯店、酒館、布襪、烙饝；鐘樓口，網巾、繩、錢棹、暑襪、線襪、紫白布、帽匠；樓下圈中，南京貨物、廣東人事、房中妓術也，有亡命之徒去買。

樓西俱京貨，縧兒匠製造印綬、儒縧、鈎總、裙縧、結掛。過街牌坊一座，乃是靈寶許讚的。下賣灌香刷牙抿子、垂頭舌篦、耳杓、耳撚、帽靴、鬃刷、皮箱、描金捲胎漆盒。堂子路南，手帕、黃黑雨傘、香鋪、合香、攢香、掩巴香、香帶、連籠、椁圍等物。帽巾鋪三二十家，所定百樣巾帽。布政司，酒店、當鋪、成衣。按察司西，京文紙鋪，有賢大嫂廟。西，酒鋪、官帽，製官帽、幞頭官帽，製官帽、幞頭，應是官帽鋪。之類。羊肉麵店，日宰羊數隻，麵若銀絲，扁食、奪魁，各府馳名。西至府角止。

　　往南，半截街，打紅銅諸樣器皿、鐵鞋幌，有名鞋鋪三鑲卓履、折鞋、方夕、萬卷書程子刻絲雲頭、雙剢剢，應作剌。細鞘各樣檀檀，疑是氊之訛。鞋、儒履。以東，食店、過客行臺、酒館、草料、繩包、鞍架、鞭鐙、角皮滛店、紙商、葛羖子纓子店、夾剪、摔剪、鈴鎖、毯毯，不見字書，當是毯之訛。等貨。六府角迤東，酒肆、麵鋪、成衣、錢椁、過客店、代書呈詞、狀格紙張。滛店二座，助老扶幼、走馬、烏鬚、扶乩、戲術、棒瘡料理。北頭，酒樓、巾鋪。

　　再從樓東往南，俱是錢椁，冷提、臘燒等酒，胭粉、銀鋪、大館賣猪肉湯、蒜麵、肉內尋麵，諸食美味，闔郡馳名。南，頭盔靠子、梨園把子；南是織染局；南書鋪，直到南頭館驛街西頭。南，成衣局、小書灘，以南皆香鋪，魚骨為記，有名合香、一切襪香，有三五頂名冲賣。有飯館、筆鋪數家。

　　往西，成衣、談命館、麵鋪、客寓，有妓、膏藥、代書。又客舍、包公祠、開封府西，各色人役官房。新街南口，過客、酒店，半截街南頭，路南大傾銷處，專傾上納圓寶、大小成錠。客寓、天主堂、西亭祠、巡道衙門、西河衙、于少保廟。西，馬金橋，又名蔡太師橋。往南是高墙，即閑宅，罪宗所禁處。老君堂西抵城墙。

府門正南路東，各廳南通送子橋，西净安街，南倉西角。向東關王廟，南通吕御史街，南抵城墙止。

再從延慶觀南，各項生意熱鬧，東大紙坊街口，白布店。延慶觀大門三間，門前石獅，向東關王廟三間。向南，二門三間，正殿三清天尊。後八瓣塔，八面鮮山鮮山，應作廞山，見後。琉璃，下方内洞衕磚壘砌，约四丈高，内有張三丰遺跡。轉東白磚，無木亦無板，純磚砌做□□□□，西有小殿三間，内住全真道人。專下過往客人、官員、清客。南，小倉。東，小紙坊街口，有坐門房妓者，係院妓使婢，身體不拘，乃光棍樂塲。按院積穀倉，改爲鑄錢局，造天啓、崇禎錢。南是倉東角，西是撫院積穀倉。西，軍儲倉，大堂三間，厰房棋盤蓋造，六十間，俱是九檁，中有晒穀塲，且又寬闊，積穀備賑。

西南，孟子遊梁祠，左坊"居仁"，右坊"由義"。路東邵陵王府、名醫鄭繼元，其子鄭封，會過進士。又有安吉王府。南往西，按院衙門、雷家橋。南向北，關帝廟一座。東，校尉營，向北觀音堂止。此爲右龍鬚。東、西二鬚，是周府風水。

又齊東下馬牌往東，茶庵、三皇廟，路北一直通是蕭墻。

路南，琵琶趙家、走京李家，專請封、報名、幹王册封之事，桂齋，好養鬥雞、鵪鶉。宜陽王府冰窖、畫鋪、藥鋪、卓典杖住宅。又菜鋪、做紅土邱家，乃是獨行鋪户。

鏇匠衚衕東，飯店、崇雅香鋪，去麝加檀，真正素香、酒館。東，香末店，藥家姓彭，彭祖後，謝廷璽、新三營將官飯鋪、酒肆、乾果、麻刷等貨。此是周府東角樓。路南，雜貨鋪，東有過街坊，年久，字跡俱無。東有一坊，上書"恩宥坊"三字，板廠東是李宅後房。

路北，鋪户、酒店、切麵、當鋪、結帽匠——乃是工正所人，專結牛馬尾、各樣巾帽。時常發出破網一二十頂，洗補爲甚，周王有此破物，只爲□□□□金簪，任意創痒，所以創壞不肯抛棄，發出洗補，其網不置一文。上定俱金圈，羊脂、碧玉、瑪瑙、紫金等圈，其寶無比。

東是堵陽王府，爲接嘉靖，皇帝見其年老，賜其雙糧。登基之二載，上問周藩："堵陽王可好？"隨頒下匾來，上書"御書存問"四字。安吉王亦接嘉靖，上喜"安吉"二字，亦賜雙糧。東，會長府。東，原武府避水樓、壽木鋪、柬帖、柳條楷橊等、當坊鋪。東，會王府。東，汝寧王府，後改爲仁和王府，到土街角短工市、遂寧王府、成衣鋪、魯陽王府、會吉王府、燒餅、盒檐，出賃磁器，家火，酒絡，段盒，雞鵝籠，娶親披紅、銀花等物。街南，眼藥艾家、張宏濟藥室、魯陽王府官廠、艾文所藥局、漂匠、做傘籠、醫獸。

彰德王府東，酒飯鋪圈、王家角、酒飯、油坊、染作、碾布，生意連接，至油房角。東，飯店、鞾鞋、宗學。東，保生堂。往北，一小巷，關王廟義路。東通雙龍巷，產大舍之所，西通遂平王府角。

磨房、酒肆、雜糧坊子、傾銷銀鋪、酒館、麵店，至轆軸灣，坐南朝北奶奶廟。兩廂紙馬、雜貨、乾鮮菜蔬，各色生意；有百步拐，向東直冲仁和門，名曰轆軸灣。往北，十二祖母廟。南是觀音堂、三官廟、火神廟、繩匠、木作、鐵匠、染房、酒鋪、火燒、燒餅、各色農器，直至曹門。

油房角，南通東嶽廟後。往南，坐東朝西關王廟、大王廟、雷祖廟、魁星樓；東朝南日光廟。

曹門往北，西亭府書院，週遭水圍遶，有遊湖小舟，北有葦蘆；北，觀音寺一座，係周府香火院。山門、二門、大殿五間，上坐觀音菩薩；

附　錄

東配殿千手千眼佛，西配殿有轉輪藏、鐘鼓樓；後有山亭、透靈碑一通。尼僧百衆，設女學，周府內小婢女在此讀書，老軍把門，閑人不得擅入。

北有鐵塔寺，名曰祐國寺，又曰上方寺，觀其塔色，俗呼鐵塔寺。前是山門、兩角門，門前週圍高丈餘；東立鐘樓一座，磚座有丈八高，上蓋一樓，四面門上琉璃四扣獸，附簷四面琉璃佛，其樣極古。內懸銅鐘一顆，布袋樣，重六千斤，下有陰井一眼，深二丈餘。北面，壇擦可上。王蕘，撞鐘三日三夜，曰"引魂鐘"。內正殿五間，內接引佛一尊，約有二丈高，銅胎。中有佛殿五間，中坐佛，兩山羅漢。後有琉璃塔一座，一十三級，上有銅寶瓶，高丈餘。八面風鈴，八角皆大鐵燈，遇節遍點，遠觀如同火山一般，層層皆有鐵佛，八面圍廊，六面檻窗。前有前門，匾"天下第一塔"，兩邊篆字對聯。後有地藏王殿，敬德監工重修。東有五柳亭，前栽樹木茂盛。至正月初九日以後，遊人不斷，走馬射箭，攜盒帶酒，或在五柳亭塔週轉地灘、樹陰之下，任意盤桓，鼓板笙簫，美韻盈耳。本寺雖有僧百衆，只□□□□客前後照管。

西有三官廟。西是黃塔故基、杏花村。西向南，三清觀，乃宋時延福宮，元踏成一片平坡，明修改爲三清觀。後殿雷祖，西通七府角。

北門大街迤西往南，靈官廟，北是蘆葦，東南鹽地。

前踊一道，中有小橋，東通打箔衖衖。西，路北，蓬萊閣，四面皆水。北，葦坡。西向東，小關王廟一間。後是周府東北角樓。

往西，後宰門。門東西貼蕭墻，住多有熬鹽，俱無租課，府若有喪事，撥人執幡，皆是鹽地做鹽納硝者。角樓南、蕭墻根，俱是軍民雜居。

東有宋真宗勅建泰山奶奶行宮，銅像九尺五寸高。後殿，張娘娘替僧焚修，改門向張國紀，掛匾曰"宮載龍華"；前殿，火居道人焚修。

東，古三皇廟一座。其基高丈六尺，鮮山殿三間，內坐三皇、上帝、四配，兩廂十代代，應作大。名醫。前是開天之殿，亦是廒山轉角，四明琉璃閃屏，上龕內道德天尊；頭門三間，石獅一對，天下第一古廟，元至元五年重修，明周王重修三次。

東，香山寺，東通槐樹吳家口。西是二仙奶奶廟。西南，向北觀音堂，朝南祖師廟，衆人住居，至東華門東。

路北，段儀賓府，周端王長女。東，裁縫鋪。東北，穎川王府。東，應城王府，其府內燈殿、山亭，不亞原武。有木器、賣麵鋪、酒館、當鋪、沈邱府後院大獨冰窖。南，沈邱西牌前園；東，沈邱王府，孫家篦、乾果、粽子鋪戶。

路西，東華門，成衣，四五民家住。迤南，蕭墻直至東角樓口，南，西通五府街，朝南關爺廟，東通打錫衚衕止。

北門，南陞仙橋，飯店、酒鋪、染房、香紙鋪、張雲黃痘疹科、染房、繩鋪、驢市、棺材鋪。路西，門牌王九德家、七府角，各樣肉菜俱全。迤南紅門，乃汝陽王府。路西，王允朗家、應城府炭廠、觀音牌。路東通觀音寺。南，打箔衚衕口，磨房、酒房、紙馬、香鋪、小關帝廟。從福善街、槐樹吳家口，東小關王廟，西通柘城府冰窖、二仙廟，住道姑。南柘城王宗舉、走京李家，上京幹王祿、册封等事。柘城王是副宗正。大關王廟，頭門三間，石獅子八字閃墻；大殿三間，廒山轉角，上坐簾胎武扮大關爺像一尊。前簷向南，周世子像一位，爲捐金重修廟宇，故設此像。兩廊功臣，後寢宫。左有五瘟殿，右有岳爺殿。大殿北，三義殿，左右五虎，乃張、黃、趙、馬、姜維。大殿前，朝南諸葛庵，丹墀有飲馬池。

街西路北，柘城王府，內有山亭、閣、花草等，遊玩比原武府還勝。

附　錄

大門五間，前是雜雜字下疑有粮字。坊子，西有小門，通潁川王府。南是外科陳野菴、紙馬、磨房、成衣。應成王府，乃是花門。角東，宴公廟、胙成胙成，應作胙城。王府。東，遂平王府，有冰窨、燒餅、切麵、染房、酒肆、鄉宦王兵馬家、沈邱府東牌坊，南俱是鄉宦、王親居住。

儀封王府，爲盜李鄉宦家事發回鳳陽，將此府賣於都諱任家。東中亭牌坊，後賣於崇岡。北是住府。西，童家小巷。東，大瓦寺衚衕，有丹客祁，專燒煉爲生；丁文泉百樣烟火。至土街，成衣、響糖鋪，所造連十、連五、連三合槕，各樣糖果；磨房、驢肉鍋、賣棺材、織竹簾、打鐵箍、泥牛匠。後東，線兒李家衚衕，有挑筋教禮拜寺。東有義寧王府，東北通圈王家角，南通塌房街，向南是奶奶廟。

南，東岳廟。每年三月二十八日，聖誕之辰，五日前，會起，進香、做醮，擁塞滿門。所賣諸樣貨物，遍地都是。搭棚滿廟，酒飯耍貨，諸般都有，買之不盡，香火燎天，人烟蓋地。

大街南往西，路北李二河宅子，一連三處宅，俱是高臺，一般蓋造。西，王峼嵊諱霖住宅，原係宋趙普府。

大街路東，小山府，大門三間，牌坊一座，上"孝子坊"，下書"孝子睦梁"。兩邊黑鹿角，鹿角下，井一眼。內殿宇華麗。小山故逝，孝子睦梁，號書亭，出殯之日，孝子送至坟，廬墓三年方歸，奉勅所建。此坊西有柬帖、成衣、化匠、磨房許家，旌叔得仙，水遁而出。東有夏家衚衕、占候官陳理軒，東通奶奶廟。

路西，王宅、柱史坊。路南，文書寺衚衕、河陰王府、紅河沿北頭，打飛金爐、燒餅、轎鋪。路北，校尉營、染房。西，萊陽王府、打錫衚衕南口。西，五府街南頭。西，熊家衚衕南口，當店、紙馬鋪；西是大店街角。

又從大街，切面、鞴鞋、成衣。東，黃瓜衚衕、三官廟。南，炒米衚衕。路西，張平山宅、外科、裁縫、點笙，至五勝角，六陳。

往西，南京大轎、花櫪木、櫪，應作棃。大磁瓶礶、各樣京貨，劉、張、高鄉宦宅，定稱衚衕。迤南，三井衚衕南口，眼藥、弓箭、禩貨、粮食、紙馬、客寓、老掛宅；路南，齊陰陽衚衕西口，南是第五巷，南抵宋門大街。

大街往東，氊貨、作房、各色生意。東，火星廟。

大街往南，吹鼓手鋪、鼓樂旗爵，賃披紅、銀花、蓋頭等項。向南博平王府，西臨汝陽王府。汝陽王府在北門內，已見前。按：此當是臨汝王府，陽字似多。迤西，路南第四巷。

路東，皮塲公廟。南是三間黑人門，上匾書"富樂院"。內有白眉神等廟三四所，各家蓋造居住，欽撥二十七户，隨駕伺候奏樂。其中多有出奇美色妓女，善於恢諧、談謔、撫操絲弦，撒畫、手談、鼓板、謳歌、蹴圓、舞旋、酒令、猜枚，無所不通，怛怩脫洒，溫柔雅度，動則入神，與俗妓不同。至於酒筵開樽，六沉俱備；房幃之中，六事俱全。錦衾綉褥、鴛枕羅幃，件件精潔，異香噴鼻，襲衣不散。每日王孫公子、文人墨士、巨客行商，坐轎乘馬，月無虛日。真是出入有鴻儒，往來無白丁。"曲江曲""黃四娘"言不虛矣。似此風景佳麗，可宜買俏追歡，甫得此一樂，不杠為人一世，此人間一美景也。

路西盡是做粧奩、床帳、棹椅、木器等物；五彩硃紅描金退光，一切陪送家伙，捲胎拔絲灰布；定做描金方圓段盒、果棹等盒。院角南，直抵五龍宫止。

又從宋門迤南，開天庵門北，盡是做燈、人頭、耍貨、艾虎、竈神之類。北通曹門，一排水波，名曰"城河"。南是石盤衚衕，挨門逐

附　錄

户生意不斷，西至府學。前，東西石碑二座，左書"攀龍鱗"，右書"附鳳翼"。西馬道口有小木牌坊二座，東是"德配天地"，西是"道冠古今"。中有欞星坊一座，石獅。閃墻上，左壘"河出圖"，右壘"洛出書"，俱是琉璃。兩邊下馬牌，路南有天池牌坊一座。前欞星坊内，石子踊道，只至泮池，週圍石欄杆；正南吉門吉門，應作戟門。一座，上有豎牌一面，上書"文廟"二字。大殿五間，正坐夫子，左右四配十哲，兩廡七十二賢，東名宦祠，西鄉賢祠，後殿啟聖公。西臨學頭門，兩厢明倫堂，有教綬一員、訓導四員，門斗、樂舞生、祭器、樂器俱全。西有樂義書院、西院角、儀封王府，後賣都宅。西第四巷南口，西鄢陵王府，乃七國朱亥之故基；第五巷南口，張尚書諱孟南，尚書名孟男，作"南"非。門匾"太子太保"，金陵朱之藩書。男是張民表，號林宗，草字人難求，醉後方書。府西是寺橋，糖果馳名第一，高牌紙店、光花雨旱紙傘、鑄造生鐵器，各省馳名。紙扎匠、設火、喪轝俱全。南通原武府後，生意連絡，茂盛無比。

往西路北，有相國寺一座。山門五間，三空六開；西稍，四金剛；前石獅。閃墻匾書"大相國寺"，唐太宗御筆。東北角金剛，咬臍郎緙死脖膊上，嚇的金剛黑夜逃出北門而去，至五鼓，有賣柴人見，喫一驚，呼曰："好大漢！一似天王。"被人識破，不能行去。後勑蓋天王寺，見在土城。山門裏，東西石塔二座，有三丈餘高。二門五間，内四天王，其像威儀無比。至大殿，其殿座地基六畝三分大，純木攢成，并不用磚灰，九明十一，四六槅扇，上是一片琉璃，脊五尺高，獸有丈餘高，銅寶瓶高大無二，上匾曰"聖容殿"，乃元時不花丞相親筆，其字再無可勝者。左右兩配殿，元時大殿内攛出火焚之。左有伽藍殿，右有香積厨，内有銅鐘一顆，清晨早見鐘有霜，此乃相國寺霜鐘也，一景。

大殿內聖像俱是籘胎、銅胎，並無泥塑，有自來佛不知其數。後又走去幾尊，管年恐失其佛，俱請在禪房供養，後有祥符縣縣令季寓庸盜去。殿內有石牌 石牌，應作碑。一通，上是張平山畫布袋佛，後畫觀音菩薩，俱李夢陽題咏、左國磯書寫，稱爲中州三傑。東南殿角內匾一面，綠地金字，上《西江月》一首，前四句失記，止記後乃是："崆峒文驚海嶽，國磯筆振天涯。平山神畫道子佳，中州三傑無價。"此殿乃佛置木料、魯班修蓋，正上六梁，前後共柱七十八根，其餘材料異樣超群，天下無比，中原一寶也。

東丹墀，有宋樞密院王欽若碑記，約有二丈高，乃渠之親筆所作。後有大閣，乃周王 所建，三 間，四丈高，上坐大慈大悲菩薩，有楊和夫婦像，在西側 跪立，即相老相婆也，唐天子曾在冥府借過金銀，因塑在此。後有地藏王殿五間，後俱是僧人所居，前後可有二三百衆。每日有說書、算卦、相面，百藝逞能，最是熱鬧，亦有吃食等項，僧家、藝下、過往官員及大商、茶客、清客等衆往還，擺席接妓，歌舞軒昂。大門東，有老婦人與窮人漿洗衣服，縫縷補綻，熱鬧無比。

往西路南，酒飯店、良醫膏藥、打印、銀鋪、錢棹、紙鋪、代書、成衣、茶館；路北，祥符縣衙門，各色衙役官房。西，縣角。

城裏東半略完，再從西下馬牌往西，路北，茶庵、竹杆廠；迤西，通是蕭墻。

路南，紗帽、成衣、畫匠鋪、汗巾、牙子、木廠，賣白松、黃松、排木之類五六處，有史典杖住宅。旗纛廟街北頭，磚橋一空；西，帽鋪，門砌小山子、魚鉢之玩。西，古董鋪，至周府西南角。觀音堂路北，保寧王府；西，碾子衕衕、湯溪王府；西，貢院。南是城隍廟東夾道，其廟每月初一、十五日大會，樹木、花草、古董、木器、細車、細車，

附 錄

應是紡車。粧奩、牀帳、棹椅。南抵按察司墻，盡是賣果木、茉莉、建蘭、栀子、砂鉢、砂盆、綉墩、花礶、小轎、骨花、抽挪大轎、石景、花盆。街北，二徐祠堂。西鄰張仙廟廣生殿，門裏俱是金魚、銀魚、火眼三尾魚秧等項，魚缽、魚盆、鐵篦、蟲兜等物，飛禽鳴鳥，百靈造化、畫眉、黄雀、角藍、鵪鶉、猫犬之類，諸樣絲羅、鵪鶉哨子、明籠、竹籠、滚籠、串袋等物。西隣府城隍廟。

照壁、鹿角、牌坊，大門三間、東西角門、踊道，二門三間，東西兩殿，七府并汝州城隍。踊路、殿臺俱石欄杆。大殿五間，廈山轉角，上坐顯聖王，朱太祖行兵助功，勅封顯聖王。左司右判，後殿如前蓋造。週圍五十四司，神籤最靈，香火不斷，禱祝諸事無求不應，各處進香擁擠不斷。照壁前，賣牛馬尾、網帽、唐巾等貨；牌坊下，賣描金彩漆、捲胎拔絲等盒，帽匠盔洗舊帽、安鞭爪，兼補破壞，每日有老人家漿洗衣服；東角門外，賣棹、椅、牀、橙、衣盆等架，大箱、衣箱、頭面小箱、壁匱、書櫥、一切木器；西角門外，賣軒轅鏡、菱花、穿衣、錦背、諸色古鏡、青銅時鏡、粗細芽茶、玉容宫皂。

鹿角外，賣錫器，各樣走銅山水器皿等貨俱全，兩邊盡是嫁粧之物、大小竹貨等類，蓮桶、蓮缸、珍寶古董、雜貨灘子。

外邊開其大概，且說大門下，賣油別、油別，應作油饆。油羔、煎餅、蒜麪、區食、油粉、酥糖；踊道中上，踊道中上，上字應刪。賣絨線、翠花、珍珠、珊瑚、各樣銀器盃盤，零剪紬緞，諸樣頭條、汗巾。

東角門裏，時鮮乾果之類，不能盡載；西角門裏，賣梳櫳竹篦、假銀生活等物。

二門東角門內，擺設名琴、古畫、犀、玉、瑪瑙盃器、爐瓶器皿，貂鼠、海獺、虎、豹、鹿、麂、狐、狢等皮。踊道上，賣灌香刷牙抿子、舌筢、眉掠、修補門牙、香袋、香篗、扇囊、盛香等物。

西角門下，賣棋，皆是彩帛製的，南絲帶、各處汗巾。

西丹墀，賣羢、羯毡毯、葛夏布疋、各樣鞋鋪等物，廟臺上油靴、油鞋、泥屐、傘鋪；臺兒上，俱是男女緞靴；月臺上，各色梭布、小機等布。

東丹墀，紬緞、故衣、首帕等鋪。踊道北頭，賣墨、筆、硯台、南京草履；週圍廊下，俱是小書、時畫、聖像、故衣杆兒、賣藥、算卦、僧道化緣。其廟之會，大略此也。

往南街東，小書、時畫、算卦、相面、戲術、篦頭、修脚之類。街西，銷金法衣、道衣，打銀鋪二三十家，賣寶器、珍珠、翠花鋪，打紅銅各樣器皿，至六府角。

往西，染房、永寧王府。西，皮局，硝熟各樣皮張，俱是回回住，有禮拜寺。向南，墙上有姜太公廟；往北，饗堂門口，乃宋國公祠。西，陳鄉宦。西，魁星樓。

府城隍廟迤西是縣城隍廟，其神為接嘉靖失悞，將城隍貶出城去，在奉神岡住，到萬歷四十年纔請進城，修建廟宇。西鄰濟瀆廟。西，楊家衚衕。向南觀音小堂，一處西凸上房，都是私科賃住。

口西，有修補角燈小鋪；西有静一打銀店，專一打龍鳳、花草、山水、人物，瓮筱 筱不見字書，應作鉗。 嘌絲，乾帖真金，管化十成。迤西，楊宅，原任三邊總鎮，家有人皮坐褥、三賜玉帶。西，上洛府角；向南，上洛王府。西，順慶王府，後改為安鄉王府，北通大瓜隅頭。

路西，城市丹邱乃上洛府山衽，其内山景非凡，猶如仙山，雅趣異常。文墨詩讚更多，篆書一部，二册，名曰《好我篇》。路東，宏文書院，亦上洛仁義衚衕南口，弓箭衚衕、燒酒衚衕南口，西抵大城，南通夷

附　錄

山群止。群，應作郡，下文有夷山郡可証。

宏文書院南，魁星樓；西朝南，縣學。南有印池、石橋，四面皆水，有泮池、石欄杆，内殿宇、廊廡與府學一般。學衙門前，接骨龎家，安牙骨，上胯骨，跌打損傷，藥到病痊，其妙不可言，只此一家。西是縣學西角，北通小瓜隅頭。南通蓆店街。

又丁家角往南，馬驚橋，東通静安街。南是大道宮角。往東，吕御史街。街中南小巷，海潮庵；路北，三官廟。西頭路南，關帝廟，廟後河波。往西路北，提學道。大門三間，匾曰"中天文學之司"。西鄰勅賜大道宮，三月三日大會，北直、山東朝武當，此爲第一宫。修醮、打齋，香火不斷。西，許真君祠、蚎蜡蚎蜡，應作八蜡。廟，兩傍俱是做毛竹篦子，与别鋪不同，所以進香之客多買此篦。正西朝東，洪山廟。廟後墻迤南，大井，南，靈官廟。城根一帶，婦人俱鎖雲頭，做各樣名鞋。宮前俱糊金銀，打絨線，賣紙馬、吃食，大小生意自不必説。三官廟左近，抵河波。方圓人家，俱做布襪、紡綫、結柯兒、結柯兒，柯兒即壳兒。捏狄髻，髼髻也。其大街小巷，不記其數，俱小生意，亦不能盡述，只是熱鬧無閒地。

再從大街貢院迤西，内鄉王府是上十王府。有四門九釘九帶，門前便是厨役市，凡有酒席，來此炤顧。西，安昌王府，有各樣鋪面、小機布店、染房、漂白粉房，做餹火，打銀礶；西臨京山王府，府前通是六陳行，買賣日夕不斷。

關王廟前菜市，肉菜俱全。往南，酒飯店、紙扎匠、陰陽局、當坊鋪、上洛府角；西，小瓜隅頭；南，仁義衖衖、弓箭衖衖、臨門大小生意，擁擠不動。官廳南，打造盔甲、什物、鎗刀劍戟諸樣兵械俱全。南，夷山郡，直抵西門止。

又從西角樓北，東是蕭墙，至西華門，汗巾、齊家香鋪，各品沉檀、素香，各省馳名；閻儀賓府，王戚、内相外宅，和尚心燈、香鋪、千佛堂。北是西華門，貿易不亞大隅首，買辦粧盒進上，皆在此。爲東華門不開，西華門熱鬧。北是八府園、五道街：第一道觀音堂、關王廟，北頭净土庵、鹽神廟，東通後宰門，盡是鹽地；第二道街内是機房，所織花素生縑、烏綾包頭、秋羅、屯絹、護領等貨，有三皇廟一座；迤西三街都有廟宇，大小生意，亦有皮局，回子居住，有禮拜寺。西臨玉陽觀。

西，五瘟廟，廟西有楊府聚將鐘，在坑内，上露鐘鼻，孩兒洗澡可攢〔攢，應作鑽〕。過去，越刨越沉，不刨復出，真神鐘也。西隣孝嚴寺，乃楊景追薦老令公建造此寺。寺前俱是醋作房，各樣醬菜發行。西抵石井河，河西城墻。大街小巷，王府、鄉宦牌坊，魚鱗相掖。滿城街市，不記其數，勢若兩京，大同小異，其規模一體。

一紀

五門、五關厢，郊外之景。

且説麗景門外吊橋下，有過客店、竹杆行、羊毛行、皮店。東有朝西有玄帝廟；路南閆王廟、社稷壇；北有棗園，古井一眼，味甘且清，烹茶皆取其水。關南一帶燒磚瓦窑，做作磚瓦、獸頭、朝尾、勾簷、滴水、獅子、巴磚、琉璃等貨，東至陽正門止。

又説南薰門外吊橋，迤南酒飯店、襪貨、紙張等鋪，安歇過客，排門披户，生意不亞城内。東有應城花園，内有荷花池，池中有亭，其園中玩賞之處無不精潔，名人詩讚牌匾無數。往南路西，有周府碗店，乃是神垕磁器碗盞，周王接節迎節在此更衣、治席，即爲行宫。

路東，教場兩轅門，正東朝南演武亭，左有將臺，南大照壁，東

附　錄

關王廟，廟後有營房百十餘間。南有千柳園，再南抵土城。

教塲東婆塔寺，名曰國相寺。一磚一佛，其塔最大，被龍撮去半截，止遺三層。內有天井，空虛。下有一洞，內塑佛像。前有前殿、兩禪室，衆僧居住。西有白雲寺，又有中山武寧王祠。西南有保母墳，周府老死宮人葬此。

塔後朝北，靠塔有玉臺書院，名曰九仙堂，此處原係分守大梁道王諱賢所建。前有照壁、鹿角、閃墻、大門、踊道、二門、角門，內有大庭、臺榭、橋梁，自高而下，蹭磴壈擦，勢若山嶺，清幽雅趣。後有高閣，上塑八仙也。也有王公像，共九位，名曰九仙堂。因寬闊宏廠，所有經過往來官員，在此歇宿，免於進城朝王。

往東，有二姑臺。此臺原係修塔之時，一婦人首帕包土來助，管工員役笑曰：「些些之土，能助大工乎？」不用。其婦乃通名曰：「吾乃二姑。」往東一拋成一臺，取名二姑臺。上蓋一廟，後久作祟，改爲禹王廟，曾在此審音，名曰吹臺。後有十賢祠，塑十位撫臣像。每遇清明、端陽，城內王孫公子、士庶客商擔盒携酒來此踏青遊玩，乃郭外之一景也。

塔東有井一眼，做豆腐有異且嫩又多，所以週圍俱是做這樣生意，每日大城東南二門開時，擁門而進。

再言曹門外吊橋下，有井一眼，善煮豌豆餡，各井俱是泉水，各味不同。有綿花市、鮮果行。東有朝西關帝廟一座，後有琉璃饗堂，乃陳留王墳，內僧人焚修。東北山藥園止。

又從大梁門外西關，乃是建隆廂，乃義定坊。有城一座，亦有五門：南爲南門，西是新正門，西是水門，北乃迎恩門，東對大梁門。小門內往南，順城小巷；往北鮮賽。北有萬人坑作祟，後術士觀其風水，蓋小廟數間鎮之方安。北俱是菜園。

大街正西，路南孝義巷，又名社衚衕。南通内官墳，柏樹極多。每遇正月十六日，多人遊玩，灸柏樹，曰灸百病。有井一眼，其水專煤金子首飾，合城銀鋪俱來取水用。大街往西路北，竹竿巷。内有三靈侯廟，其神最靈，後都是菜園。西，延賢儀館，兩厢掖生意不必説。五更時鮮菜成堆，擁躋不動，俱有販來買，燈下交易。開門之時，塞門而進，分街貨賣。街北香燭、紙馬、襍貨、粮食、酒肉飯鋪，大鹽店數座。

西至丁字街，向南岳王廟，正南雜粮坊子，馬市街早晨牛驢上市，午間騾馬上市，有過客買賣騾馬大店，顧寫脚力。此處八省通衢之地，所以人店有三五十座，内妓女無數。兩邊生意掖門逐户，按院決囚在此。

正南，路東石牌坊。東，井兒衚衕，兩邊盡是居民，内有一節，是細樂小優兒居住。東頭朝西奶奶廟，向南大王廟、關帝廟，巷内白眉神廟，又是襍粮坊子。

南金梁橋，南通小南門，街西是陕西街，路南王百川衚衕，西臨養濟院，路北豆芽衚衕。

西，新正門外，朝東三娘娘廟，西直通土城止。

又從丁字街往西，朝東三聖堂，南木炭廠。往西，路北宋家衚衕。正西，新大梁驛。西，寶相寺，俗呼大佛寺，三清殿，西至土城。

再從三聖堂往北，向南二郎廟。廟門前，坐東朝西烈女祠三間，可間供棹三張，上可棹長靈魂牌三架，指頂大字書滿一省烈女節婦，春秋勅祭。往北，路西玄帝廟、關王廟，通迎恩門外。

往西，路北孤魂壇，西無梁廟、奶奶廟，北三山坡，乃宋時教軍之塲，下有地道通城内，凡行兵之時從地道而出，雖孫子行兵未必如此。

附　錄

　　往北，俱是葦坡，直抵土城固子門、蠍子門止。

　　又從安遠門外吊橋下，兩廂俱是旅店、鹹鹹，應作醶。店。北頭坐北朝南關王廟。此廟之神曾在林卜集上賣馬，其馬賣於人，乃囑曰："此馬只可喂草料，不可飲水。"又言："如馬有疾病，你可往汴城北關，北頭便是住處。"言畢回汴。買主後道："豈有喂草不飲水之理！"隨着水入腹，其馬如泥。買主大驚，忽然想起賣馬之人囑言，尋至北關，遍尋不見，南北街豈有路北之宅！請香入廟祝之。祝罷，插香不下，手刨香灰，其馬價銀在內，爲此一顯，四外皆知。衆捐布施，重修大廟，焕然一新。北有大墩，東北天王寺，亦有僧衆焚修。

　　土城角，有石牛一隻，石碑一通，上鐫"山水"二字，其大約四尺，其畫深有五寸，坐南向北，鎮黄河壓鬼路。

　　其瑣碎之塞不必細開，有各府鄉紳花園、書院，玩賞之處亦不能枚舉；關外城內，乃衝要之道，熱鬧洪和，言之不盡。不意天劫數到，化爲水城。天運輪轉，今又復興，略有起色，恐後人不知舊景之繁華，略錄留之遺後。雖成句段，亦有識見不到，如遇鴻儒達士，見之改正增新。

一紀

　　小街生意，五門所進柴草、灰、煤、石炭、木炭，諸色菜蔬，猪、羊、牛、驢等肉，大小米、菉豆等担，白布、花素、生縑、青藍布、小機包葛羯、毡毯、諸色夏布、綿紬、山縑、驚閨、驚綉、洗鏡、補鍋、定盤、定碗、劈柴、鏟草、張羅、定稱、炒栗、蜜果、十香茯苓羔、燒雞、鴿雛、皮鮓、雞鮓、瓜子、鹹豆、猪頭熟貨、牛羊肉車，各色果品，諸樣瓜瓠。

　　上元之時，百般花燈、燈人、元宵。小娃春間來賣諸色野味。穀雨時，賣谷帖。

天中時，賣天師、艾虎、硃砂、雄黃、鮮艾、菖蒲、百鎖、挑線、老鴉扇、嚮竹、涼枕、蒲席、各處暑扇、葛巾、燒紙、金銀、西瓜、甜瓜、山藥、蓮藕、油馓、角黍、菊花花羔。

十月朔旦，經盤寒衣。晚，大小水車、土車。

臘，請竈神、黃錢、吊蔴、百事大吉、葫蘆匙兒、門對子、青松、石竹、發麵酵子、貨郎鞞鞋、綿紙、毛紙、大鹽、小鹽、芥末、葱、薑、蒜、各品乾果、茶食盤馓、線布手巾、綿線帶子、通草花兒、剪截零碎、故衣杆子、跨護領箸、綾羅緞絹、頭條牙子、綾紗護領、挽袖、眉柱、焠燈盤、香羊油蠟燭、磨刀定剪、拴扎鞍架等、扯絡鞭子、膠泥、百草疼痛膏藥、占課、相面、算卦瞎子、女遛彈唱、僧道遊食、筆墨書客、遊學生意，述之不盡，并記於此。

一紀

節令禮儀。天地神棚、家堂神聖、供養祖先、門神、春對、黃錢、吊蔴、百事大吉、鍾馗、富炭、擋衆木、千斤石、蒼朮、燔歲疙疸、避瘟丹、芝麻撒歲、火炮響時驚瘟，蒸食、肉菜、果品，不言可知。

彼此交拜，世之常情。至於正旦，國主率諸王、宗儀、文武官員，承運門拜萬歲牌畢，轉存信殿受朝，賜晏。

至十五日上元佳節，又名元宵節，在本府菜園內扎架鰲山，高結彩棚，遍掛奇巧花燈，何啻萬盞，輝煌炫月，如同白晝。下有松柏，栽就竹竿，扎成黃河九曲。王駕遊河，細樂滾燈導引，提爐香盒後，王乘小輦遊出宮門，請諸王親隨後，遊畢登山，鋪毡結彩，迎接諸王、國親登山，賜陪王宴飲，轉番遞酒，鼓樂喧天。絲弦齊奏，舞旋、扮戲、吊對、倒喇、胡樂，拴扎烟火架上，安極巧故事，從走線兔子、火盃、

附　錄

火傘、火馬、火盆、砲打襄陽、五龍取水、牌坊，花砲聲震聒耳。王戚、諸王輪流擺酒，至於二月興農方止。有此極樂光景，徽宗鰲山未然也。

至迎春日，內臣、宮眷俱着錦衣繡裳，簇擁王駕上紫金城閱春，一片花繡春。從麗景門進，每巷口三砲，莊農、毛女、春臺、春樓、百二十行，俱有彩樓會，手褃藝俱全。府官押春至周府門，東空而進，牛進中門，至紫金城下。從東過西，各行逞能顯化本領討賞。城上隨駕宮眷，無數花紅柳綠，站滿一面，亦有拋花者，下邊人搶，上邊喜笑。其春由西空出，下城進，宮女歸宮，府官各廳進朝賜宴，簪花而出，洋洋喜氣，滿面春風，一段首景方遊。撫院、司道本府公宴，牛安府儀門外東搭一柵，牛頭朝西，前有香案。至五更，闔府所屬齊至，拜畢，官轉三遭，各擊三杖，後纔亂打。男婦看春，擁擠不動，各戴春花、春雞、蝴蝶之類。王府軍門俱請客賞春，至二月方止。

省會風俗最厚，正月初一日後七日，俱相國寺蕭墻街，聽談古，砍核桃，砍錢，說因果，各樣玩耍。

初八日，各向東嶽廟玩一日。初九日以後，俱在上方寺，各帶盒酒，或在樹木之下，或在禪室之內，或在五柳亭，或在塔前後左右地灘，暢飲謳歌、打謎、猜枚、行令、折牌道字、頂針續蔴，管弦鼓板，清音非常，任意盤桓。臺下走馬下鮮，各顯精神。亦有酒飯茶湯鋪，亦有戲棚褃耍，施油點塔燈，每一次可用油五十餘斤，更有耍貨、褃貨，終日熱鬧，至日夕方散。

晚上兩學門前，各持高照花燈比賽，花砲起水、水兔子入水棲猛，棲猛，應作沏猛。隨風趕人，有賽月明、高處响砲、下垂拘攣、九條龍取水、九轉高陞，諸樣奇妙。遊客或携盒酒鼓吹，施放花砲；或團圓歌飲，打虎、裝象，琵琶隨唱，胡抱倒喇。至於街民男婦，各夥成群出游。

至二更，巨室大家、宅眷方出，僮僕執燈，侍婢妾媵跟隨，冉冉往來，緩緩而行。徘徊於星月之下，盤桓於燈輝之中。有携手同行者，有掖肩擦背者，低言悄語、嬉笑嚶嚶，閃閃灼灼，遊走百病過橋，□云不腰疼。遠觀遥望，恍然有輕雲薄霧之中；女東男西，寫遠并不入女行之内。如此者三夜，金吾不禁，任意游樂，有捕官鎮守、差役巡邏，以此不亂，只待殘月西沉，長庚東獻，夜闌人散，各自歸家。梁園有此一段佳景，真是鬧元宵，汴梁一景也。

　　節禮，追望内用元宵一品，即湯圓也。南北果品、表裏，貧富任用。王府、鄉紳、士庶人家，各宅設席待客，玩賞元宵。

　　初十以後，隅首燈市出賣各樣奇燈無數，難以盡言，亦有紗人、耍貨，鋪面叮擺一二里。

　　元宵，各家門前設點門燈，比放花炮。花賞臘梅、蘭花、香藍、水仙。

　　至二十五日，添倉添倉，應作天倉。小節。

　　二月初一日，中和佳節，理宜祭祀日光。次日，龍抬頭之時，請吃龍鬚麵。節禮送麵、果品、肉菜之類。

　　十五日，花朝節。花賞碧桃、紅梅、瑞香、月季、薔薇、荼蘼、迎春、丁香、紫荆等花。

　　三月初三日，大道宫大會，前述過，無容再言。

　　至清明之日，王宗、鄉紳、士庶人家，各備香燭、紙錠、祭品上墳拜掃添土。轎馬車輛載道，男婦携幼盈野，亦有提壺携友郊外踏青游玩，至晚方歸。折花把柳、桃紅柳綠，滿街可稱綿綉城池，劉郎花城可勝於此，玩賞百花不能盡載。

　　至二十八日，東岳廟大會，神之誕日，出賣貨物與城隍廟同。禮用酥餅、饅首、南北果品、五色糖礶、薄荷扇兒、歡喜團兒、北到唐板、

附　錄

甘蔗、荸薺、金扇、香囊、排草、苓陵各品合香、堆紗人物、紙做粉盒、上坐粉貓、仙女紗羅，貧富不等，任意所用。

至四月初八日，浴佛佳節，施米打齋，僧尼領去煮粥齋衆。花賞櫻桃、芍藥、牡丹、梅桂、海棠、萱草、木樨。

至五月初五日，端陽之辰，地臘之期，門懸艾虎，門插彩艾、菖蒲，雄黃盃酒、茱萸蒲酒、硃砂、雄黃點耳目口鼻以避五兵，吃角黍，效祭屈原之故事，用粽子與油饊，乃節歲之常情。臘肉、雞、魚、開罈豆豉、備瓮菜馨。送禮角黍、油饊、南北果品、糟魚、時魚、麻姑瓶酒。追望女家紗羅，小主紅黃夏布、紗扇、汗巾，巧做戴器：皮金小符、五毒大符、小兒百鎖陶、線絨纏背牌、五色彩線絪手及膝，戴五毒花，飲雄黃酒。

池有荷花，有司公宴也，有隨處同樂。

教塲扎棚，請二司；演武亭設席，中三路高結彩牌，上書"穿楊奪錦"，下懸籠鴿，走馬飛射。中者鴿子騰空，閱者稱讚，各色會手，盡逞其能，俱有賞號也。

有携酌赴婆塔寺、九仙堂、二姑臺各處踏青。花賞芝菱、荷花、玉蘭、榴花、茉莉、玉簪、水紅、木香花、鐵角海棠、翠鵝眉、百日紅諸色名花，説不盡矣。

至六月初六日，乃天貺節，吃炒麵，免病目。

七月七日，道德臘之辰，中元聖節，放河燈，救拔溺死之魂。接女回家，望空禱祝，穿針乞巧。上墳祭祖，追薦先靈。花賞秋海棠、紅茉莉等花。

至八月十五日，中秋佳節，理宜祭月光之神，家家户户虔設清供月餅、西瓜、素饀、果品、毛豆等類，請客飲酒，名曰"西瓜會"。婦女賞月觀星，朝天禮拜，焚化金錢、寶馬、楮信凡儀，祈懇年年此日雙清。節禮用月餅、西瓜、鮮果、鵝、鴨、肉肘。望閨女家紗羅，貧富不一。花賞芙蓉、月季、水茉莉之花。

至九月初九日，重陽佳節，各家俱蒸發麵花羔，登高宴客，玩賞叢菊，禮物隨時備辦。

至十月初一日，乃民歲臘之辰，家家上墳，紙錢、金錠、寒衣、祭品。花賞荼蘼、虎蹄梅花。

至十一月，冬至令節，一陽生時，食用扁食，朝賀、送禮與年節相似。花賞凍菊、梅花。後逢三戌，是王侯臘。以上五臘，俱天赦之期，理宜祭祖。

十二月初八日，俗呼臘八，乃佛聖誕之辰，施米打齋於前同。大小人家，俱煮果粥以應節氣，至年近送禮，薄厚不等。

二十三日，竈神奏上之期，理宜祭祀，王用猪、羊，遣典膳官祭；鄉紳、士庶民用三牲或刀頭供獻，祈訴平日所爲，隱其惡而揚其善，賜其福而降其祥。化彩以畢，且又除夕，辦年設供，一定之理，不陳自明。

又言清明、中元、十月朔旦，俱是鬼節。預先請城隍行神至孤魂壇，請府城隍西門外孤魂壇，請縣城隍宋門外孤魂壇。僧道發文設壇禮懺，誦經薦拔一切孤魂，伏乞顯聖尊神，傳諭遠近地方枉死冤魂，至期赴壇聽宣法言，早登淨土，免墮幽冥。施食畢，各官回衙。衆會預備旗旛、法駕、文武執事、勅印等物，提爐、香盒、龍燈高照，接神回廟，擺列隊伍，傳鑼清道，大吹大擂，細樂喧天。亦有閑携盒酒隨駕進城入廟，各會祭畢。如三年會滿，將燈、幡、旗號焚燒，回家治席，酬謝香頭。縣城隍廟亦如之。

附　錄

城中各廟會塲，搭臺唱戲，建醮、修齋，按時不斷，大街小巷，俱有生意。亦有寺廟司樂之地。

如此繁華，被水衝頹無跡，亦爲平地。周府乃宋建都宮闕，一旦拆毀，以爲瓦礫之塲，荆榛叢生，蘆葦滿地，百花園以爲牧塲，松柏果木花草，任人砍伐，令人見之無不仰天長嘆，潸然淚下，目不忍觀，心酸悽慘。大木梁檁、觧上琉璃磚瓦、小木入官變價，暗地侵取，一物無存，止遺紫金城一座，石獅、鐘鼓二樓閣塔。

現存其寺：祐國寺（即上方寺）、香山寺、相國寺、臥佛寺、觀音寺、龍華寺、清風寺、國相寺（即婆塔寺）、白雲寺、鐵佛寺、華嚴寺、寶相寺、孝嚴寺、大佛寺、天王寺、湛梅寺、千佛寺、回靈寺、禮拜寺。

其廟現有三皇廟、玉皇廟、日光廟、星君廟、府城隍廟、縣城隍廟、太山廟、玄帝廟、濟瀆廟、關聖廟、二仙廟、梓潼廟、三靈侯廟、武廟、旗纛廟、東岳廟，五瘟、天仙、回龍、大聖、文武二廟、閻王、虷蜡、三官、姜太公、皮塲公、大王、洪山、玄壇、岳王等廟，土地、三神、鹽神、獄神、院中白眉神、宮中罕神、庫神、財神、綠禄神、機神等廟。

其觀有三清、延慶、玉陽等觀。

其宮有大道、五龍等宮，太山行宮、玄帝行宮。

其堂有觀音、呂公、延壽、慶安、白衣、老君、三聖、安樂、萬壽等堂。

其閣有玉皇、觀音、梓潼等閣。

其樓有鐘、鼓、魁星、明遠、瞭望、概濟、避水、廣嗣等樓。

其庵有呂祖、水月、海潮、開天、總聖等庵。

其書院有玉台書院、東坡書院、樂義書院、西亭府書院、南蒲書院、宏文書院。

其祠有土城祠、張仙祠、十賢祠、包公祠、少保祠、藍陵祠、許公祠、張公祠、五公祠、烈女祠。

其壇有天地壇、社稷壇、孤魂壇。

如此光景，豈可泯没，恐其漏筆後無考也，是以造成一册，細開貨物，恐後止知鋪面，不知所賣何物也，不辭瑣碎，開載明白，使後人少學見覽，不辜當日風景也。故此云云，傳之於後。

王宗男女，俱食禄粮；伴當校尉，俱有口粮；文武官員，皆賜俸給；各色人役，俱有工食；各營兵丁，俱領餉銀；各衛所軍丁，皆設屯地；地方火夫，見支門差銀；文武科場、各衙門應用一切人役，每人每日給口食二分。真朝廷不使空人，所謂"財散則民聚"也，故留一筆以遺後世。

[跋]

道光丁亥、戊子間，余適館祥符。同人爲消夏計，偶從藥肆借得抄本一册，題曰《如夢録》，不著作者姓名，相傳明季守汴李公外甥之所藏也。余閱之，則水灌城後追憶大梁盛時風景而作。其間王府之規模，壇廟、衙署、街市之位置，與夫風俗人情、方言土語，枝牽蔓引，脈絡貫通，二萬言洋洋灑灑，能使一代典章燦然在目，蓋合《荆楚歲時》《東京夢華》爲一書，不特爲明代紀述，即宋元遺制往往表見，足補邑乘所未備，洵巨觀也。惜其原本譌謬錯落，幾不可讀，爰録副本藏之篋。

時洪洞劉子敬太史師陸主講大梁書院，欲稍加潤色付梓而未果。嗣爲太谷張象山刺史元成携至柘城，旋以憂去，亦未克開雕。今象山於壬子夏卒於汴，嗣君行將返晉，余乃倩友人重録一通，不揣固陋，悉爲校讎，其中脱落者補之，譌謬者正之，兩可者仍之，費解者簽而

附　録

出之，以待來者，凡簽改百餘處，窮十晝夜之力，始克蕆事，而是書之梗概亦粗備矣。

或曰："是書乃熙亮李公手筆也。"考《守汴日志》，熙亮先生卒於崇禎癸未，而是書有"復見太平，撫今思昔"語，則爲國初人追述無疑。

偶於常君秋岩處見有《明汴城考》一册，蓋本之是書而稍加分晰，勒成一家言也。第草創粗就，不著姓名爲可惜耳。常君處復有《汴圍溼襟録》抄本，其刻於荆駝逸史者，較抄本稍加潤色，因附録之。中缺二則，則就抄本補之爲全書，併録《守汴日志》合爲一函，題曰《遺書三種》，竊幸舊聞之未散佚，並誌彙抄之爰起云。

咸豐壬子仲冬夷門逸叟裴雋識並書

　　　　　（印章三枚，陰刻：裴雋之印、夷門逸叟，陽刻：春橋）

二、宋繼郊《東京志略》
所引《如夢錄》

一

自東下馬牌大街往南。……曲江王府。東單鳳巷。……後通徐府後坑。徐府，朱太祖孫婿居住之府，故名徐府街。大門金頂緑户，門對："春王正朔頒千載，開國元勳第一家。"東是大山貨店。往北喬三府胡同，北是黑墨胡同，華亭王府。大店街角回來往西，北門店内俱是樓房，百餘間，内有京、杭、青、楊等處運來粗細暑扇。小山貨店口西，草三亭口至大街往南，長史司前牌坊，書名"藩弼允"。……州橋下是汴河。……往南路東董家圈胡同南小石橋南有原武府西牌坊。往東朝南原武王府，大門皆五間，朱户金釘，四門皆有伴當看守，其府殿宇一片琉璃，比別府不同。原封爲祥符王，系周國主近支，周缺嗣，取原武兄册封周王，後將弟改封爲原武。此府寬大，殿宇巍峨，金碧映精，山洞樓閣、亭臺池塘、黄河九曲、燈殿大山。前後兩廂舞旋大戲數班。西有桂樹百株，滿池金魚，有二尺多長……西下馬牌往南路西灣橋一座，南瓜子坊子、瑞金王府、南鎮平府胡同，内向南鎮平王府，出了多少文宗。口南西亭府，前有牌坊，上書"宗正府"三字，内大門三間，前後屋宇不記其數。内宗正一員號"西亭"，是鎮平王宗室。……大隅首南往西拐是館驛街，奉新王府有馬鳴王廟，大梁驛是宋時小御巷風鈴寺故基，宋徽宗行幸李師師處，僭稱"師師府"，下有地道直通宫院，帝從此倖師師府。明改爲大梁驛。從小紙坊街東口往南，浦江王府往西寧鄉王府、

附　錄

游擊府。豆腐胡同小石橋南,封邱府角迤西封邱王府,絕後,蓋魏忠賢祠,勢敗拆毀。從錠匠胡同往南,東是商城王府,熊家胡同,北到大店角,西是大山貨店。西路北華亭王府,大門改大褾貨鋪。鼓樓下小爐打錫,路南是鵓鴿市,南是爛面胡同,迤東齊陰陽胡同,西向東路北臨汝王府,南博平王府翳官,南通宋門大街。齊陰陽胡同東是五勝角。小紙坊街口按院積穀倉,改爲鑄錢局。西撫院積穀倉、西軍儲倉,六十間,俱是九檁。西南孟子游梁祠,路東邵陵王府名醫鄭繼元。又有安吉王府。周府東角樓東有過街坊,東是堵陽王府,爲接嘉靖皇帝,見其年老賜其雙糧,登基之二載,上問"周藩堵王可好?"隨頒下匾來,上書"御書存問"四字。東會長府,東原武府,東會王府,東汝寧王府,後改爲仁和王府。到土街角短工市遂寧王府、魯陽王府、會吉王府,街南彰德王府。往北一小巷關王廟。又路東通雙龍巷,西通遂平王府角。至東華門東路北段儀賓府,周端王長女。東裁縫鋪。東北潁川王府。東應城王府,其府內燈殿山亭不亞原武。沈邱府後院大獨冰窖,南沈邱西牌,前園東沈邱王府。路西東華門,迤南蕭墻,直至東角樓口南,西通五府街。北門南升仙橋,七府角迤南紅門汝陽王府。南打箔胡同口,從福善街槐樹吳家口,東小關王廟,西通柘城府冰窖。二仙廟、大關王廟街西路北柘城王府。內有山亭、樓閣、花草等游玩,更比原武府還勝,大門五間。前是褾糧坊子,西有小門通潁川王府,南是外科陳野庵。應城王府乃是花門,角東宴公廟。胙城府東遂平王府,有冰窖。沈邱府東牌坊南俱是鄉宦王親居住。儀封王府爲盜李卿宦家事,發回鳳陽,將此府賣于都諱任家。土街南後東綫兒李家胡同,東有義寧王府,東北通圈王家角,南通塌房街,南東岳廟,西王崵嶸諱霖住宅,原系宋趙普府。大街路東小山府、文書寺胡同,河陰王府。紅河沿北頭打飛金爐，西菜陽王府。宋門大街往東火星廟，大街往南吹手鋪，向南博平王府，西臨汝王府，迤西路南第四巷。宋門西馬道口府學，西有樂義書院，西院角儀封王府，後賣與都宅。西第四巷南口，西鄢陵王府，乃朱亥故基。路東皮場公廟上匾書"富樂院"。周府西南角觀音堂路北，保寧王府，西碾子胡同，湯溪王府，西貢院南，是城隍廟夾道街，西至六府街，往西永寧王府。西皮局，硝熟各樣皮張，俱是回回住。縣城隍廟西濟瀆廟，西楊家胡同，西上洛府角，向南上洛王府，西順慶王府，後改爲安鄉王府。再從大街貢院迤西內鄉王府，是上十王府，有四門，九釘九帶。門前便是厨役市，凡有酒席來此炤顧。西安昌王府，西臨京山王府。府前通是六陳行，買賣日夕不斷。提學道西鄰大道宮，二月三日大會。草二亨又名鳳凰巷，回子住。（《東京志略》點校本第三七五—三七七頁）

案：此段係《東京志略》編撰者宋繼郊節錄《如夢錄》抄本中關於街市而成，偶有更改。其中有些文字有誤，如"系"應作"係"、"游"當爲"遊"、"菜陽"當爲"棗陽"等，應是校點轉錄時致誤；個別語句點校不妥，如"書名藩弼允"句誤將"名"字屬前，今仍其舊，均未改動。

二

街市紀貿易：自宋門北通曹門，一派水波，名曰城河。南是石盤胡同，西至府學前，東西石碑二座左書"攀龍鱗"，右書"附鳳翼"。西有樂義書院，西院角儀封王府，西第四巷南口西鄢陵王府，乃七國朱亥之故基。第五巷南口，張尚書孟男宅。西是寺橋，南通原武府，後往西路北有相國寺一座，山門五間，三空六開，兩稍間四金剛，前石獅閃墻，匾書"大相國寺"，唐太宗御筆。東北角金剛，咬臍郎縊死脖

附　錄

膊上，唬的金剛黑夜逃出北門而去，至五鼓有賣柴人見，喫一驚呼曰："好大漢，一似天王。"被人識破，不能行去。後敕蓋天王寺見在土城。山門裏，東西石塔二座，有三丈餘高。二門五間，內四天王其像威儀無比。大殿地基六畝三分，純木攢成，並不用磚灰，九明十一暗四六槅扇。上是一片琉璃脊，五尺高，獸有丈餘高。銅寶瓶高大無二，上匾曰"聖容殿"，乃元時不花丞相親筆。左右兩配殿，元時大內殿擷出火焚之。左有伽藍殿，右有香積厨。內有銅鐘一顆，清晨早見鐘有霜，此乃相國霜鐘。大殿內聖像俱是藤胎、銅胎，並無泥塑。殿內有石碑一通，上是張平山畫布袋佛，後畫觀音菩薩，俱李夢陽題詠，左國璣書寫，稱爲中州三杰。東南殿角內匾一面，綠地金字，上《西江月》一首，乃是崆峒文。東丹墀有宋樞密院王欽若碑記，約有二丈高。後有閣，乃周王所建，三間四丈高，上坐大悲菩薩，有楊和夫婦像，在西山站立，即相老相婆也。後有地藏王殿五間，後俱是僧人所居，前後可有二三百衆。每日有説書、相面、算卦、百藝逞能，最是熱鬧。大門往西路北，祥符縣衙門。（《東京志略》點校本第五四三—五四四頁）

　　案：此段文字與抄本相比，差別不大。個別文字差異時可能是宋繼郊抄錄時改動造成的，如抄本"一排水波"，此作"一派水波"；抄本"九明十一"，此本補"暗"字。亦有抄錄不全致與原文意思有別的，如"上《西江月》一首，乃是崆峒文"一句，抄本原文是"上《西江月》一首，前四句失記，止記後乃是：'崆峒文驚海嶽，國璣筆振天涯。平山神畫道子佳，中州三傑無價。'"可見此《西江月》詞是讚揚李夢陽、左國璣、張平山合作之事，此處節錄，變成李夢陽作此詞了。

後　記

新版本《如夢錄》問世經歷了漫長而又曲折的過程。

《如夢錄》的史料價值早已得到學界認可，由此書衍生的專著和論文不計其數。相信新版本面世後，一定會給讀者呈現一個完整、全面、翔實的《如夢錄》，也會給研究開封歷史的專家學者提供更多的參考。

二十世紀八十年代，開封本土學者孔憲易先生對《如夢錄》的出版傾注了大量心血，他點校出版的版本一直是近四十年來學界引用參考的必讀書。但由於當時歷史條件的限制，孔先生點校的版本還存在這樣或那樣的不足。

孔憲易先生是范沛瀠先生的小學老師，范沛瀠先生是我的研究生導師。孔先生在世時，我多次陪同范先生登門請教，並一同探討書中存在的問題，孔先生認可存在的問題，並希望能儘快彌補缺憾，但這個希望一直等待了三十多年。當新版本即將付梓之際，孔先生和范先生卻均已歸道山，尤其是范先生在彌留之際，反復叮囑，交代夫人轉告我，儘快出版該書，給我留下了終生難忘的重托。我想，新書面世既是對兩位先輩的最好祭奠，也彰顯了三代讀書人對歷史的執著和負

後　記

責。

　　新書的面世讓中原大地傳媒股份有限公司王建新先生操碎了心。從選題謀劃到校注出版，建新弟孜孜以求，查閱大量歷史資料，並親自披掛上陣，使得本書的内容更加豐滿。

　　本書的創作與出版傾注了范沛瀦先生夫人黄留芳女士、兒子范黌潞先生的大量心血，得到了開封文化界朋友趙孝斌、趙煒周、廖海敏、郭書學、郁正國、郭張開、閆青、魏東柱、王晶、李煜華等人和中州古籍出版社許紹山、鄭雄、閔世勇等先生的大力支持和幫助，在此特表感謝。

　　母校河南大學吴朋飛教授以《如夢録》内容記載爲參考藍本，對明代開封城市的街道、王府、官署、學校、寺廟等遺跡進行了卓有成效的研究，復原了精準的城市概貌，爲本書的校注出版提供了不少參考。在徵得吴朋飛先生同意後，我們採用了其著作《明代開封城復原研究》的若干張復原圖，在此深表感謝。

　　由於筆者學識水準有限，新的校注本一定還存在疏漏或失當之處，敬祈讀者批評指正。

李肖勝

二〇二一年十月一日